中华人民共和国行业标准

公路路基设计规范

Specifications for Design of Highway Subgrades

JTG D30—2015

主编单位：中交第二公路勘察设计研究院有限公司
批准部门：中华人民共和国交通运输部
实施日期：2015 年 05 月 01 日

人民交通出版社股份有限公司

图书在版编目（CIP）数据

公路路基设计规范：JTG D30—2015 / 中交第二公路勘察设计研究院有限公司主编. —北京：人民交通出版社股份有限公司, 2015.4
ISBN 978-7-114-12147-0

Ⅰ. ①公… Ⅱ. ①中… Ⅲ. ①公路路基—设计规范—中国 Ⅳ. ①U416.102-65

中国版本图书馆 CIP 数据核字（2015）第 061451 号

标准类型：中华人民共和国行业标准
标准名称：公路路基设计规范
标准编号：JTG D30—2015
主编单位：中交第二公路勘察设计研究院有限公司
责任编辑：李 农
出版发行：人民交通出版社股份有限公司
地　　址：（100011）北京市朝阳区安定门外外馆斜街 3 号
网　　址：http://www.ccpcl.com.cn
销售电话：（010）85285857
总 经 销：人民交通出版社股份有限公司发行部
经　　销：各地新华书店
印　　刷：北京市密东印刷有限公司
开　　本：880×1230　1/16
印　　张：14.25
字　　数：331 千
版　　次：2015 年 4 月　第 1 版
印　　次：2025 年 3 月　第 11 次印刷
书　　号：ISBN 978-7-114-12147-0
定　　价：98.00 元

（有印刷、装订质量问题的图书，由本公司负责调换）

中华人民共和国交通运输部

公 告

第 11 号

交通运输部关于发布
《公路路基设计规范》的公告

现发布《公路路基设计规范》(JTG D30—2015),作为公路工程行业标准,自2015年5月1日起施行,原《公路路基设计规范》(JTG D30—2004)及其英文版和法文版同时废止。

《公路路基设计规范》(JTG D30—2015)的管理权和解释权归交通运输部,日常解释和管理工作由主编单位中交第二公路勘察设计研究院有限公司负责。

请各有关单位注意在实践中总结经验,及时将发现的问题和修改建议函告中交第二公路勘察设计研究院有限公司(地址:武汉市经济技术开发区创业路18号,邮政编码:430056),以便修订时研用。

特此公告。

中华人民共和国交通运输部
2015年2月15日

交通运输部办公厅　　　　　　　　　　　　　　　　　2015年2月16日印发

前　言

根据交通运输部厅公路字〔2010〕132 号文《关于下达 2010 年度公路工程标准规范定额等编制和修订工作计划的通知》的要求，由中交第二公路勘察设计研究院有限公司承担《公路路基设计规范》（JTG D30—2004）的修订工作。

新规范是对原《公路路基设计规范》（JTG D30—2004）（以下简称"原规范"）的全面修订。经批准颁发后以《公路路基设计规范》（JTG D30—2015）（以下简称"本规范"）颁布实施。

本规范修订的指导思想与原则是：总结我国多年来公路建设工程经验和科技成果，借鉴国内外相关标准规范的先进技术方法，按照"安全耐久、节约资源、环境和谐"的设计理念，充分考虑公路路基的功能要求，强化路基路面协调设计，在提高路基整体强度、刚度、水稳定性、温度稳定性和耐久性，以及路基病害防治措施等方面进行重点修订，力求使本规范技术先进、指标合理、可操作性强。

本规范的主要技术内容由 7 章、10 个附录组成，第 1 章总则，第 2 章术语和符号，第 3 章一般路基，第 4 章路基排水，第 5 章路基防护与支挡，第 6 章路基拓宽改建，第 7 章特殊路基，涵盖了公路新建和改扩建工程所涉及的全部路基工程项目。

本次修订包括下列主要内容：

1. 第 3.2 节路床，根据交通荷载等级，调整了路床范围，补充了路基设计指标、路床回弹模量的控制标准与指标预估方法，以及路床处理措施。

2. 第 3.3 节填方路基，补充了确定路堤高度的设计原则与方法；第 3.6 节修订了路堤稳定性分析方法，补充了高路堤与陡坡路堤在降雨工况下的稳定安全系数。

3. 将原规范第 3.9 节"粉煤灰路堤"改为"轻质材料路堤"，增加了"土工泡沫塑料路堤"、"泡沫轻质土路堤"，明确了轻质材料路堤结构设计、材料设计与稳定性、沉降验算要求。

4. 新增第 3.10 节工业废渣路堤，提出了高炉矿渣、钢渣、煤矸石等填筑路堤的适用条件、材料要求、路堤结构设计、路堤稳定性验算等技术要求。

5. 第 4 章路基排水，补充了明沟最大允许流速、低路堤防排水、下挖式通道排水、立交区路基排水、中央分隔带防排水、渗井、排水隧洞等技术要求。

6. 第 5 章路基防护与支挡，新增"土工格栅反包式加筋土挡土墙、石笼式挡土墙"等柔性防护结构的适用条件、结构设计与材料技术要求；修订了预应力锚杆结构计算与防腐要求、土钉适用条件、预应力锚索抗滑桩设计要求以及现场试验与监测设计要求。

7. 第 6 章路基拓宽改建，补充了膨胀土地区和岩溶地区既有路基的评价内容，修订了既有路基现场测试要求、拓宽路基软土地基处理措施、既有路基利用与处治技术要求。

8. 第 7 章特殊路基，修订了滑坡、崩塌、岩堆、泥石流、岩溶、软土、红黏土与高液限土、膨胀土、黄土、盐渍土、多年冻土、风化、雪害、涎流冰、采空区、滨海、水库等17类特殊路基设计原则、病害防治措施与技术要求。

9. 新增第7.19节季节冻土地区路基，提出了季节冻土分类、路基冻胀量计算方法与控制标准、路基填料技术要求及排水设计要求等。

本规范由吴万平起草第1章、第2章、第7章第1、5、6、17、18节，梅仕然、吴万平起草第3章第1、3、4、5、11节，凌建明、林小平、吴万平起草第3章第2节，邓卫东起草第3章第6节，唐树名起草第3章第7节、第5章第5节，沙爱民起草第3章第8节，原喜忠起草第3章第9节、第5章第6、7节，沙爱民、原喜忠起草第3章第10节，程平、阮艳彬起草第4章，张嘉翔、吴万平起草第5章第1、2、3、4节，凌建明、廖朝华起草第6章，姚海林起草第7章第2、3、4、9节，张留俊起草第7章第7、16节，吴立坚起草第7章第8、19节，丁小军起草第7章第10节，韩志强起草第7章第11节，章金钊起草第7章第12节，陈晓光起草第7章第13节、第15节，刘健起草第7章第14节。

请各有关单位在执行过程中，将发现的问题和修改意见，函告本规范日常管理组，联系人：吴万平（地址：武汉市经济技术开发区创业路18号，中交第二公路勘察设计研究院有限公司，邮政编码：430056，电话：027—84214041，传真：027—84214068，电子邮箱：wanphx@263.net），以便下次修订时参考。

主 编 单 位：	中交第二公路勘察设计研究院有限公司
参 编 单 位：	中交第一公路勘察设计研究院有限公司
	招商局重庆交通科研设计院有限公司
	同济大学
	长安大学
	交通运输部科学研究院
	交通运输部公路科学研究院
	新疆交通科学研究院
	中科院武汉岩土力学研究所
主　　　编：	吴万平
主要参编人员：	廖朝华　凌建明　丁小军　张留俊　邓卫东　沙爱民　陈晓光
	吴立坚　姚海林　林小平　程　平　梅仕然　张嘉翔　章金钊
	唐树名　原喜忠　刘　健　韩志强　阮艳彬
参与审查人员：	王秉纲　陈见周　梅世龙　陈　飙　程良奎　刘元泉　陈东丰
	廖小平　杨少华　白琦峰　王家强　李志勇　李迎春　王道雄
	李德贵
参 加 人 员：	马　磊　陈忠平　冯守中　杨　静　袁光宇　付　伟

目　次

1 总则 1
2 术语和符号 2
　2.1 术语 2
　2.2 符号 4
3 一般路基 6
　3.1 一般规定 6
　3.2 路床 7
　3.3 填方路基 9
　3.4 挖方路基 12
　3.5 路基填挖交界处理 13
　3.6 高路堤与陡坡路堤 14
　3.7 深路堑 17
　3.8 填石路堤 20
　3.9 轻质材料路堤 21
　3.10 工业废渣路堤 25
　3.11 路基取土与弃土 27
4 路基排水 28
　4.1 一般规定 28
　4.2 地表排水 28
　4.3 地下排水 31
5 路基防护与支挡 34
　5.1 一般规定 34
　5.2 坡面防护 35
　5.3 沿河路基防护 36
　5.4 挡土墙 38
　5.5 边坡锚固 43
　5.6 土钉支护 48
　5.7 抗滑桩 49
6 路基拓宽改建 52
　6.1 一般规定 52
　6.2 既有路基状况调查评价 52
　6.3 二级及二级以下公路路基拓宽改建 53
　6.4 高速公路、一级公路路基拓宽改建 54

7 特殊路基 ... 56

- 7.1 一般规定 ... 56
- 7.2 滑坡地段路基 ... 56
- 7.3 崩塌地段路基 ... 59
- 7.4 岩堆地段路基 ... 60
- 7.5 泥石流地段路基 ... 61
- 7.6 岩溶地区路基 ... 62
- 7.7 软土地区路基 ... 64
- 7.8 红黏土与高液限土地区路基 ... 70
- 7.9 膨胀土地区路基 ... 72
- 7.10 黄土地区路基 ... 76
- 7.11 盐渍土地区路基 ... 81
- 7.12 多年冻土地区路基 ... 85
- 7.13 风沙地区路基 ... 88
- 7.14 雪害地段路基 ... 90
- 7.15 涎流冰地段路基 ... 93
- 7.16 采空区路基 ... 94
- 7.17 滨海路基 ... 97
- 7.18 水库地段路基 ... 98
- 7.19 季节冻土地区路基 ... 100

附录 A 路基土动态回弹模量标准试验方法 ... 104
附录 B 路基土动态回弹模量取值范围 ... 107
附录 C 路基平衡湿度预估方法 ... 108
附录 D 路基回弹模量湿度调整系数的取值范围 ... 111
附录 E 岩质边坡的岩体分类 ... 112
附录 F 路基监测内容与项目 ... 114
附录 G 排水、防护、支挡结构材料强度要求 ... 116
附录 H 挡土墙设计计算 ... 117
附录 J 黄土分区图 ... 132
附录 K 多年冻土公路工程分类 ... 133
本规范用词用语说明 ... 135
附件 《公路路基设计规范》(JTG D30—2015) 条文说明 ... 137

- 1 总则 ... 139
- 3 一般路基 ... 140
- 4 路基排水 ... 160
- 5 路基防护与支挡 ... 165
- 6 路基拓宽改建 ... 181
- 7 特殊路基 ... 185

1 总则

1.0.1 为统一公路路基设计技术标准，使公路路基工程设计符合安全可靠、技术先进、经济合理的要求，制定本规范。

1.0.2 本规范适用于各等级新建和改扩建公路的路基设计。

1.0.3 路基应具有足够的强度、稳定性和耐久性。

1.0.4 路基设计应做好公路沿线工程地质勘察试验工作，查明沿线水文、地质条件，获取设计所需要的岩土物理力学参数。

1.0.5 路基设计应根据公路的功能和等级，遵循因地制宜、就地取材、节约土地、保护环境的原则，通过技术经济综合比选，合理确定路基方案，做好综合设计。

1.0.6 路基设计应贯彻国家有关技术经济政策，积极慎重地采用新技术、新结构、新材料和新工艺。

1.0.7 路基设计除应符合本规范的规定外，尚应符合国家和行业现行有关标准的规定。

2 术语和符号

2.1 术语

2.1.1 路基 subgrade
按照路线位置和一定技术要求修筑的带状构造物，是路面的基础，承受由路面传来的行车荷载。

2.1.2 路床 roadbed
路面结构层以下 0.8m 或 1.20m 范围内的路基部分，分为上路床及下路床两层。上路床厚度 0.3m；下路床厚度在轻、中等及重交通公路为 0.5m，特重、极重交通公路为 0.9m。

2.1.3 路堤 embankment
高于原地面的填方路基。路堤在结构上分为上路堤和下路堤，上路堤是指路床以下 0.7m 厚度范围的填方部分，下路堤是指上路堤以下的填方部分。

2.1.4 路堑 cutting
低于原地面的挖方路基。

2.1.5 路基工作区 subgrade workaround
汽车荷载通过路面传递到路基的应力与路基土自重应力之比大于 0.1 的应力分布深度范围。

2.1.6 低路堤 low embankment
填土高度小于路基工作区深度的路堤。

2.1.7 高路堤 high embankment
路基填土边坡高度大于 20m 的路堤。

2.1.8 陡坡路堤 steep slope embankment
地面斜坡陡于 1∶2.5 的路堤。

2.1.9 深路堑　deep cutting

土质挖方边坡高度大于20m或岩石挖方边坡高度大于30m的路堑。

2.1.10 填石路堤　rockfill embankment

用粒径大于40mm、含量超过70%的石料填筑的路堤。

2.1.11 压实度　degree of compaction

筑路材料压实后的干密度与标准最大干密度之比，以百分率表示。

2.1.12 特殊路基　special subgrade

位于特殊土（岩）地段、不良地质地段及受水、气候等自然因素影响强烈，需要进行特殊设计的路基。

2.1.13 软土　soft soil

天然含水率高、孔隙比大、压缩性高、抗剪强度低的细粒土。泛指软黏土、淤泥质土、淤泥、泥炭质土、泥炭等软弱土。

2.1.14 湿陷性黄土　collapsibility loess

在自重或一定压力下受水浸湿后，土体结构迅速破坏，并产生显著下沉现象的黄土。

2.1.15 红黏土　laterite

碳酸盐类岩石在温湿气候条件下经风化后形成的褐红色粉质土或黏质土。

2.1.16 高液限土　high liquid limit soil

液限（100g锥试验）大于50%的细粒土。

2.1.17 膨胀土　expansive soil

含亲水性矿物并具有明显的吸水膨胀与失水收缩特性的高塑性黏土。

2.1.18 盐渍土　saline soil

易溶盐含量大于规定值的土。

2.1.19 多年冻土　permafrost

冻结状态连续两年或两年以上的温度低于0℃且含冰的土（岩）。

2.1.20 季节冻土　seasonally frozen soil

随季节冻结和融化的土。

2.1.21 滑坡　landslide

斜坡上的岩体或土体在自然或人为因素的影响下沿带或面滑动的地质现象。

2.1.22 崩塌　rock fall

高陡斜坡上岩体或土体在重力作用下坍塌、倾倒或坠落的地质现象。

2.1.23 泥石流　debris flow

挟带大量泥沙、石块的间歇性洪流。

2.1.24 岩溶　karst

可溶性岩层被水长期溶蚀而形成的各种地质现象和形态。

2.1.25 采空区　mined-out area

地下固体矿床开采后的空间及其围岩失稳而产生位移、开裂、破碎垮落，直到上覆岩层整体下沉、弯曲所引起的地表变形和破坏的地区或范围，统称为采空区。狭义采空区指开采空间。

2.1.26 挡土墙　retaining wall

承受土体侧压力的墙式构造物。

2.1.27 抗滑桩　slide-resistant pile

抵抗滑坡下滑力或土压力的横向受力桩。

2.1.28 土钉　soil nailing

在土质或破碎软弱岩质边坡中设置钢筋钉，维持边坡稳定的支护结构。

2.1.29 预应力锚杆（索）　prestressed anchor

由锚头、预应力筋、锚固体组成，通过对预应力筋施加张拉力以加固岩土体的支护结构。

2.1.30 柔性支护结构　flexible supporting structure

对路基边坡进行支护，限制路基边坡发生过大变形，允许结构出现一定变形的一种路基支挡形式。

2.2 符号

c——路基填料、地基、边坡岩土的黏聚力；

E_s——路基填料、地基土压缩模量；

E_0——路基回弹模量；

F_s——路基稳定系数；

K——安全系数；

K_c——挡土墙抗滑动稳定系数；

K_0——挡土墙抗倾覆稳定系数；

φ——路基填料、地基、边坡岩土的内摩擦角；

γ——路基填料、地基土的重度。

3 一般路基

3.1 一般规定

3.1.1 路基设计应收集公路沿线气候、水文、地形地貌、地质、地震、筑路材料等资料，做好沿线地质、路基填料勘察试验工作，查明地层岩土性质、厚度、空间分布特征及有关物理力学参数。

3.1.2 路基设计宜避免高填深挖。不能避免时，当路基中心填方高度超过20m或中心挖方深度超过30m时，宜结合路线方案与桥梁、隧道等构造物或分离式路基进行方案比选。

3.1.3 沿河及受水浸淹的路基边缘高程，应高出表3.1.3规定设计洪水频率的计算水位加壅水高度、波浪侵袭高度及0.5m的安全高度之和。

表 3.1.3 路基设计洪水频率

公 路 等 级	高速公路	一级公路	二级公路	三级公路	四级公路
路基设计洪水频率	1/100	1/100	1/50	1/25	按具体情况确定

注：区域内唯一通道的公路路基设计洪水频率可采用高一个等级公路的标准。

3.1.4 路基设计应根据当地自然条件和工程地质条件，选择适当的路基横断面形式和边坡坡度。沿河路基不宜侵占河道，应根据冲刷情况，设置必要的防护支挡工程，并妥善处理路基废方，避免河床堵塞、河流改道或冲毁沿线构造物、农田、房屋等。

3.1.5 路基填料应满足路基强度和回弹模量的要求。土石方调配设计应对移挖作填、集中取（弃）土、填料改良处理等方案进行技术经济比较，充分利用挖方材料，节约土地。

3.1.6 路基设计应控制路基工后沉降量。对软弱地基、路基与桥涵结构物连接处、路基填挖交界处、高路堤、陡坡路堤等，应采取综合措施，防止路基不均匀变形。

3.1.7 路基设计应考虑水和冰冻对路基性能的影响，设置完善的防排水系统或防冻害设施，以及必要的路基防护工程。

3.1.8 高速公路和一级公路的高路堤、陡坡路堤和深路堑等均应采用动态设计。动态设计必须以完整的施工设计图为基础，适用于路基施工阶段。

3.2 路床

3.2.1 路床厚度应根据交通量及其轴载组成确定。对特种轴载的公路，应单独计算路基工作区深度，确定路床厚度。

3.2.2 路床填料应均匀，其最小承载比应符合表 3.2.2 的规定。

表 3.2.2 路床填料最小承载比要求

路基部位		路面底面以下深度（m）	填料最小承载比（CBR）（%）		
			高速公路、一级公路	二级公路	三、四级公路
上路床		0~0.3	8	6	5
下路床	轻、中等及重交通	0.3~0.8	5	4	3
	特重、极重交通	0.3~1.2	5	4	—

注：1. 该表 CBR 试验条件应符合现行《公路土工试验规程》（JTG E40）的规定。
2. 年平均降雨量小于 400mm 地区，路基排水良好的非浸水路基，通过试验论证可采用平衡湿度状态的含水率作为 CBR 试验条件，并应结合当地气候条件和汽车荷载等级，确定路基填料 CBR 控制标准。

3.2.3 路床应分层铺筑，碾压密实，并应符合下列要求：
1 填料最大粒径应小于 100mm。
2 压实度应符合表 3.2.3 的规定。
3 路床顶面横坡应与路拱横坡一致。

表 3.2.3 路床压实度要求

路基部位		路面底面以下深度（m）	路床压实度（%）		
			高速公路、一级公路	二级公路	三、四级公路
上路床		0~0.3	≥96	≥95	≥94
下路床	轻、中等及重交通	0.3~0.8	≥96	≥95	≥94
	特重、极重交通	0.3~1.2	≥96	≥95	—

注：1. 表列压实度系按现行《公路土工试验规程》（JTG E40）重型击实试验所得最大干密度求得的压实度。
2. 当三、四级公路铺筑沥青混凝土和水泥混凝土路面时，其压实度应采用二级公路压实度标准。

3.2.4 路基应以路床顶面回弹模量为设计指标，以路床顶面竖向压应变为验算指标，并应符合下列要求：
1 路基在平衡湿度状态下，路床顶面回弹模量不应低于现行《公路沥青路面设计规范》（JTG D50）和《公路水泥混凝土路面设计规范》（JTG D40）的有关规定。
2 沥青路面路床顶面竖向压应变的计算值应满足沥青路面永久变形的控制要求。

3 水泥混凝土路面路床顶面竖向压应变可不作控制。

3.2.5 新建公路路基回弹模量设计值 E_0 应按式（3.2.5-1）确定，并应满足式（3.2.5-2）的要求。

$$E_0 = K_s K_\eta M_R \tag{3.2.5-1}$$

$$E_0 \geqslant [E_0] \tag{3.2.5-2}$$

式中：E_0——平衡湿度状态下路基回弹模量设计值（MPa）；

$[E_0]$——路面结构设计的路基回弹模量要求值（MPa），应符合本规范第3.2.4条的有关规定；

M_R——标准状态下路基动态回弹模量值（MPa），按本规范第3.2.6条确定；

K_s——路基回弹模量湿度调整系数，为平衡湿度（含水率）状态下的回弹模量与标准状态下的回弹模量之比，按本规范第3.2.7条确定；

K_η——干湿循环或冻融循环条件下路基土模量折减系数，通过试验确定。初步设计时，非冰冻地区可根据土质类型、失水率确定，季节冻土区可根据冻结温度、含水率确定，折减系数可取0.7~0.95。非冰冻区粉质土、黏质土，失水率大于30%，取小值，反之取较大值；粗粒土取大值。季节冻土地区粉质土、黏质土冻结温度低于-15℃，冻前含水率高，取小值，反之取较大值；粗粒土取大值。

3.2.6 标准状态下路基回弹模量值应按下列方法确定：

1 路基填料的回弹模量应按附录A通过试验获得。

2 受试验条件限制时，可按附录B，根据土组类别及粒料类型由表B.1、表B.2查取回弹模量参考值。

3 初步设计阶段，也可按式（3.2.6-1）、式（3.2.6-2）由填料的 CBR 值估算标准状态下填料的回弹模量值：

$$M_R = 17.6 CBR^{0.64} \quad (2 < CBR \leqslant 12) \tag{3.2.6-1}$$

$$M_R = 22.1 CBR^{0.55} \quad (12 < CBR < 80) \tag{3.2.6-2}$$

3.2.7 新建公路路床应处于干燥或中湿状态。路基设计可按下列方法预估湿度状态，确定回弹模量湿度调整系数：

1 可按附录C的有关规定，根据路基相对高度、路基土组类别及其毛细水上升高度，确定路基干湿类型，并预估路基结构的平衡湿度。

2 路基回弹模量湿度调整系数可按附录D确定。

3.2.8 当路基湿度状态、路基填料 CBR、路床回弹模量和竖向压应变等不能满足要求时，应根据气候、土质、地下水赋存和料源等条件，经技术经济比选后，对路床采取下列处理措施：

1 可采用粗粒土或低剂量无机结合料稳定土等进行换填，并合理确定换填深度。

2 对细粒土可采用砂、砾石、碎石等进行掺和处治，或采用无机结合料进行稳定处治。细粒土处治设计应通过物理力学试验，确定处治材料及其掺量、处治后的路基性能指标等。

3 水文地质条件不良的土质挖方路基或者潮湿状态填方路基，应采取设置排水垫层、毛细水隔离层、地下排水渗沟等措施。

4 季节冻土地区各级公路的中湿、潮湿路段，应结合路面结构进行路基结构的防冻验算。必要时，应设置防冻垫层或保温层。

3.3 填方路基

3.3.1 路堤高度应满足下列要求：

1 满足公路等级所对应的路基设计洪水频率及其设计洪水位。
2 路堤高度不宜小于中湿状态路基临界高度。
3 季节冻土地区，路堤高度不宜小于当地路基冻深。

3.3.2 路堤高度宜按式（3.3.2）计算确定。

$$H_{op} = \text{MAX}\{(h_{sw} - h_0) + h_w + h_{bw} + \Delta h, h_l + h_p, h_{wd} + h_p, h_f + h_p\} \quad (3.3.2)$$

式中：H_{op}——路堤合理高度（m）；

h_{sw}——设计洪水位（m）；

h_0——地面高程（m）；

h_w——波浪侵袭高度（m）；

h_{bw}——壅水高度（m）；

Δh——安全高度（m）；

h_l——中湿状态路基临界高度（m）；

h_p——路面厚度（m）；

h_{wd}——路基工作区深度（m）；

h_f——季节冻土地区路基冻深（m）。

3.3.3 路堤填料应符合下列要求：

1 路堤宜选用级配较好的砾类土、砂类土等粗粒土作为填料，填料最大粒径应小于150mm。

2 泥炭、淤泥、冻土、强膨胀土、有机土及易溶盐超过允许含量的土等，不得直接用于填筑路堤。季节冻土地区路床及浸水部分的路堤不应直接采用粉质土填筑。

3 路堤填料最小承载比应符合表3.3.3的规定。

表 3.3.3 路堤填料最小承载比要求

路基部位		路面底面以下深度（m）	填料最小承载比 CBR（%）		
			高速公路、一级公路	二级公路	三、四级公路
上路堤	轻、中等及重交通	0.8~1.5	4	3	3
	特重、极重交通	1.2~1.9	4	3	—
下路堤	轻、中等及重交通	1.5以下	3	2	2
	特重、极重交通	1.9以下			

注：1. 当路基填料 CBR 值达不到表列要求时，可掺石灰或其他稳定材料处理。
2. 当三、四级公路铺筑沥青混凝土和水泥混凝土路面时，应采用二级公路的规定。

4　液限大于 50%、塑性指数大于 26 的细粒土，不得直接作为路堤填料。

5　浸水路堤、桥涵台背和挡土墙墙背宜采用渗水性良好的填料。在渗水材料缺乏的地区，采用细粒土填筑时，可采用无机结合料进行稳定处治。

3.3.4　路堤应分层铺筑，均匀压实，压实度应符合表 3.3.4 的规定。

表 3.3.4 路堤压实度

路基部位		路面底面以下深度（m）	压实度（%）		
			高速公路、一级公路	二级公路	三、四级公路
上路堤	轻、中等及重交通	0.8~1.5	≥94	≥94	≥93
	特重、极重交通	1.2~1.9	≥94	≥94	—
下路堤	轻、中等及重交通	1.5以下	≥93	≥92	≥90
	特重、极重交通	1.9以下			

注：1. 表列压实度系按现行《公路土工试验规程》（JTG E40）重型击实试验所得最大干密度求得的压实度。
2. 当三、四级公路铺筑沥青混凝土和水泥混凝土路面时，应采用二级公路的规定值。
3. 路堤采用粉煤灰、工业废渣等特殊填料，或处于特殊干旱或特殊潮湿地区时，在保证路基强度和回弹模量要求的前提下，通过试验论证，压实度标准可降低 1~2 个百分点。

3.3.5　路堤边坡形式和坡率应根据填料的物理力学性质、边坡高度和工程地质条件确定，并符合下列要求：

1　当地质条件良好，边坡高度不大于 20m 时，其边坡坡率不宜陡于表 3.3.5 规定值。

表 3.3.5 路堤边坡坡率

填料类别	边坡坡率	
	上部高度（H≤8m）	下部高度（H≤12m）
细粒土	1:1.5	1:1.75
粗粒土	1:1.5	1:1.75
巨粒土	1:1.3	1:1.5

2　对边坡高度大于 20m 的路堤，边坡形式宜采用阶梯型，边坡坡率应按本规范第 3.6 节的有关规定由稳定性分析计算确定，并应进行工点设计。

3　浸水路堤在设计水位以下的边坡坡率不宜陡于 1:1.75。

3.3.6 地基表层处理设计应符合下列要求：

1 稳定的斜坡上，地面横坡缓于1:5时，清除地表草皮、腐殖土后，可直接填筑路堤；地面横坡为1:5～1:2.5时，原地面应挖台阶，台阶宽度不应小于2m。当基岩面上的覆盖层较薄时，宜先清除覆盖层再挖台阶；当覆盖层较厚且稳定时，可予保留。

2 地面横坡陡于1:2.5地段的陡坡路堤，必须检算路堤整体沿基底及基底下软弱层滑动的稳定性，抗滑稳定系数不得小于表3.6.11规定值，否则应采取改善基底条件或设置支挡结构物等防滑措施。

3 当地下水影响路堤稳定时，应采取拦截引排地下水或在路堤底部填筑渗水性好的材料等措施。

4 地基表层应碾压密实。一般土质地段，高速公路、一级公路和二级公路基底的压实度（重型）不应小于90%；三、四级公路不应小于85%。低路堤应对地基表层土进行超挖、分层回填压实，其处理深度不应小于路床深度。

5 稻田、湖塘等地段，应视具体情况采取排水、清淤、晾晒、换填、加筋、外掺无机结合料等处理措施。当为软土地基时，其处理措施应符合本规范第7.7节的有关规定。

3.3.7 二级及二级以上公路路堤与桥台、横向构造物（涵洞、通道）连接处应设置过渡段。过渡段路基压实度不应小于96%，并应做好填料、地基处理、台背防排水系统等综合设计。过渡段长度宜按式（3.3.7）确定。

$$L = (2 \sim 3)H + (3 \sim 5) \quad (3.3.7)$$

式中：L——过渡段长度（m）；

H——路基填土高度（m）。

3.3.8 陡坡上的半填半挖路基，可根据地形、地质条件，采用护肩、砌石或挡土墙；当山坡高陡或稳定性差、不宜多挖时，可采用桥梁、悬出路台等构造物；三、四级公路悬崖陡壁地段，当山体岩石整体性好时，可采用半山洞。

3.3.9 护肩路基的护肩高度不宜超过2m，顶面宽度不应侵占硬路肩或行车道及路缘带的路面范围。

3.3.10 砌石路基可用于三、四级公路，并应符合下列要求：

1 砌石应选用当地不易风化的片、块石砌筑，内侧填石。

2 岩石风化严重或软质岩石路段不宜采用砌石路基。

3 砌石顶宽不应小于0.8m，基底面应向内倾斜，砌石高度不宜超过15m。砌石内、外坡率不宜陡于表3.3.10规定值。

表 3.3.10 砌石边坡坡率

序 号	砌石高度（m）	内坡坡率	外坡坡率
1	≤5	1:0.3	1:0.5
2	≤10	1:0.5	1:0.67
3	≤15	1:0.6	1:0.75

3.3.11 当填方路基受地形地物限制或路基稳定性不足时，可设置护脚或挡土墙。护脚高度不宜超过5m，受水浸淹的路堤护脚，应予防护或加固。

3.4 挖方路基

3.4.1 土质路堑设计应符合下列要求：

1 土质路堑边坡形式及坡率应根据工程地质与水文地质条件、边坡高度、排水防护措施、施工方法等，并结合自然稳定边坡、人工边坡的调查及力学分析综合确定。边坡高度不大于20m时，边坡坡率不宜陡于表3.4.1规定值。

表 3.4.1 土质路堑边坡坡率

土 的 类 别		边 坡 坡 率
黏土、粉质黏土、塑性指数大于3的粉土		1:1
中密以上的中砂、粗砂、砾砂		1:1.5
卵石土、碎石土、圆砾土、角砾土	胶结和密实	1:0.75
	中密	1:1

注：黄土、红黏土、高液限土、膨胀土等特殊土质挖方边坡形式及坡度应按本规范第7章有关规定确定。

2 路堑边坡高度大于20m时，其边坡形式及坡率应按本规范第3.7节确定。

3.4.2 岩质路堑设计应符合下列要求：

1 岩质路堑边坡形式及坡率应根据工程地质与水文地质条件、边坡高度、排水防护措施、施工方法等，结合自然稳定边坡和人工边坡的调查综合确定。必要时可采用稳定分析方法予以验算。边坡高度不大于30m时，无外倾软弱结构面的边坡按附录E确定岩体类型，边坡坡率可按表3.4.2确定。

表 3.4.2 岩质路堑边坡坡率

边坡岩体类型	风化程度	边坡坡率	
		$H<15m$	$15m \leq H \leq 30m$
Ⅰ类	未风化、微风化	1:0.1~1:0.3	1:0.1~1:0.3
	弱风化	1:0.1~1:0.3	1:0.3~1:0.5
Ⅱ类	未风化、微风化	1:0.1~1:0.3	1:0.3~1:0.5
	弱风化	1:0.3~1:0.5	1:0.5~1:0.75

续表 3.4.2

边坡岩体类型	风化程度	边坡坡率	
		H<15m	15m≤H≤30m
Ⅲ类	未风化、微风化	1:0.3~1:0.5	—
	弱风化	1:0.5~1:0.75	—
Ⅳ类	弱风化	1:0.5~1:1	—
	强风化	1:0.75~1:1	—

注：1. 有可靠的资料和经验时，可不受本表限制。
　　2. Ⅳ类强风化包括各类风化程度的极软岩。

2　对有外倾软弱结构面的岩质边坡、坡顶边缘附近有较大荷载的边坡、边坡高度超过表3.4.2范围的边坡等，边坡坡率应按本规范第3.7节有关规定通过稳定性分析计算确定。

3　硬质岩石挖方路基宜采用光面爆破、预裂爆破等毫秒微差爆破技术。

4　边坡高度大于20m的软弱松散岩质路堑，宜采用分层开挖、分层防护和坡脚预加固技术。

3.4.3　当挖方边坡较高时，可根据不同的土质、岩石性质和稳定要求开挖成折线式或台阶式边坡，边沟外侧应设置碎落台，其宽度不宜小于1.0m；台阶式边坡中部应设置边坡平台，其宽度不宜小于2m。

3.4.4　边坡坡顶、坡面、坡脚和边坡中部平台应设置地表排水系统，各种地表排水设施构造尺寸应按本规范第4.2节确定。

3.4.5　当边坡土质潮湿或地下水露头时，应根据实际情况设置渗沟或仰斜式排水孔，或在上游沿垂直地下水流向设置排水隧洞等排导设施。

3.4.6　应根据边坡稳定情况和周围环境确定边坡坡面防护形式，边坡防护应采取工程防护与植物防护相结合的措施。稳定性差的边坡应设置支挡工程。

3.5　路基填挖交界处理

3.5.1　半填半挖路基的填方区设计应符合本规范第3.3节、第3.6节的有关规定。必要时，可进行增强补压。

3.5.2　半填半挖路基的挖方区设计应符合本规范第3.4节、第3.7节的有关规定。

3.5.3　挖方区为土质或软质岩石时，应对挖方区路床范围不符合要求的土质或软质岩石进行超挖换填或改良处治；填方区宜采用渗水性好的材料填筑，必要时，可在填挖交界结合部路床范围铺设土工格栅。当挖方区为硬质岩石时，填方区宜采用填石路堤。

3.5.4 填方区地表横坡陡于1:2.5时，应按本规范第3.6节进行设计。当路基稳定性不足时，应采取改善基底条件或设置支挡工程等措施。

3.5.5 根据地下水出露情况和岩土性质，应设置完善的地下排水系统，除应在边沟下设置纵向渗沟外，尚应在填挖结合部设置渗沟、排水垫层等。

3.5.6 路基纵向填挖交界结合部宜设置过渡段。

3.6 高路堤与陡坡路堤

3.6.1 高路堤、陡坡路堤及不良地质、特殊岩土路段的路堤，应作为独立工点进行勘察设计。

3.6.2 高路堤与陡坡路堤设计应在掌握场地水文地质条件、填料来源及其性质的基础上，进行地基处理、结构形式、排水设施、边坡防护等综合设计。施工过程中应根据实际情况变化，及时调整设计，保证路基稳定。

3.6.3 高路堤与陡坡路堤的地基勘察应符合现行《公路工程地质勘察规范》（JTG C20）的要求，查明地基土的土质类别、层位、厚度、分布特征和物理力学性质，以及地下水埋深和分布特征，确定地基承载力，获取设计所需的物理力学参数。

3.6.4 高路堤与陡坡路堤填料应满足本规范第3.2.2条、第3.3.3条的规定，压实度应满足本规范第3.2.3条、第3.3.4条的要求。

3.6.5 高路堤与陡坡路堤边坡形式和坡率应根据地形与工程地质条件、路基边坡高度、填料性质等，结合经济与环保因素，经稳定分析计算确定。断面形式宜采用台阶式。

3.6.6 应根据地下水出露情况和岩土性质，设置完善的地表和地下排水系统，及时做好坡面防护。

3.6.7 高路堤与陡坡路堤设计时，应进行路基稳定性计算分析。分析时，应考虑以下三种工况：
1 正常工况：路基投入运营后经常发生或持续时间长的工况。
2 非正常工况Ⅰ：路基处于暴雨或连续降雨状态下的工况。
3 非正常工况Ⅱ：路基遭遇地震等荷载作用的工况。

3.6.8 高路堤与陡坡路堤稳定性分析的强度参数应根据填料来源、场地情况及分析工况的需要，选择有代表性的土样进行室内试验，并结合现场情况确定。试验方法应符合下列要求：

1 路基填土的强度参数 c、φ 值，可采用直剪快剪或三轴不排水剪试验获得。不同工况下试样制备要求见表3.6.8。当路基填料为粗粒土或填石料时，应采用大型三轴试验仪或大型直剪试验仪进行试验。

2 地基土的强度参数 c、φ 值，宜采用直剪固结快剪或三轴固结不排水剪试验获得。

3 分析高路堤沿斜坡地基或软弱层带滑动的稳定性时，应结合场地条件，选择控制性层面的土层试验获得强度参数 c、φ 值。可采用直剪快剪或三轴不固结不排水剪试验。当存在地下水影响时，应采用饱水试件进行试验。

表 3.6.8 路堤填土强度参数试验试样制备要求

分析工况	试样要求	适用范围
正常工况	采用填筑含水率和填筑密度；当难以获得填筑含水率和填筑密度时，或进行初步稳定分析，密度采用要求达到的密度，含水率采用击实曲线上要求密度对应的较大含水率	用于新建路堤
	取路基原状土	用于已建路堤
非正常工况 I	同正常工况试样要求，但要预先饱和	用于降雨入渗影响范围内的填土
非正常工况 II	同正常工况试样要求	—

3.6.9 路堤堤身稳定性、路堤和地基的整体稳定性宜采用简化 Bishop 法，稳定系数 F_s 按式（3.6.9-1）计算，计算图示见图3.6.9。当地基为软弱或软土地基时，稳定系数计算方法及稳定性应满足本规范第7.7节的要求。

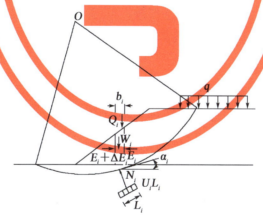

图 3.6.9 路堤堤身稳定性、路堤和地基的整体稳定性计算图示

$$F_s = \frac{\sum [c_i b_i + (W_i + Q_i)\tan\varphi_i]/m_{\alpha i}}{\sum (W_i + Q_i)\sin\alpha_i} \quad (3.6.9\text{-}1)$$

式中：F_s——路堤稳定系数；

b_i——第 i 个土条宽度（m）；

α_i——第 i 个土条底滑面的倾角（°）；

c_i、φ_i——第 i 个土条滑弧所在土层的黏聚力和内摩擦角，依滑弧所在位置，取对应土层的黏聚力（kPa）和内摩擦角（°）；

$m_{\alpha i}$——系数，按式（3.6.9-2）计算，式中各符号的意义同前；

$$m_{\alpha i} = \cos\alpha_i + \frac{\sin\alpha_i \tan\varphi_i}{F_s} \quad (3.6.9\text{-}2)$$

W_i——第 i 个土条重力（kN）；

Q_i——第 i 个土条垂直方向外力（kN）。

3.6.10 路堤沿斜坡地基或软弱层带滑动的稳定性分析可采用不平衡推力法，稳定系数 F_s 可按式（3.6.10-1）、式（3.6.10-2）计算，计算图示见图 3.6.10。

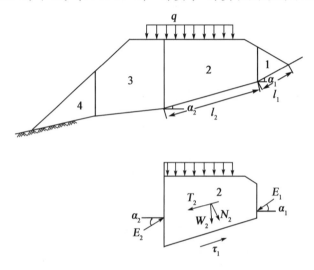

图 3.6.10　路堤沿斜坡地基或软弱层带滑动稳定性计算图示

$$E_i = W_{Qi}\sin\alpha_i - \frac{1}{F_s}[c_i l_i + W_{Qi}\cos\alpha_i \tan\varphi_i] + E_{i-1}\psi_{i-1} \quad (3.6.10\text{-}1)$$

$$\psi_{i-1} = \cos(\alpha_{i-1} - \alpha_i) - \frac{\tan\varphi_i}{F_s}\sin(\alpha_{i-1} - \alpha_i) \quad (3.6.10\text{-}2)$$

式中：W_{Qi}——第 i 个土条的重力与外加竖向荷载之和（kN）；

α_i——第 i 个土条底滑面的倾角（°）；

c_i、φ_i——第 i 个土条底的黏聚力（kPa）和内摩擦角（°）；

l_i——第 i 个土条底滑面的长度（m）；

α_{i-1}——第 $i-1$ 个土条底滑面的倾角（°）；

E_{i-1}——第 $i-1$ 个土条传递给第 i 个土条的下滑力（kN）。

用式（3.6.10-1）和式（3.6.10-2）逐条计算，直到第 n 条的剩余推力为零，由此确定稳定系数 F_s。

3.6.11 各等级公路高路堤与陡坡路堤稳定系数不得小于表 3.6.11 所列稳定安全系数值。对非正常工况Ⅱ，路基稳定性分析方法及稳定安全系数应符合现行《公路工程抗震规范》（JTG B02）的规定。

表 3.6.11 高路堤与陡坡路堤稳定安全系数

分析内容	地基强度指标	分析工况	稳定安全系数	
			二级及二级以上公路	三、四级公路
路堤的堤身稳定性、路堤和地基的整体稳定性	采用直剪的固结快剪或三轴固结不排水剪指标	正常工况	1.45	1.35
		非正常工况Ⅰ	1.35	1.25
	采用快剪指标	正常工况	1.35	1.30
		非正常工况Ⅰ	1.25	1.15
路堤沿斜坡地基或软弱层滑动的稳定性	—	正常工况	1.30	1.25
		非正常工况Ⅰ	1.20	1.15

注：区域内唯一通道的三、四级公路重要路段，高路堤与陡坡路堤稳定安全系数可采用二级公路的标准。

3.6.12 路堤基底处理应符合本规范第 3.3.6 条的规定，当地基分布有软弱土层时，应按本规范第 7.7 节的规定，做好地基加固设计。当路基稳定系数小于表 3.6.11 稳定安全系数时，应采取改善基底条件、设置支挡结构物、加筋等加固措施，保证路基稳定。

3.6.13 应加强高路堤与陡坡路堤的沉降控制。必要时，可进行增强补压、铺设土工合成材料等综合措施，并宜预留一个雨季的沉降期，减少工后沉降。

3.6.14 高路堤与陡坡路堤应进行施工监测，监测设计应明确监测路段、监测项目、监测点的数量及位置、监测要求等，监测项目与内容可按附录 F 表 F-2 选定。监测周期应为公路建成营运后不少于一年。

3.7 深路堑

3.7.1 深路堑和不良地质地段挖方边坡，应按独立工点进行勘察设计。

3.7.2 深路堑工程勘探宜采用钻探、坑（井、槽）探与物探等相结合的综合方法，必要时可辅以硐探。边坡工程地质勘察应满足现行《公路工程地质勘察规范》（JTG C20）的要求，并应查明下列内容：
1 地形地貌特征。
2 岩土体类型、成因、性状、风化程度、完整程度、分层厚度。
3 岩土体天然和饱水状态下物理力学性质（如重度 γ，强度参数 c、φ 等）。
4 主要结构面（特别是软弱结构面）特征、组合关系、力学属性、与临空面关系。
5 气象、水文和地质条件。
6 不良地质现象及范围、性质和分布规律。
7 坡顶邻近建筑物的荷载、结构、基础形式、埋深及稳定状态。
8 地表径流形态及其对边坡的影响。

3.7.3 边坡岩土体力学参数可按下列方法确定：

1 岩体和结构面抗剪强度指标宜根据现场原位试验确定。试验应符合现行《工程岩体试验方法标准》（GB/T 50266）的规定。当无条件进行试验时，可采用现行《工程岩体分级标准》（GB 50218）、表3.7.3-1和反分析等方法综合确定。

表3.7.3-1　结构面抗剪强度指标标准值

结构面类型		结构面结合程度	内摩擦角 φ（°）	黏聚力 c（MPa）
硬性结构面	1	结合好	>35	>0.13
	2	结合一般	35~27	0.13~0.09
	3	结合差	27~18	0.09~0.05
软弱结构面	4	结合很差	18~12	0.05~0.02
	5	结合极差（泥化层）	根据地区经验确定	

注：1. 表中数值已考虑结构面的时间效应。
　　2. 极软岩、软岩取表中低值。
　　3. 岩体结构面连通性差时，取表中的高值。
　　4. 岩体结构面浸水时取表中的低值。

2 岩体结构面的结合程度可按表3.7.3-2确定。

表3.7.3-2　结构面的结合程度

结合程度	结构面特征
结合好	张开度小于1mm，胶结良好，无充填；张开度1~3mm，硅质或铁质胶结
结合一般	张开度1~3mm，钙质胶结；张开度大于3mm，表面粗糙，钙质胶结
结合差	张开度1~3mm，表面平直，无胶结；张开度大于3mm，岩屑充填或岩屑夹泥质充填
结合很差、结合极差（泥化层）	表面平直光滑，无胶结；泥质充填或泥夹岩屑充填，充填物厚度大于起伏差；分布连续的泥化夹层；未胶结的或强风化的小型断层破碎带

3 边坡岩体性能指标标准值可按地区经验确定。重要边坡应通过试验确定。

4 岩体内摩擦角可由岩块内摩擦角标准值按岩体裂隙发育程度与表3.7.3-3所列的折减系数的乘积确定。

表3.7.3-3　边坡岩体内摩擦角折减系数

边坡岩体特性	内摩擦角的折减系数	边坡岩体特性	内摩擦角的折减系数
裂隙不发育	0.90~0.95	裂隙发育	0.80~0.85
裂隙较发育	0.85~0.90	碎裂结构	0.75~0.80

5 土体力学参数宜采用原位剪切试验、原状土样室内剪切试验及反算分析等方法综合确定。

6 土质边坡按水土合算原则计算时，地下水位以下的土宜采用三轴试验土的自重固结不排水抗剪强度指标；按水土分算原则计算时，地下水位以下的土宜采用土的有效抗剪强度指标。

3.7.4 边坡稳定性评价应遵循"以定性分析为基础、定量计算为手段"的原则。进行边坡稳定性计算时，应根据边坡工程地质条件或已经出现的变形破坏迹象，定性判断边坡可能的破坏形式和边坡稳定性状态。

3.7.5 边坡稳定性计算方法，应根据边坡类型和可能的破坏形式，按下列原则确定：
1 规模较大的碎裂结构岩质边坡和土质边坡宜采用简化Bishop法计算。
2 对可能产生直线形破坏的边坡宜采用平面滑动面解析法进行计算。
3 对可能产生折线形破坏的边坡宜采用不平衡推力法计算。
4 对结构复杂的岩质边坡，可配合采用赤平投影法和实体比例投影法分析及楔形滑动面法进行计算。
5 当边坡破坏机制复杂时，宜结合数值分析法进行分析。

3.7.6 边坡稳定性计算应考虑下列三种工况。对季节冻土边坡，尚应考虑冻融的影响。
1 正常工况：边坡处于天然状态下的工况。
2 非正常工况Ⅰ：边坡处于暴雨或连续降雨状态下的工况。
3 非正常工况Ⅱ：边坡处于地震等荷载作用状态下的工况。

3.7.7 各等级公路路堑边坡稳定系数不得小于表3.7.7所列稳定安全系数值。对非正常工况Ⅱ，路堑边坡稳定性分析方法及稳定安全系数应符合现行《公路工程抗震规范》（JTG B02）的规定。

表3.7.7 路堑边坡稳定安全系数

分析工况	路堑边坡稳定安全系数	
	高速公路、一级公路	二级及二级以下公路
正常工况	1.20～1.30	1.15～1.25
非正常工况Ⅰ	1.10～1.20	1.05～1.15

注：1. 路堑边坡地质条件复杂或破坏后危害严重时，稳定安全系数取大值；地质条件简单或破坏后危害较轻时，稳定安全系数可取小值。
2. 路堑边坡破坏后的影响区域内有重要建筑物（桥梁、隧道、高压输电塔、油气管道等）、村庄和学校时，稳定安全系数取大值。
3. 施工边坡的临时稳定安全系数不应小于1.05。

3.7.8 深路堑边坡宜采用折线式或台阶式边坡。台阶式边坡中部应设置边坡平台，边坡平台的宽度不宜小于2m。坚硬岩石边坡可不设平台，其边坡坡率可调查附近已建工程的人工边坡及自然边坡情况，根据边坡稳定性分析综合确定。

3.7.9 边坡防护设计应根据边坡地质和环境条件、边坡高度及公路等级，采取工程防护与植物防护的综合措施，稳定性差的边坡应设置综合支挡工程，并采用分层开挖、分层稳定和坡脚预加固技术。

3.7.10 应设置完善的边坡地表和地下排水系统，及时引排地表水和地下水。各种排水设施构造尺寸按本规范第 4.2 节、第 4.3 节确定。季节冻土边坡地下水丰富时，应对地下水排水口采取保温措施。

3.7.11 高速公路、一级公路深路堑及不良地质、特殊岩土地段挖方边坡应进行施工监测，监测设计应明确监测路段、监测项目、监测点的数量及位置、监测要求等，监测项目和内容可按附录 F 表 F-1、表 F-3 选定。监测周期应为公路建成营运后不少于一年。

3.8 填石路堤

3.8.1 填石路堤设计应遵循下列原则：

1 硬质岩石、中硬岩石可用作路床、路堤填料；软质岩石可用作路堤填料，不得用于路床填料；膨胀性岩石、易溶性岩石和盐化岩石等不得用于路堤填筑。

2 填石路堤应做好断面设计、结构设计和排水设计，保证填石路堤有足够的强度和稳定性。

3 填石路堤施工前，应通过试验路段，确定填石路堤合适的填筑层厚、压实工艺以及质量控制标准。

3.8.2 填石料可根据石料饱和抗压强度指标按表 3.8.2 进行分类。

表 3.8.2 岩石分类表

岩石类型	单轴饱和抗压强度（MPa）	代表性岩石
硬质岩石	≥60	1. 花岗岩、闪长岩、玄武岩等岩浆岩类； 2. 硅质、铁质胶结的砾岩及砂岩、石灰岩、白云岩等沉积岩类
中硬岩石	30~60	3. 片麻岩、石英岩、大理岩、板岩、片岩等变质岩类
软质岩石	5~30	1. 凝灰岩等喷出岩类； 2. 泥砾岩、泥质砂岩、泥质页岩、泥岩等沉积岩类； 3. 云母片岩或千枚岩等变质岩类

3.8.3 不同强度的石料，应分别采用不同的填筑层厚和压实控制标准。填石路堤压实质量标准宜用孔隙率作为控制指标，并符合表 3.8.3-1～表 3.8.3-3 的要求。施工压实质量可采用孔隙率与压实沉降差或施工参数联合控制。

表 3.8.3-1 硬质石料压实质量控制标准

路基部位	路面底面以下深度（m）	摊铺层厚（mm）	最大粒径（mm）	压实干密度（kg/m³）	孔隙率（%）
上路堤	0.80~1.50 (1.20~1.90)	≤400	小于层厚2/3	由试验确定	≤23
下路堤	>1.50 (>1.90)	≤600	小于层厚2/3	由试验确定	≤25

注："路面底面以下深度"栏，括号中数值分别为特重、极重交通的上路堤、下路堤的深度范围。

表 3.8.3-2　中硬石料压实质量控制标准

路基部位	路面底面以下深度（m）	摊铺层厚（mm）	最大粒径（mm）	压实干密度（kg/m³）	孔隙率（%）
上路堤	0.80～1.50 （1.20～1.90）	≤400	小于层厚2/3	由试验确定	≤22
下路堤	>1.50 （>1.90）	≤500	小于层厚2/3	由试验确定	≤24

注："路面底面以下深度"栏，括号中数值分别为特重、极重交通的上路堤、下路堤的深度范围。

表 3.8.3-3　软质石料压实质量控制标准

路基部位	路面底面以下深度（m）	摊铺层厚（mm）	最大粒径（mm）	压实干密度（kg/m³）	孔隙率（%）
上路堤	0.80～1.50 （1.20～1.90）	≤300	小于层厚	由试验确定	≤20
下路堤	>1.50 （>1.90）	≤400	小于层厚	由试验确定	≤22

注："路面底面以下深度"栏，括号中数值分别为特重、极重交通的上路堤、下路堤的深度范围。

3.8.4　填石路堤顶部最后一层填石料的铺筑层厚不得大于0.40m，最大粒径不得大于150mm，其中小于5mm的细料含量不应小于30%，且铺筑层表面应无明显孔隙、空洞。填石路堤上部采用其他材料填筑时，可视需要设置土工布作为隔离层。

3.8.5　填石路堤可采用与土质路堤相同的断面形式，边坡坡率不宜陡于表3.8.5的规定，边部可采用码砌，码砌厚度宜为1～2m，码砌石块最小尺寸不应小于300mm。边坡较高时，可在边坡中部设置宽度1～3m的平台。

表 3.8.5　填石路堤边坡坡率

填石料种类	边坡高度（m）			边坡坡率	
	全部高度	上部高度	下部高度	上部高度	下部高度
硬质岩石	20	8	12	1:1.1	1:1.3
中硬岩石	20	8	12	1:1.3	1:1.5
软质岩石	20	8	12	1:1.5	1:1.75

3.8.6　风化岩石和软质岩石填筑路堤时，路床应采用硬质岩的碎石或其他符合要求的材料填筑，并应采取路堤边部包边封闭或加筋、底部设置排水垫层、顶部设置防渗层等措施，防止填石路堤产生湿化变形。

3.8.7　软弱地基上填石路堤，应与软土地基处理设计综合考虑。

3.9　轻质材料路堤

3.9.1　轻质材料可用作需减少路堤重度或土压力的路堤填料，其应用范围包括软土地基上路堤、桥涵与挡土墙构造物台（墙）背路堤、拓宽路堤、修复沉陷或失稳路堤等，但不宜用于洪水淹没地段。

3.9.2 轻质材料路堤设计，应根据使用目的、荷载等级、地形地质条件、环境条件及路基几何参数特点，通过技术经济综合论证，合理选择轻质材料类型、路基结构与断面形式，确定材料设计参数。

3.9.3 用作路堤填料的轻质材料设计应符合下列要求：

1 土工泡沫塑料（EPS块）材料密度不宜小于 $20kg/m^3$，10%应变的抗压强度不宜小于110kPa，抗弯强度不宜小于150kPa，压缩模量不宜小于3.5MPa，7d体积吸水率不宜大于1.5%。桥头搭板下方等特殊部位土工泡沫塑料块体抗压强度不应小于250kPa。在有防火要求的建筑物附近，应采用阻燃型的土工泡沫塑料块体。

2 泡沫轻质土的施工最小湿重度不应小于 $5.0kN/m^3$，施工最大湿重度不宜大于 $11.0kN/m^3$，流值宜为170～190mm，且无侧限抗压强度应符合表3.9.3的规定。因工程需要或环境条件制约，需明确泡沫轻质土的抗冻性指标时，可通过试验确定。

表3.9.3 用于路基的泡沫轻质土无侧限抗压强度指标

路基部位		无侧限抗压强度（MPa）	
		高速公路、一级公路	二级及二级以下公路
路床	轻、中等及重交通	≥0.8	≥0.6
	特重、极重交通	≥1.0	
上路堤、下路堤		≥0.6	≥0.5
地基土置换		≥0.4	

注：1. 无侧限抗压强度为龄期28d、边长100mm的立方体抗压强度。
    2. 特重、极重交通高速公路及一级公路路床部位的泡沫轻质土配合比宜采用掺砂配合比，流值宜为150～170mm，且砂与水泥的质量比宜控制在0.5～2.0。

3 用于高速公路、一级公路路堤的粉煤灰烧失量宜小于20%。烧失量超过标准的粉煤灰应做对比试验，分析论证后采用。

3.9.4 轻质材料路堤设计应符合下列要求：

1 轻质材料路堤结构设计应采取有效的防护措施，轻质材料不得直接裸露。路基横断面可采用设置支挡结构的直立式路堤或包边护坡的斜坡式路堤，轻质材料填筑厚度应根据工后沉降计算确定。

2 轻质材料路堤与一般填土路堤之间应设置过渡段。过渡段应采用台阶式衔接，台阶高度宜为0.5～1.0m，坡比宜为1:1～1:2。

3 软土地区轻质材料路堤设计应进行路堤稳定性与地基沉降计算。新建路基工后沉降量应符合本规范第7.7节的有关规定，改扩建路基应符合本规范第6.4节的有关规定；路堤稳定性应符合本规范第3.6节、第7.7节的有关规定。

4 轻质材料填筑区位于地下水位以下，或受到洪水淹没时，应按式（3.9.4）进行抗浮稳定性验算。当抗浮稳定系数小于抗浮安全系数时，应采取调整轻质材料填筑区厚度、增加填土荷重或降低地下水位等措施。土工泡沫塑料路堤抗浮安全系数宜为1.1~1.5，泡沫轻质土路堤抗浮安全系数宜为1.05~1.15，最高地下水位或洪水位达到轻质材料填筑区的发生概率较低时，取小值。

$$F_f = \frac{\sum \gamma_i h_i}{\gamma_w h_{jw}} \quad (3.9.4)$$

式中：F_f——抗浮稳定系数；

γ_i——各层材料的重度（kN/m³）；

h_i——各层材料的厚度（m）；

γ_w——水的重度（kN/m³）；

h_{jw}——路堤浸水的深度（m）。

3.9.5 土工泡沫塑料轻质材料路堤设计应符合下列要求：

1 根据汽车荷载和上覆路基路面荷载等作用影响，在土工泡沫塑料块体与路面之间、多层土工泡沫塑料块体之间每隔2~3m或4~6层，应设置浇筑钢筋混凝土板和防渗土工布，钢筋混凝土板厚度宜为0.10~0.15m。

2 土工泡沫塑料块体底部应设置砂砾垫层，厚度宜为0.2~0.3m。必要时可在砂砾垫层上下界面铺设透水土工布。

3 土工泡沫塑料路堤设计应进行材料抗压强度验算。验算时，路面及钢筋混凝土板保护层产生的自重和活载作用于土工泡沫塑料层面的应力（图3.9.5）可按式（3.9.5-1）计算，并应满足式（3.9.5-2）的要求。

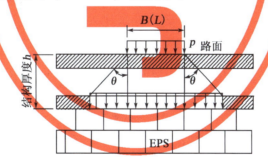

图3.9.5 分布应力的近似简化计算

$$\sigma_z = \frac{p(1+\delta)}{(B+2h\tan\theta)(L+2h\tan\theta)} + \gamma h \quad (3.9.5\text{-}1)$$

式中：σ_z——土工泡沫塑料块体上的应力值（kPa）；

p——汽车轮载（汽车后轴重）（kN）；

δ——冲击系数；一般为0.3；

h——路面及钢筋混凝土板的厚度（m）；

B、L——汽车后轮着地宽度及长度（m）；

θ——荷载分布角（°），混凝土路面取$\theta=45°$，沥青混凝土路面取$\theta=40°$；

γ——路面结构层及钢筋混凝土板的平均重度（kN/m³）。

$$\sigma_z \leq [\sigma_a] \tag{3.9.5-2}$$

式中：$[\sigma_a]$——土工泡沫塑料块体容许抗压强度（kPa），由室内无侧限压缩试验确定。

4 土工泡沫塑料路堤设计除应进行路堤整体稳定性计算之外，尚应按式（3.9.5-3）计算土工泡沫塑料块体之间的滑动稳定性和土工泡沫塑料路堤底板位置的滑动稳定性，滑动稳定安全系数不应小于1.5。

$$F_h = \frac{(W + P_V)\mu + cB}{P_H} \tag{3.9.5-3}$$

式中：F_h——土工泡沫塑料块体之间的滑动稳定系数；

W——土工泡沫塑料块体的自重（kN）；

P_V——土压合力的垂直分量（kN）；

P_H——土压合力的水平分量以及水平地震力（kN）；

μ——底板与基础间的摩擦系数；

c——底板与基础间的黏聚力（kPa）；

B——底板宽度（m）。

3.9.6 泡沫轻质土路堤设计应符合下列要求：

1 泡沫轻质土路堤直立填筑高度不宜大于15m，最小填筑高度不宜小于1.0m。当地面横坡较大或用于路堤加宽时，填筑体底面宽度不宜小于2.0m。

2 泡沫轻质土路堤顶面宜设置镀锌铁丝网和土工膜，并应延伸至一般路堤侧不小于2.0m。泡沫轻质土高度大于1.0m时，宜在距其顶面0.5m处增设一层镀锌铁丝网。

3 直立式路堤高度小于3m时，坡面可采用水泥混凝土预制块防护；当高度大于3m时，应采用钢筋混凝土挡墙。

4 软土地段泡沫轻质土路堤，应沿路堤纵向设置变形缝，其间距宜为10～20m，缝宽宜为10～20mm，并填塞泡沫塑料板。

5 地下水位以下的泡沫轻质土仅用于控制沉降时，可不采取隔断地下水的防水措施；用于地下结构或地下管线减载时，宜采取隔断、疏通地下水的防、排水措施。

6 泡沫轻质土路堤设计计算时，不同的环境条件和工程条件下泡沫轻质土的相关性能指标取值应符合表3.9.6的要求。

表3.9.6 设计计算时性能指标取值

验算内容	验算用指标	验算指标取值	
		地下水条件	指标取值
沉降验算时自重应力计算	轻质土重度 R（kN/m³）	地下水位以上	施工湿重度 R_{fw}
		地下水位以下	$R = (1.1 \sim 1.3) R_{fw}$
结构上覆荷载验算时自重应力计算	轻质土重度 R（kN/m³）	地下水位以上	施工湿重度 R_{fw}
		地下水位以下	$R = (1.1 \sim 1.3) R_{fw}$
抗浮验算时自重应力计算	轻质土重度 R（kN/m³）	地下水位以上或以下	施工湿重度 R_{fw}

续表 3.9.6

验算内容	验算用指标	验算指标取值	
		地下水条件	指标取值
路堤整体稳定性验算	轻质土黏聚力 c、内摩擦角 φ	地下水位以上	试验确定，无试验资料时，$c=120\text{kPa}$，$\varphi=6°$
		地下水位以下	试验确定，无试验资料时，$c=100\text{kPa}$，$\varphi=4°$
抗滑动、抗倾覆稳定性验算	与碎石土、砂类土或基岩接触面摩擦系数	地下水位以上	0.6
		地下水位以下	0.5
	与黏性土、强风化层接触面摩擦系数	地下水位以上	0.5
		地下水位以下	0.4

7 地基沉降计算时，总沉降修正系数宜取 1.0～1.1。当地基土承载力大于两倍的路堤荷载时，取小值。

8 泡沫轻质土路堤除应进行路堤整体稳定性计算之外，当路堤底面存在斜面或泡沫轻质土填筑区高宽比大于 1 且高度大于 3m 时，尚应按本规范第 5.4.2 条的有关规定进行抗滑动、抗倾覆稳定性验算。

9 用于地下结构或管线顶部减载换填时，泡沫轻质土自重和其他荷载的总和应小于地下结构或管线所能承受最大荷载的 0.9 倍。

3.9.7 粉煤灰路堤设计应符合下列要求：

1 粉煤灰路堤可全部采用粉煤灰或灰土分层间隔填筑，边坡和路肩应设置土质护坡；上路床范围应采用土质填筑，也可与路面结构层相结合，采用石灰土、二灰土等路面底基层材料作封顶层。

2 土质护坡时，应根据施工季节和降雨量，设置必要的排水渗沟，渗沟外围应设置反滤层。

3 粉煤灰路堤底部应离开地下水位或地表长期积水位 0.5m 以上，否则应设置隔离层。隔离层厚度不宜小于 0.3m，隔离层横坡不宜小于 3%。

4 粉煤灰路堤压实度标准应在表 3.2.3、表 3.3.4 基础上通过试验确定。

5 高度大于 5.0m 的粉煤灰路堤，应验算路堤自身的稳定性，其抗滑安全系数应符合表 3.6.11 的规定。

3.10 工业废渣路堤

3.10.1 工业废渣用于路堤填筑时，必须符合国家现行环境保护的有关规定，严禁采用含有有害物质的工业废渣作为路堤填料。

3.10.2 高炉矿渣、钢渣、煤矸石等可用于路堤填筑的工业废渣，应符合下列要求：

1 高炉矿渣、钢渣应分解稳定，粒径符合规定要求，具有足够的强度。浸水膨胀率不应大于2.0%，压蒸粉化率不应大于5.0%，钢渣中金属铁含量不应大于2.0%，游离氧化钙含量应小于3.0%。应采用堆存一年以上的陈渣。

2 未经充分氧化与陈化、塑性指数大于10的煤矸石不宜直接用于填筑高速公路和一级公路路堤。性能较差的煤矸石应通过改良，并经试验论证后方可采用。

3 煤矸石中主要成分SiO_2、Al_2O_3和Fe_2O_3的总含量之和不应低于70%，烧失量不应大于20%。煤矸石中不宜含有杂质。

3.10.3 使用其他工业废渣填筑路堤时，应通过试验论证并经相关主管部门批准，方可使用。

3.10.4 工业废渣不应用于浸水地段，以及洪水浸淹部位。

3.10.5 工业废渣路堤设计应根据路基所处的环境条件、工业废渣性质及填筑部位等，做好工业废渣路堤横断面形式、路堤结构、防排水系统和防护工程的综合设计，保证工业废渣路堤具有足够的强度和稳定性，防止工业废渣对地表水、地下水、土壤等造成污染。

3.10.6 工业废渣路堤设计时，应开展下列试验评价工作：

1 进行化学成分和矿物成分分析试验，确定其化学成分、矿物成分、浸出液内有害物质含量、pH值、烧失量等，评价其对水体、土壤等的影响程度。其试验方法应符合现行《固体废物浸出毒性测定方法》（GB/T 15555）的有关规定。

2 进行钢渣压蒸粉化率和浸水膨胀率测定试验，评价钢渣安定性，其试验方法应符合现行《钢渣稳定性试验方法》（GB/T 24175）的有关规定。

3 进行击实试验，确定最大干密度和最佳含水率。

4 应通过试验，确定内摩擦角φ、黏聚力c、压缩系数、膨胀系数、回弹模量和CBR值。

3.10.7 工业废渣路堤的结构设计应符合下列要求：

1 工业废渣路堤应采用封闭式路堤结构，对边坡和路肩采取土质护坡保护措施，在土质护坡中设置排水渗沟，渗沟外围应设置反滤层。

2 工业废渣路堤上路床范围应采用土质填筑，也可与路面结构层相结合，采用无机结合料稳定土路面底基层材料作封顶层。

3 工业废渣路堤底部应高于地下水位或地表长期积水位0.5m以上，并设置隔离层。隔离层厚度不宜小于0.5m。隔离层填料可选用塑性指数不小于6，且满足强度要求的黏性土。

4 当工业废渣路堤高度超过4m时，可在路堤中部设置土质夹层。

3.10.8 工业废渣路堤高度超过5m时，应进行路基稳定性检算。路基稳定性计算方法及其抗滑稳定系数应符合本规范第3.6节的有关规定。

3.10.9 工业废渣路堤压实度应在表3.3.4基础上通过试验确定。

3.11 路基取土与弃土

3.11.1 路基取土场、弃土场的设置，应根据各路段所需取土或弃方数量，结合路基排水、地形、土质、施工方法、节约土地、环境保护等要求，作出统一规划设计。

3.11.2 取土场设置应符合下列规定：
1 合理考虑取土场与路基之间的距离，避免取土影响路基边坡稳定。
2 桥头引道两侧不宜设置取土场。
3 兼作排水的取土场，应保证排水系统通畅，其深度不宜超过该地区地下水水位，并应与桥涵进口高程相衔接；其纵坡不应小于0.2%，平坦地段不应小于0.1%。

3.11.3 弃土场设置应符合下列规定：
1 合理设置弃土场，不得影响路基稳定及斜坡稳定。
2 沿河弃土时，应防止加剧下游路基与河岸的冲刷，避免弃土侵占河道，并视需要设置防护支挡工程。

3.11.4 弃土场应堆放规则，进行适当碾压。取土场和弃土场应采取必要的排水、防护支挡和绿化等工程措施，保证边坡稳定，避免水土流失。

4 路基排水

4.1 一般规定

4.1.1 公路路基防排水设计应根据公路沿线气象、水文、地形、地质以及桥涵和隧道设置情况，遵循总体规划、合理布局、防排疏结合、少占农田、保护环境的原则，设置完善、通畅的防排水系统，做好路基防排水与地基处理、路基防护等综合设计，并与路面、桥梁、涵洞、隧道等防排水系统相协调。

4.1.2 路界地表水不宜流入桥面、隧道及其排水系统。

4.1.3 低填、浅挖路基以及排水困难地段，应采取防、排、截相结合的综合措施，及时拦截有可能进入路界的地表水，排除路基内自由水，隔离地下水，保证路基处于干燥或中湿状态。

4.1.4 沿河路基防排水设计应根据河流水文特性、设计洪水位、流量以及河道地形地质条件，合理布设排水设施，做好排水设施出口处理，并与河道导流设施和调治构造物相协调，防止水流冲刷路基边坡及河岸。

4.1.5 各类排水设施的设计应满足使用功能要求，结构安全可靠，便于施工、检查和养护维修。排水设施所用材料的强度应不低于附录 G 表 G-1 的要求。

4.1.6 路基排水设施设计应与农田排灌系统相协调。

4.1.7 施工场地的临时性排水设施布设，宜与永久性排水设施相结合。

4.2 地表排水

4.2.1 路基地表排水设施设计降雨的重现期：高速公路、一级公路应采用 15 年，其他等级公路应采用 10 年。各类地表排水设施的断面尺寸应满足设计排水流量的要求，沟顶应高出沟内设计水面 0.2m 以上。

4.2.2 路基地表排水设施包括边沟、截水沟、排水沟、跌水与急流槽、蒸发池、油水分离池、排水泵站等，应结合地形和天然水系进行布设，并做好进出口的位置选择和处理，防止产生堵塞、溢流、渗漏、淤积、冲刷和冻结。

4.2.3 位于水环境敏感地段的路基地表排水设计，应采取必要措施，保护水环境。

4.2.4 边沟设计应符合下列要求：

1 边沟断面形式及尺寸应根据降雨强度、汇水面积、地形地质条件以及对路侧安全与环境景观的影响程度等确定。条件许可时，宜采用三角形或浅碟形边沟。

2 边沟沟底纵坡宜与路线纵坡一致，并不宜小于0.3%。困难情况下，可减小至0.1%。

3 当边沟冲刷强度超过表4.2.4所列的明沟最大允许流速时，应采取必要的防护加固措施。

表4.2.4 明沟最大允许流速

明 沟 类 别	最大允许流速（m/s）	明 沟 类 别	最大允许流速（m/s）
细粒土质砂	0.8	片碎石（卵砾石）加固	2.0
低液限粉土、低液限黏土	1.0	干砌片石	2.0
高液限黏土	1.2	浆砌片石	3.0
草皮护面	1.6	水泥混凝土	4.0

4 高速公路、一级公路挖方路段矩形边沟宜增设带泄水孔的钢筋混凝土盖板或增设路侧护栏，钢筋混凝土盖板的强度和厚度应满足承载汽车荷载的要求。

5 季节冻土地区，浅碟形边沟下的暗埋管（沟）应设置在最大路基冻深线之下，暗埋管（沟）出水口应采取保温防冻措施。

4.2.5 截水沟设计应符合下列要求：

1 截水沟应根据地形条件及汇水面积等进行设置。挖方路基的堑顶截水沟应设置在坡口5m以外，并宜结合地形进行布设。填方地段斜坡上方的路堤截水沟距路堤坡脚的距离，应不小于2m。

2 截水沟断面形式及尺寸应结合设置位置、排水量、地形及边坡情况确定，沟底纵坡不宜小于0.3%。

3 截水沟的水流应排至路界之外，不宜引入路堑边沟。

4 截水沟应进行防渗加固。

4.2.6 排水沟设计应符合下列要求：

1 将边沟、截水沟、取（弃）土场和路基附近低洼处汇集的水引向路基以外时，应设置排水沟。

2 排水沟断面形式应结合地形、地质条件确定，沟底纵坡不宜小于0.3%，与其他排水设施的连接应顺畅。易受水流冲刷的排水沟应视实际情况采取防护、加固措施。

4.2.7 水流通过坡度大于10%、水头高差大于1.0m的陡坡地段或特殊陡坎地段时，宜设置跌水或急流槽。跌水与急流槽设计应符合下列要求：

1 跌水和急流槽应采取加固措施。
2 急流槽底的纵坡应与地形相结合，进水口应予防护加固，出水口应采取消能措施，防止冲刷。
3 急流槽底应设置防滑平台或凸榫，防止基底滑动。

4.2.8 气候干旱区且路域范围排水困难地段，可利用沿线的取土坑或专门设置蒸发池汇集地表水。蒸发池设计应符合下列要求：

1 合理确定蒸发池边缘与路基之间的距离，避免影响路基稳定和路侧安全，并应不小于5m，湿陷性黄土地区不得小于湿陷半径。蒸发池设计水位应低于排水沟的沟底。
2 蒸发池的容量应以一个月内汇入池中的雨水能及时完成渗透与蒸发作为设计依据，经水力、水文计算后确定，并防止产生盐渍化或沼泽化。
3 蒸发池应根据具体情况采取适当的安全防护加固措施。

4.2.9 水环境敏感地段路基排水沟出口宜设置油水分离池，排泄的水质应满足现行《污水综合排放标准》（GB 8978）的有关规定。油水分离池设计应符合下列要求：

1 油水分离宜采用沉淀法处理。污水进入油水分离池前，应先通过格栅和沉砂池。
2 油水分离池的大小应根据所在路段排水沟汇入水量确定，并保证流入分离池的油水能有足够的时间分离或过滤净化。

4.2.10 下挖式通道排水设计应符合下列要求：

1 下挖式通道应设置独立、完善的排水系统，排除汇水区域的地表径流水和影响道路功能的地下水。排水设施的布设应与周围其他排水设施相协调。
2 地表排水径流量计算，设计重现期不宜小于5年。
3 下挖式通道宜采用自流排水方式。当条件受限制时，可按表4.2.10确定排水方式。

表4.2.10 下挖式通道排水方式

排水方式	适用条件
自流排水方式	可用于通道底面高于河渠底面常水位
泵站排水方式	可用于降雨量大、地下水位较高且通道底面低于河渠底面而无法自排的通道
渗井排水方式	可用于年降雨量小于600mm、地下水位低、含水层渗透性好且埋深不超过10m的通道排水。通道内水流进入渗井前，应经过油水分离池过滤处理，保护地下水质
蒸发池排水方式	可用于年降雨量小于400mm、蒸发强度大、地下水位低的通道排水

4.2.11 路基汇水无法自流排出时，可设置排水泵站。排水泵站包括集水池和泵房，其设计应符合下列要求：

1 集水池的容积应根据汇水量、水泵能力和水泵工作情况等因素确定。
2 水泵抽出的水应排至路界之外。
3 在下挖段的两端，应设置泄水口、排水沟等排水设施，拦截和引排上游方向的地表水。
4 排水泵站其他设计应符合现行《泵站设计规范》（GB 50265）的相关规定。

4.2.12 互通式立交区路基排水设计应符合下列要求：

1 互通式立交区路基排水设计应设置完善、通畅的排水系统。
2 互通式立交区路基排水方式与结构形式应根据互通式立交形式、汇水面积、地形地质、气候条件和环境景观等确定，并应做好匝道路基排水设施与主线路基排水设施的衔接。

4.2.13 中央分隔带防排水设计应符合下列要求：

1 中央分隔带表面采用铺面封闭时，分隔带铺面应采用两侧外倾的横坡，坡度宜与路面横坡度相同，铺面之下应设置防水层。
2 中央分隔带表面未采用铺面封闭时，中央分隔带内部应设置由防水层、纵向排水渗沟、集水槽和横向排水管等组成的综合防排水系统，渗沟宜设置在通信管构件之下。
3 凹型中央分隔带的表面宜设置成浅碟形，坡度宜为 1:4～1:6，并应在中央分隔带设置由纵向边沟、集水井、横向排水管、边坡急流槽、消力池等组成的综合排水系统，其断面尺寸、设置间距应通过水力计算确定。
4 中央分隔带回填土与路面结构层之间应设置防水层。

4.3 地下排水

4.3.1 应进行工程地质和水文地质调查、勘探和测试，查明水文地质条件，获取有关水文地质参数。

4.3.2 地下水影响路基稳定或强度时，应根据地下水类型、含水层埋藏深度、地层的渗透性等条件及对环境的影响，采取拦截、引排、疏干、降低或隔离等措施，地下排水设施应与地表排水设施相协调。地下排水设施形式可按下列原则确定：

1 当地下水埋藏浅或无固定含水层时，可采用隔离层、排水垫层、暗沟、渗沟等。
2 当地下水埋藏较深或存在固定含水层时，可采用仰斜式排水孔、渗井、排水隧洞等。

4.3.3 排水垫层和隔离层设计应符合下列要求：

1 当黏质土地段地下水位埋深小于0.5m或粉质土地段地下水位埋深小于1.0m时，细粒土填筑的低路堤底部宜设置排水垫层和隔离层。

2 排水垫层厚度不应小于0.3m，垫层材料宜选用天然砂砾或中粗砂。采用复合防排水板作为隔离层时，可不设排水垫层。

3 隔离层可选用土工膜、复合土工膜、复合防排水板等土工合成材料，防渗材料的厚度、材质及类型应根据气候、地质条件确定，土工合成材料应符合现行《公路土工合成材料应用技术规范》（JTG/T D32）的规定。

4.3.4 暗沟、暗管设计应符合下列要求：

1 暗沟、暗管可用于排除泉水或集中的地下水流。

2 暗沟、暗管沟底的纵坡不宜小于1.0%，出水口处应加大纵坡，并应高出地表排水沟常水位0.2m以上。

3 暗沟可采用浆砌片石或水泥混凝土预制块砌筑，沟顶应设置混凝土或石盖板，盖板顶面上的填土厚度不应小于0.5m。暗沟断面尺寸应根据排水量及地形、地质条件确定。

4.3.5 渗沟设计应符合下列要求：

1 有地下水出露的挖方路基、斜坡路堤、路基填挖交界结合部以及地下水位埋深小于0.5m的低路堤等路段，应设置排水渗沟。

2 渗沟类型应根据地下水赋存条件、渗流量、使用部位及排水距离等，按表4.3.5确定，渗沟横断面尺寸应按地下水渗流量计算确定。

表4.3.5 各类渗沟适用条件

渗沟类型	适用条件
填石渗沟、无砂混凝土渗沟	可用于地下水流量不大、排水距离较短的地段
管式渗沟	可用于地下水流量较大、地下水位埋藏浅、地下排水距离较长的地段
洞式渗沟	可用于地下水流量大、埋藏深的路段

3 渗沟埋置深度应根据地下水位、需降低的水位高度及含水层介质的渗透系数等确定。截水渗沟的基底埋入隔水层内不宜小于0.5m。边坡渗沟、支撑渗沟的基底，宜设置在含水层以下较坚实的土层上。

4 填石式渗沟、无砂混凝土渗沟最小纵坡不宜小于1.0%，管式及洞式渗沟最小纵坡不宜小于0.5%。渗沟出水口应高出地表排水沟常水位0.2m以上。

5 边坡渗沟、支撑渗沟应垂直嵌入边坡坡体，根据边坡情况可按条带形、分岔形或拱形布设，间距宜为6~10m。

6 渗沟材料应采用洁净的砂砾、粗砂、碎石、片石，其中小于2.36mm细粒料含量不得大于5%。渗沟沟壁应设置透水土工织物或中粗砂反滤层，渗水管可选用带孔的HPPE管、PVC管、PE管、软式透水管、无砂混凝土管等。

4.3.6 仰斜式排水孔设计应符合下列要求：

1 仰斜式排水孔可用于引排边坡内的地下水。

2 仰斜式排水孔的仰角不宜小于6°，长度应伸至地下水富集部位或潜在滑动面，并宜根据边坡渗水情况成群分布。

3 仰斜式排水孔进水口及渗水管段应包裹透水土工布，防止堵塞渗水孔。

4.3.7 渗井设计应符合下列要求：

1 渗井可用于拦截、引排有固定含水层的深层地下水，以及排除下挖式通道的地表水。

2 用于拦截和引排地下水的渗井，宜成井群布设，并与排水隧洞等排水设施配合使用。渗井排列方向宜垂直于渗流方向，其深度宜穿过含水层，断面尺寸与间距应通过渗流计算确定。渗井内部宜采用洁净的砂砾、碎石等填充，井壁与填充料之间应设反滤层。

3 用于排除下挖式通道地表水的渗井，距离路堤坡脚不宜小于10m，渗井尺寸应根据下挖式通道的排水量通过水力计算确定。渗井宜采用钢筋混凝土管或波纹管，上部为集水井，下部为渗透井；渗透井应选用洁净的砂砾、片碎石等充填，其中小于2.36mm颗粒含量不得大于5%，井壁四周应设置反滤层。

4.3.8 排水隧洞设计应符合下列要求：

1 排水隧洞可用于截断和引排深层地下水，埋设深度应根据主要含水层的埋藏深度确定，并应埋入稳定地层内，顶部应在滑动面（带）以下不小于0.5m。

2 对滑动面以上的其他含水层，宜采用在渗水隧洞顶上设置渗井或渗管等将水引入洞内。渗水隧洞以下为承压含水层时，宜在洞底部设渗水孔。

3 隧洞横断面尺寸应根据地下水涌水量计算确定，横断面净空高度不宜小于1.8m，净宽不宜小于1.0m。

4 隧洞平面轴线宜顺直，洞底纵坡不应小于0.5%，不同坡段可采用折线坡或设台阶跌水等形式连接。

5 隧洞结构设计应符合现行《公路隧道设计规范》（JTG D70）的有关规定。

4.3.9 检查井、疏通井设计应符合下列要求：

1 深而长的暗沟（管）、渗沟及渗水隧洞，在直线段每隔一定距离及平面转弯、纵坡变坡点等处，宜设置检查井、疏通井。

2 检查井内应设检查梯，井口应设井盖。检查井兼做渗井时，井壁应设置反滤层。

4.3.10 在水文地质条件复杂易产生冻害地段，渗沟的排水管应设置在路基冻结深度以下不小于0.25m处。在重冻区的渗沟、渗水隧洞的出口，应采取防冻措施。

5 路基防护与支挡

5.1 一般规定

5.1.1 应根据当地气候、水文、地形、地质条件及筑路材料分布情况，采取工程防护和植物防护相结合的综合措施，防治路基病害，保证路基稳定，并与周围环境景观相协调。

5.1.2 路基坡面防护工程应设置在稳定的边坡上。当土质和气候条件适宜时，宜采用植物防护；当植物防护的坡面有可能产生冲刷时，应设置浆砌片石或水泥混凝土骨架；对完整性较好、稳定的弱、微、未风化硬质岩石边坡，可不作防护。当路基稳定性不足时，应设置必要的支挡加固工程。

5.1.3 支挡结构设计时，应对拟加固的边坡和地基进行工程地质勘察，查明其工程地质、水文地质条件及其潜在腐蚀性，不良地质和特殊岩土的分布情况，以及支挡结构地基的承载力和锚固条件；合理确定岩土体的物理力学参数。

5.1.4 路基支挡结构设计应满足各种设计荷载组合下支挡结构的稳定性、坚固性和耐久性要求；结构类型选择及设置位置应满足安全可靠、经济合理、便于施工养护的要求；结构材料应符合耐久、耐腐蚀的要求。

5.1.5 防护支挡结构应与桥台、隧道洞门、既有支挡结构物协调配合，衔接平顺。

5.1.6 地下水较丰富的路段，应做好路基边坡防护与地下排水措施的综合设计。多雨地区砂质土和细粒土路堤，应采取坡面防护与坡面截排水的综合措施。

5.1.7 防护支挡结构所用材料的强度应不低于附录 G 表 G-2 的要求，其他材料应符合国家现行相关标准的规定。

5.1.8 路基施工过程中应采取边坡临时防护措施，边坡临时防护工程宜与永久防护工程相结合。

5.2 坡面防护

5.2.1 对受自然因素作用易产生破坏的边坡坡面，应根据气候条件、岩土性质、边坡高度、边坡坡率、水文地质条件、施工条件、环境保护、水土保持要求等因素，按表5.2.1经技术经济比较后选择适宜的防护措施。

表 5.2.1　坡面防护工程类型及适用条件

防护类型	亚 类	适 用 条 件
植物防护	植草或喷播植草	可用于坡率不陡于1:1的土质边坡防护。当边坡较高时，植草可与土工网、土工网垫结合防护
	铺草皮	可用于坡率不陡于1:1的土质边坡或全风化、强风化的岩石边坡防护
	种植灌木	可用于坡率不陡于1:0.75的土质、软质岩石和全风化岩石边坡防护
	喷混植生	可用于坡率不陡于1:0.75的砂性土、碎石土、粗粒土、巨粒土及风化岩石边坡防护，边坡高度不宜大于10m
骨架植物防护	—	可用于坡率不陡于1:0.75的土质和全风化、强风化的岩石边坡防护
工程防护	喷护	可用于坡率不陡于1:0.5的易风化但未遭强风化的岩石边坡防护，高速公路、一级公路和环境景观要求高的公路不宜采用
	挂网喷护	可用于坡率不陡于1:0.5的易风化、破碎的岩石边坡防护，高速公路、一级公路和环境景观要求高的公路不宜采用
	干砌片石护坡	可用于坡率不陡于1:1.25的土质边坡或岩石边坡防护
	浆砌片石护坡	可用于坡率不陡于1:1的易风化的岩石和土质边坡防护
	护面墙	可用于坡率不陡于1:0.5的土质和易风化剥落的岩石边坡防护

5.2.2 植物防护宜采用草灌乔结合，应选用当地优势群落，并应符合下列规定：

1　植草的最小土层厚度不应小于0.15m，灌木最小土层厚度不应小于0.30m。

2　喷混植生的厚度不宜小于0.10m，种植土、草纤维、缓释营养肥料、黏合剂、保水剂等混合材料配合比应通过试验确定。

5.2.3 骨架植物防护时，可采用拱形、人字形或方格形浆砌片石或水泥混凝土骨架，也可采用多边形水泥混凝土空心块，骨架内植草或喷播植草。多雨地区的骨架宜增设拦水带和排水槽。风化破碎的岩石挖方边坡，可在骨架中增设锚杆。

5.2.4 喷护和挂网喷护设计应符合下列要求：

1　喷护材料可采用砂浆或水泥混凝土，喷浆防护厚度不宜小于50mm，喷射混凝土防护厚度不宜小于80mm。

2　锚杆挂网喷浆或喷射混凝土的喷护厚度不应小于0.10m，且不应大于0.25m，钢筋保护层厚度不应小于20mm。

3 喷护坡面应设置泄水孔和伸缩缝。

4 应结合碎落台和边坡平台种植攀缘植物。

5.2.5 护坡设计应符合下列要求：

1 干砌片石护坡厚度不宜小于0.25m。

2 浆砌片石护坡厚度不宜小于0.25m，并应设置伸缩缝和泄水孔。

3 铺砌层下应设置砂砾或碎石垫层，厚度不宜小于0.10m。

5.2.6 护面墙的单级护坡高度不宜大于10m，并应设置伸缩缝和泄水孔。护面墙基础应设置在稳定的地基上，冰冻地区应埋置在路基冻结深度以下不小于0.25m。护面墙前趾应低于边沟铺砌的底面。

5.3 沿河路基防护

5.3.1 沿河路基受水流冲刷时，应根据河流特性、水流性质、河道地貌、地质等因素，结合路基位置，按表5.3.1经技术经济比较后，选用适宜的防护工程类型或采取导流或改移河道等措施。

表5.3.1 冲刷防护工程类型及适用条件

防护类型		适用条件
植物防护		可用于允许流速为1.2~1.8m/s、水流方向与公路路线近似平行、不受洪水主流冲刷的季节性水流冲刷地段防护。经常浸水或长期浸水的路堤边坡，不宜采用
砌石或混凝土护坡		可用于允许流速为2~8m/s的路堤边坡防护
土工织物软体沉排、土工膜袋		可用于允许流速为2~3m/s的沿河路基冲刷防护
石笼防护		可用于允许流速为4~5m/s的沿河路堤坡脚或河岸防护
浸水挡墙		可用于允许流速为5~8m/s的峡谷急流和水流冲刷严重的河段
护坦防护		可用于沿河路基挡土墙或护坡的局部冲刷深度过大、深基础施工不便的路段
抛石防护		可用于经常浸水且水深较大的路基边坡或坡脚以及挡土墙、护坡的基础防护
排桩防护		可用于局部冲刷深度过大的河湾或宽浅性河流的防护
导流	丁坝	可用于宽浅性河段，保护河岸或路基不受水流直接冲蚀而产生破坏
	顺坝	可用于河床断面较窄、基础地质条件较差的河岸或沿河路基防护，以调整流水曲度和改善流态

5.3.2 冲刷防护工程顶面高程，应为设计水位加上波浪侵袭、壅水高度及安全高度之和。基底应埋设在冲刷深度以下不小于1m或嵌入基岩内，寒冷地区应在冻结深度以下不小于1m。当冲刷深度较深、水下施工困难时，可采用桩基或适宜的平面防护。

5.3.3 冲刷防护工程应与上下游岸坡平顺衔接，端部嵌入岸壁足够的深度，防止恶化上下游的水文条件。

5.3.4 设置导流建筑物时，应根据河道地貌、地质、水流特性、河道演变规律和防护要求等设计导治线，并应避免农田、村庄、公路和下游路基的冲刷加剧。在山区河谷地段，不宜设置挑水导流建筑物。

5.3.5 砌石或混凝土护坡厚度应按流速及波浪的大小等因素确定，干砌片石护坡厚度不宜小于0.25m，浆砌片石护坡厚度不应小于0.35m，水泥混凝土护坡厚度不应小于0.10m。护坡底面应设置反滤层。

5.3.6 浸水挡墙设计应符合本规范第5.4节的有关规定，并进行抗冲刷验算，做好浸水挡墙和岸坡的衔接。

5.3.7 丁坝设计应符合下列要求：
1 丁坝长度应根据防护长度、丁坝与水流方向的交角、河段地形、水文条件及河床地质情况等确定，垂直于水流方向上的投影长度不宜超过稳定河床宽度的1/4。
2 用于路基防护的丁坝宜采用漫水坝或潜坝，丁坝与水流方向的交角宜小于或等于90°。
3 当设置群坝时，坝间距离应小于前坝的防护长度。丁坝间的河岸或路基边坡所能承受的允许流速小于水流靠岸回流流速时，应缩短坝距，或对河岸及路基边坡采取防护措施。
4 丁坝的横断面形式和尺寸应根据材料种类、河流的水文特性等确定，坝顶宽度根据稳定计算确定。

5.3.8 顺坝设计应符合下列要求：
1 顺坝与上、下游河岸的衔接，应使水流顺畅，起点应选择在水流匀顺的过渡段，坝根位置宜设在主流转向点的上方。
2 坝顶宽度应根据稳定计算确定，坝根应嵌入稳定河岸内不小于3m。
3 漫溢式顺坝，应在坝后设置格坝。

5.3.9 改移河道设计应符合下列要求：
1 沿河路基受水流冲刷严重，或防护工程艰巨，以及路线在短距离内多次跨越弯曲河道时可改移河道。
2 主河槽改动频繁的变迁性河流或支流较多的河段不宜改移河道。
3 改河平面设计应顺应河势，因势利导，保证新河道水流不重归故道。改河起点和终点的位置应设在河流较稳定的河段，并与原河床顺接；在改河入口处宜加大纵坡并设置拦河坝或顺坝。新河槽断面应按设计洪水频率的流量设计。

5.4 挡土墙

5.4.1 挡土墙设计应根据路基横断面、地形、地质条件和地基承载能力，合理确定挡土墙位置、起讫点、长度和高度，并按表5.4.1进行技术经济比较后，选择适宜的挡土墙类型。

表5.4.1 挡土墙类型及适用条件

挡土墙类型	适用条件
重力式挡土墙	适用于一般地区、浸水地段和高烈度区的路堤和路堑等支挡工程。墙高不宜超过12m，干砌挡土墙的高度不宜超过6m
半重力式挡土墙	适用于不宜采用重力式挡土墙的地下水位较高或较软弱的地基上。墙高不宜超过8m
石笼式挡土墙	可用于地下水较多的土质、风化破碎岩石路段
悬臂式挡土墙	宜在石料缺乏、地基承载力较低的填方路段采用。墙高不宜超过5m
扶壁式挡土墙	宜在石料缺乏、地基承载力较低的填方路段采用。墙高不宜超过15m
锚杆挡土墙	宜用于墙高较大的岩质路堑地段。可用作抗滑挡土墙。可采用肋柱式或板壁式单级墙或多级墙。每级墙高不宜大于8m，多级墙的上、下级墙体之间应设置宽度不小于2m的平台
锚定板挡土墙	宜使用在缺少石料地区的路肩墙或路堤式挡土墙，但不应建筑于滑坡、坍塌、软土及膨胀土地区。可采用肋柱式或板壁式，墙高不宜超过10m。肋柱式锚定板挡土墙可采用单级墙或双级墙，每级墙高不宜大于6m，上、下级墙体之间应设置宽度不小于2m的平台。上下两级墙的肋柱宜交错布置
加筋土挡土墙	可分为有面板加筋土挡土墙和无面板土工格栅加筋土挡土墙。有面板加筋土挡土墙可用于一般地区的路肩式挡土墙、路堤式挡土墙，无面板土工格栅加筋土挡土墙可用于一般地区的路堤式挡土墙，但均不应修建在滑坡、水流冲刷、崩塌等不良地质地段；高速公路、一级公路墙高不宜大于12m，二级及二级以下公路不宜大于20m；当采用多级墙时，每级墙高不宜大于10m，上、下级墙体之间应设置宽度不小于2m的平台
桩板式挡土墙	用于表土及强风化层较薄的均质岩石地基，挡土墙高度可较大，也可用于地震区的路堑或路堤支挡或滑坡等特殊地段的治理

5.4.2 挡土墙设计应采用以极限状态设计的分项系数法为主的设计方法，车辆荷载计算应采用附加荷载强度法。挡土墙设计应进行其承载能力极限状态计算和正常使用极限状态验算，以及挡土墙抗滑稳定、抗倾覆稳定和整体稳定性验算，并应符合附录H有关规定。

5.4.3 挡土墙宜采用明挖基础。基础的埋置深度应符合下列要求：

1 基础最小埋置深度不应小于1.0m。风化层不厚的硬质岩石地基，基底应置于基岩未风化层以下。

2 受水流冲刷时，应按路基设计洪水频率计算冲刷深度，基底应置于局部冲刷线以下不小于1.0m。

　　3　当冻结深度小于或等于1.0m时，基底应在冻结线以下不小于0.25m，且最小埋置深度不小于1.0m。冻结深度大于1.0m时，基础最小埋置深度不应小于1.25m，并应对基底至冻结线以下0.25m深度范围的地基土采取措施，防止冻害。

　　4　路堑挡土墙基底在路肩以下不应小于1.0m，并低于边沟砌体底面不小于0.2m。

　　5　基础位于稳定斜坡地面上时，前趾埋入深度和距地表的水平距离应满足表5.4.3的规定。位于纵向斜坡上的挡土墙，当基底纵坡大于5%时，基底应设计为台阶式。

表5.4.3　斜坡地面基础埋置条件

土层类别	墙趾最小埋入深度 h（m）	距地表水平距离 L（m）
硬质岩石	0.60	1.50
软质岩石	1.00	2.00
土层	≥1.00	2.50

5.4.4　挡土墙构造设计应符合下列要求：

　　1　应做好挡土墙与路基或其他构造物的衔接处理。挡土墙与路堤之间可采用锥坡连接，墙端应伸入路堤内不小于0.75m；路堑挡土墙端部应嵌入路堑坡体内，其嵌入原地层的深度，土质地层不应小于1.5m，风化软质岩层不应小于1.0m，微风化岩层不应小于0.5m。

　　2　墙身应设置倾向墙外且坡度不小于4%的排水孔，墙背应设置反滤层。排水孔的位置及数量应根据挡土墙墙背渗水情况合理布设，排水孔可采用管型材料，进水口应设置反滤层，并宜采用透水土工布。墙背反滤层宜采用透水性的砂砾、碎石，含泥量应小于5%，厚度不应小于0.50m。

　　3　具有整体式墙面的挡土墙应设置伸缩缝和沉降缝。沿墙长度方向在墙身断面变化处、与其他构造物相接处应设置伸缩缝，在地形、地基变化处应设置沉降缝。伸缩缝和沉降缝可合并设置。

　　4　路肩式挡土墙的顶面宽度不应侵占行车道及路缘带或硬路肩的路基宽度范围，其顶面应设置护栏。

5.4.5　重力、半重力式挡土墙设计应符合下列要求：

　　1　墙顶宽度，当墙身为混凝土浇筑时，不应小于0.40m；浆砌片石时，不应小于0.50m；干砌片石时，不应小于0.60m。

　　2　应根据墙趾处地形情况及经济比较，合理选择重力式挡土墙墙背坡度。

　　3　衡重式路肩挡土墙的衡重台与上墙背相交处应采取适当的加强措施，提高该处墙身截面的抗剪能力。

　　4　半重力式挡土墙应按弯曲抗拉强度和刚度计算要求，确定立壁与底板之间的转折点数。端部厚度不应小于0.40m，底板的前趾扩展长度不宜大于1.5m。

　　5　墙高小于10m的挡土墙可采用浆砌片石，墙高大于10m的挡土墙和浸水挡土墙宜采用片石混凝土。

5.4.6 石笼式挡土墙设计应符合下列要求：

1 石笼式挡土墙外形可采用外台阶、内台阶、宝塔式等。

2 石笼可采用重镀锌钢丝、镀锌铁丝、普通铁丝编织。永久工程应采用重镀锌钢丝；使用年限 8~12 年时，可采用镀锌铁丝；使用期限 3~5 年时，可采用普通铁丝石笼。

3 石笼内填充物应采用质地坚硬、不易崩解和水解的片石或块石，石料粒径宜为 100~300mm，小于 100mm 的粒径不应超过 15%，且不得用于石笼网格的外露面，空隙率不得超过 30%。

4 石笼式挡土墙背应设置一层透水土工布，以防止淤堵。

5.4.7 悬臂、扶壁式挡土墙设计应符合下列要求：

1 立壁的顶宽不应小于 0.20m，底板厚度不应小于 0.30m。

2 挡土墙分段长度不宜超过 20m。

3 扶壁式挡土墙每一分段宜设 3 个或 3 个以上的扶壁。

4 应采用钢筋混凝土浇筑，配置于墙中的主筋，直径不宜小于 12mm。

5.4.8 锚杆挡土墙设计应符合下列要求：

1 肋柱式锚杆挡土墙的肋柱间距，宜为 2.0~3.0m。肋柱宜垂直布置或向填土一侧仰斜，但仰斜度不应大于 1:0.05。

2 多级肋柱式锚杆挡土墙的平台，宜用厚度不小于 0.15m 的 C15 混凝土封闭，并设置向墙外倾斜 2% 的横坡度。

3 每级肋柱上的锚杆层数，可设计为双层或多层。锚杆可按弯矩相等或支点反力相等的原则布置，向下倾斜。每层锚杆与水平面的夹角宜为 15°~20°，锚杆层间距不小于 2.0m。

4 肋柱受力方向的前后侧面内应配置通长受力钢筋，钢筋直径不应小于 12mm。

5 挡土板宜采用等厚度板，板厚不得小于 0.30m。预制墙面板应预留锚杆的锚定孔。

5.4.9 锚定板挡土墙设计应符合下列要求：

1 肋柱式锚定板挡土墙的肋柱间距，宜为 1.5~2.5m，每级肋柱高度宜采用 3~5m。肋柱应采用垂直或向填土侧后仰布置，仰斜度宜为 1:0.05，肋柱不得前倾布置。肋柱应预留圆形或椭圆形拉杆孔道，孔道直径或短轴长度应大于拉杆直径。

2 肋柱下端应设置混凝土基础，基础形式可采用条形、分离式或杯座式基础，基础厚度不宜小于 0.50m，襟边宽度不宜小于 0.10m。

3 肋柱受力方向的前后侧面内应配置通长受力钢筋，钢筋直径不应小于 12mm。

4 多级肋柱式锚定板挡土墙的平台，宜用厚度不小于0.15m的C15混凝土封闭，并设置向墙外倾斜2%的横坡。采用细粒土作填料时，路基顶面也宜设置封闭层。

5 板壁式锚定板挡土墙的每块墙面板至少连接一根拉杆，拉杆直径宜为22~32mm。

6 锚定板宜采用钢筋混凝土板，肋柱式锚定板面积不应小于0.5m²，无肋柱式锚定板面积不应小于0.2m²。锚定板需双向配筋。

7 拉杆、拉杆与肋柱及拉杆与锚定板连接处，应做好防锈处理。

5.4.10 有面板加筋土挡土墙设计应符合下列要求：

1 有面板加筋土挡土墙应按附录H的有关规定进行设计计算。

2 加筋土挡土墙墙面宜采用钢筋混凝土预制件，厚度不应小于80mm。墙面的平面线形可采用直线、折线和曲线，相邻墙面间的内夹角不宜小于70°。墙面应设置混凝土基础，其宽度不应小于0.40m，厚度不应小于0.20m，基础埋置深度不应小于0.60m。基底不宜设置纵坡，可做成水平或结合地形做成台阶形。

3 拉筋材料宜采用土工格栅、复合土工带或钢筋混凝土板带。当采用土工格栅作拉筋时，尚应符合现行《公路土工合成材料应用技术规范》（JTG/T D32）的有关规定。

4 在满足抗拔稳定条件下，拉筋长度应符合下列规定：

1）墙高大于3.0m时，拉筋长度不应小于0.8倍墙高，且不小于5m。当采用不等长的拉筋时，同长度拉筋的墙段高度不应小于3.0m。相邻不等长拉筋的长度差不宜小于1.0m；

2）墙高小于3.0m时，拉筋长度不应小于3.0m，且应采用等长拉筋；

3）采用预制钢筋混凝土带时，每节长度不宜大于2.0m。

5 筋带与面板的连接应坚固可靠，并与筋带有相同的耐腐蚀性能。双面加筋土挡土墙的筋带应错开铺设，避免重叠。

6 加筋土挡土墙宜采用渗水性良好的中粗砂、砂砾或碎石填筑，填料与筋材直接接触部分不应含有尖锐棱角的块体，填料最大粒径不应大于100mm。

7 对危害加筋土挡土墙稳定的地表水或地下水，应设置完善的防排水设施。当加筋区填筑细粒土时，墙面板内侧应设置宽度不小于0.30m的反滤层。冰冻地区加筋体应采取防冻胀措施。

8 斜坡上的加筋体应设宽度不小于1.0m的护脚，加筋体面板基础埋置深度应从护脚顶面算起。

9 加筋土挡土墙顶面，宜设置混凝土或钢筋混凝土帽石。

10 多级加筋土挡土墙的平台顶部应设不小于2%的排水横坡，并用厚度不小于0.15m的C15混凝土板防护；当采用细粒填料时，上级墙的面板基础下应设置宽度不小于1.0m、厚度不小于0.50m的砂砾或灰土垫层，见图5.4.10。

5.4.11 无面板加筋土挡土墙设计应符合下列要求：

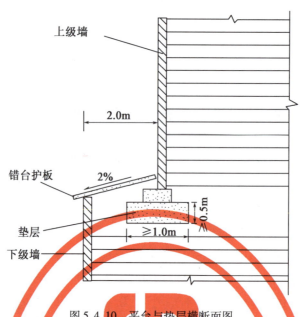

图 5.4.10 平台与垫层横断面图

1 加筋坡面与水平面夹角大于或等于 70°的无面板加筋土挡土墙，应按附录 H 的有关规定进行设计计算；当加筋坡面与水平面夹角小于 70°时，应按照现行《公路土工合成材料应用技术规范》（JTG/T D32）的有关规定进行设计计算。

2 无面板加筋土挡土墙高度大于 10m 时，应设置多级加筋挡土墙；当挡土墙基础受水流影响可能产生冲刷时，洪水位以下浸水墙体应采用重力式挡土墙。

3 土工格栅宜采用高密度聚乙烯（HDPE）土工格栅、聚酯（PET）焊接土工格栅。

4 土工格栅加筋层间距、筋材长度、加筋坡面坡率等应通过外部稳定性和内部稳定性计算确定。

5 加筋土挡土墙填料和排水设计应符合本规范第 5.4.10 条的有关规定。

6 当地基软弱、承载能力不足时，应对地基土进行换填处理，并设置砂砾、碎石垫层。

7 反包式土工格栅筋材应采用统一的水平回折反包长度，其长度应大于式（5.4.11）计算值，且不宜小于 2m。坡面保护应采用抗老化的筋材。

$$L_0 = \frac{D\sigma_{hi}}{2(c + \gamma h_i \tan\delta)} \quad (5.4.11)$$

式中：L_0——计算拉筋层的水平回折包裹长度（m）；

D——拉筋的上、下层间距（m）；

σ_{hi}——水平土压应力（kPa）；

c——拉筋与填料之间的黏聚力（kPa）；

δ——拉筋与填料之间的内摩擦角（°），填料为砂类土时取 $(0.5\sim0.8)\varphi$；

γ——加筋体的填料重度（kN/m³）；

h_i——墙顶（路肩挡土墙包括墙顶以上填土高度）距第 i 层墙面板中心的高度（m）。

5.4.12 桩板式挡土墙设计应符合下列要求：

1 桩板式挡土墙的锚固桩必须锚固在稳定的地基中，桩的悬臂长度不宜大于15m。

2 桩的构造可根据本规范第5.7节的相关规定执行。

3 挡土板与桩搭接，其搭接长度每端不得小于1倍板厚。当为圆形桩时，应在桩后设置搭接用的凸形平台。平台宽度应比搭接长度宽20~30mm。

4 挡土板外侧墙面的钢筋保护厚度应大于35mm，板内侧墙面保护厚度应大于50mm；桩的受力钢筋应沿桩长方向通长布置，直径不应小于12mm。桩的钢筋保护层净距不应小于50mm。

5 当采用拱形挡土板时，不宜仅用混凝土灌筑，而应沿径向和环向配置一定数量的构造钢筋，钢筋直径不宜小于10mm。

6 加锚杆的锚固桩应保证桩与锚杆的变形协调。

5.5 边坡锚固

5.5.1 边坡锚固设计应根据边坡稳定性分析资料，鉴别边坡的破坏模式，确定边坡不稳定程度及范围，对锚固方案的合理性、安全性进行技术经济论证。锚固形式应根据边坡岩土体类型、工程特征、锚承载力大小、锚材料和长度、施工工艺等条件确定。

5.5.2 预应力锚杆可用于土质、岩质边坡及地基加固，其锚固段应设置在稳定的岩层中，腐蚀性环境中不宜采用预应力锚杆。对软质岩、风化岩地层，宜采用压力分散型锚杆。

5.5.3 预应力锚固边坡稳定性评价应符合下列要求：

1 锚固边坡稳定性评价应符合本规范第3.7.4条的规定。

2 边坡锚固前后的稳定性计算方法应相对应。

3 对锚固边坡进行稳定性计算时，锚作用力可简化为作用于滑面上的一个集中力（图5.5.3）。

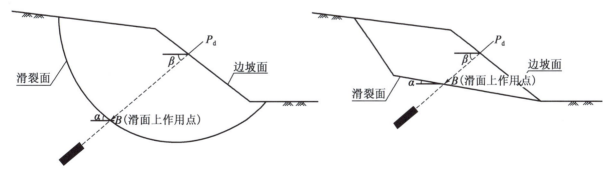

图5.5.3 锚作用力的简化

5.5.4 预应力锚杆锚固力设计时，应根据边坡稳定性分析确定的边坡下滑力，按式

（5.5.4）计算锚固力。

$$P_d = \frac{E}{\sin(\alpha+\beta)\tan\varphi + \cos(\alpha+\beta)} \qquad (5.5.4)$$

式中：P_d——锚杆设计锚固力（kN）；

E——边坡下滑力（kN）；

α——锚杆与滑动面相交处滑动面倾角（°）；

β——锚杆与水平面的夹角（°）；

φ——滑动面内摩擦角（°）。

5.5.5 预应力锚杆体设计时，锚杆体截面积应按式（5.5.5）计算。锚杆预应力筋的张拉控制应力 σ_{con} 应符合表 5.5.5 的规定。

$$A = \frac{K_1 P_d}{F_{ptk}} \qquad (5.5.5)$$

式中：A——锚杆体截面积（m²）；

K_1——预应力筋截面设计安全系数，按表 5.5.6-4 选取；

F_{ptk}——锚杆体材料抗拉强度标准值（kPa）。

表 5.5.5 预应力筋的张拉控制应力 σ_{con}

锚杆类型	σ_{con}	
	钢绞线	预应力螺纹钢筋
永久	≤0.50F_{ptk}	≤0.70F_{ptk}
临时	≤0.65F_{ptk}	≤0.80F_{ptk}

5.5.6 预应力锚杆体长度设计应符合下列要求：

1 锚固体的承载能力由注浆体与锚孔壁的黏结强度、锚杆与注浆体的黏结强度及锚杆强度等三部分控制，设计时应取其小值。

2 预应力锚杆宜采用黏结型锚固体，地层与注浆体间黏结长度应按式（5.5.6-1）计算。

$$L_r = \frac{K_2 P_d}{\pi d f_{rb}} \qquad (5.5.6-1)$$

式中：L_r——地层与注浆体间黏结长度（m）；

K_2——安全系数，按表 5.5.6-4 选取；

d——锚固段钻孔直径（m）；

f_{rb}——地层与注浆体间黏结强度设计值（kPa），应通过试验确定，当不具备试验条件时可按表 5.5.6-1、表 5.5.6-2 选用。

表 5.5.6-1　岩体与注浆体界面黏结强度设计值

岩 体 类 型	饱和单轴抗压强度 R_c（MPa）	黏结强度 f_{rb}（kPa）
极软岩	$R_c < 5$	150~250
软岩	$5 \leqslant R_c < 15$	250~550
较软岩	$15 \leqslant R_c < 30$	550~800
较硬岩	$30 \leqslant R_c < 60$	800~1 200
坚硬岩	$R_c \geqslant 60$	1 200~2 400

注：1. 表中数据适用于注浆强度等级 M30。
　　2. 表中数据仅适用于初步设计，施工时应通过试验验证。
　　3. 岩体结构面发育时，取表中下限值。

表 5.5.6-2　土体与锚固体黏结强度设计值

土 体 类 型	土 的 状 态	黏结强度 f_{rb}（kPa）
黏性土	坚硬	60~80
	硬塑	50~60
	软塑	30~50
砂土	松散	90~160
	稍密	160~220
	中密	220~270
	密实	270~350
碎石土	稍密	180~240
	中密	240~300
	密实	300~400

注：1. 表中数据适用于注浆强度等级 M30。
　　2. 表中数据仅适用于初步设计，施工时应通过试验验证。

3　注浆体与锚杆体间黏结长度应满足式（5.5.6-2）的要求。

$$L_g = \frac{K_2 P_d}{n \pi d_g f_b} \tag{5.5.6-2}$$

式中：L_g——注浆体与锚杆体间黏结长度（m）；
　　　d_g——锚杆体材料直径（m）；
　　　f_b——注浆体与锚杆体间黏结强度设计值（kPa），应通过试验确定，当不具备试验条件时，可按表 5.5.6-3 选用；
　　　n——锚杆体根数（根）。

表 5.5.6-3　钢筋、钢绞线与砂浆之间的黏结强度设计值 f_b（MPa）

锚 类 型	水泥浆或水泥砂浆强度等级	
	M30	M35
水泥砂浆与螺纹钢筋间	2.40	2.70
水泥砂浆与钢绞线、高强钢丝间	2.95	3.40

注：1. 当采用 2 根钢筋点焊成束的做法时，黏结强度应乘以折减系数 0.85。
　　2. 当采用 3 根钢筋点焊成束的做法时，黏结强度应乘以折减系数 0.7。

4 锚杆总长度由锚固段长度、自由段长度及外露段长度组成，各部分长度确定应满足下列要求：

1）在确定锚杆锚固段长度时，应分别对锚杆黏结长度 L_r 和 L_g 进行计算，实际锚固段长度应取 L_r 和 L_g 中的大值，且不应小于3m，也不宜大于10m；

2）锚杆自由段长度受稳定地层界面控制，在设计中应考虑自由段伸入滑动面或潜在滑动面的长度不小于1.0m，且自由段长度不得小于5.0m。

5 锚杆设计时安全系数的取值应符合表5.5.6-4的规定。

表5.5.6-4 预应力锚杆锚固体设计安全系数

安全系数	公路等级	安全系数	
		锚杆服务年限≤2年（临时性锚杆）	锚杆服务年限>2年（永久性锚杆）
K_1	高速公路、一级公路	1.8	2.0
	二级及二级以下公路	1.6	1.8
K_2	高速公路、一级公路	1.8~2.0	2.0~2.2
	二级及二级以下公路	1.5~1.8	1.7~2.0

注：1. 当二级及二级以下公路在锚固工程附近有重点保护对象时，可按高速公路安全系数取值。
2. 土体或全风化岩中锚固体，K_2 应取表中较高值。

5.5.7 预应力锚杆构造设计应符合下列要求：

1 预应力锚杆由锚固段、自由段和锚头构成，锚头由垫墩、钢垫板和锚具组成。

2 锚固段内的预应力筋每隔1.5~2.0m应设置隔离架。预应力筋的保护层厚度不应小于20mm，临时性锚杆预应力筋的保护层厚度不应小于10mm。

3 锚杆材料可根据锚固工程性质、锚固部位、工程规模选择高强度低松弛的钢绞线、预应力用螺纹钢筋。

5.5.8 锚杆的防腐等级和措施，应根据锚杆的设计使用年限和所处地层有无腐蚀性确定。锚杆的防腐设计应符合下列要求：

1 腐蚀环境中的永久性锚杆应采用Ⅰ级双层防腐保护构造，腐蚀环境中的临时性锚杆和非腐蚀环境中的永久性锚杆可采用Ⅱ级简单防腐保护构造。锚杆Ⅰ、Ⅱ级防腐构造应符合表5.5.8的要求。

表5.5.8 锚杆Ⅰ、Ⅱ级防腐保护要求

防腐保护等级	锚杆类型	预应力锚杆和锚具的防腐要求		
		锚头	自由段	锚固段
Ⅰ	拉力型、拉力分散型	采用过渡管，锚具用混凝土封闭或钢罩保护	采用注入油脂的护套，或无黏结钢绞线，或有外套保护管的无黏结钢绞线	采用注入水泥浆的波纹管
	压力型、压力分散型	采用过渡管，锚具用混凝土封闭或钢罩保护	采用无黏结钢绞线	采用无黏结钢绞线
Ⅱ	拉力型、拉力分散型	采用过渡管，锚具用混凝土封闭或钢罩保护	采用注入油脂的护套，或无黏结钢绞线	注浆

2 锚固段、自由段及锚头的防腐材料和构造，应在锚杆施工及使用期不发生损坏，且不影响锚杆的功能。

3 锚杆在张拉作业完成后，应及时对锚头的有关部件进行防腐保护；需调整预应力的锚杆的锚头宜装设钢质防护罩，其内应充满防腐油脂；不需调整拉力的锚杆的锚具、承压板及端头筋体可用混凝土防护，混凝土保护层厚不应小于50mm。

5.5.9 非预应力的全长黏结型锚杆设计应符合下列规定：

1 杆体材料宜采用 HRB400 钢筋，杆体钢筋直径宜为 16～32mm。

2 钻孔直径不宜小于 42mm，且不宜大于 100mm。

3 杆体钢筋保护层厚度，采用水泥砂浆时不应小于 8mm，采用树脂时不应小于 4mm。

4 长度大于 4m 或杆体直径大于 32mm 的锚杆，应采取杆体居中的构造措施。

5.5.10 锚固边坡坡面结构形式应根据边坡工程地质、水文地质条件、岩土性质、边坡高度、施工方法，按表 5.5.10 的规定选用。

表 5.5.10 坡面结构常用类型及适用条件

结 构 形 式	适 用 条 件	备 注
框架（格子）梁	风化较严重、地下水丰富、软质岩、土质边坡	多雨地区梁宜做成截流沟式
地梁	软硬岩体相间、土质边坡	—
单锚墩	硬质岩、块状或整体性好的岩体	—

5.5.11 锚固边坡坡面结构设计应符合下列要求：

1 框架梁、地梁与单锚墩截面可采用矩形或 T 形，截面宽度不得小于 0.30m；框架梁单元形状可采用矩形或菱形，矩形的梁单元尺寸不宜小于 3m×3m，菱形的梁单元尺寸不宜小于 5m×3m。

2 框架梁设计宜分单元进行，梁内弯矩、剪力应按框架梁或连续梁计算。地梁与单锚墩设计应按两地梁或两单锚墩中至中的距离计算作用荷载，地梁弯矩、剪力应根据梁上锚的根数，按简支梁或连续梁计算。梁结构应按现行《混凝土结构设计规范》（GB 50010）的有关规定进行计算，结构重要性系数为 1.0，永久荷载的分项系数为 1.35。

3 框架梁、地梁与单锚墩应采用钢筋混凝土，梁内主筋应分单元配置通长钢筋。单锚墩设计应根据锚力大小，满足岩体承载力要求，并配置适量的构造钢筋。

4 梁底嵌入坡面岩体内深度不宜小于 0.20m。

5.5.12 锚杆试验与监测设计应符合下列要求：

1 锚杆试验包括基本试验和验收试验。施工前，应进行锚杆基本试验。基本试验数量取工作锚杆数量的 3%，且不少于 3 根。施工后，应进行锚杆验收试验。锚杆验收试验的数量取工作锚杆的5%，且不少于3根。当有特殊要求时，可适当增加。锚杆试验内容及要求应符合现行《锚杆喷射混凝土支护技术规范》（GB 50086）的有关规定。

2 锚杆监测包括施工期监测和运营期监测，监测数量应取工作锚杆数量的10%，监测项目及其方法可按附录F表F-3选定，监测点应设置在边坡锚固区的关键部位。运营期监测周期应为公路建成营运后不少于一年。

5.6 土钉支护

5.6.1 土钉支护设计应遵循下列原则：

1 土钉支护可用于硬塑或坚硬的黏质土、胶结或弱胶结的粉土、砂土、砾石、软岩和风化破碎岩层等路堑边坡的临时支护和永久支护。在腐蚀性地层、膨胀土、软黏土、土质松散、地下水较发育及存在不利结构面的边坡，不宜采用土钉支护。

2 永久性土钉支护应根据坡体内地下水分布情况设置完善的排水设施。

3 永久性土钉支护的边坡坡面设计应有利于边坡植物生长，并与周围环境相协调。

4 土钉支护应采取动态设计和信息化施工，土钉支护边坡的水平位移不得超过边坡高度的0.3%。必要时，应对支护工程采取加固措施。

5.6.2 土钉结构和材料设计应符合下列要求：

1 土质边坡土钉支护总高度不宜大于10m，岩质边坡土钉支护总高度不宜大于18m。边坡较高时宜设多级土钉支护，每级坡高不宜大于10m。多级边坡的上下级之间应设置平台，平台宽度不宜小于2.0m。

2 土钉长度包括非锚固长度和有效锚固长度。非锚固长度应根据坡面与土钉潜在破裂面的实际距离确定，有效锚固长度由土钉内部稳定检算确定。土钉长度宜为边坡坡面高度的0.5~1.2倍。土钉间距宜为0.75~3m，与水平面夹角宜为5°~25°。

3 永久性土钉应采用钻孔注浆钉，钻孔直径宜为70~100mm。钉材宜采用HRB400钢筋，钢筋直径宜为18~32mm，土钉钢筋应设定位支架。

4 环境腐蚀时可采取钢筋表面环氧涂层等处理措施，钉材保护层厚度不应小于30mm；必要时，可沿钉材钢筋全长加设聚乙烯或聚丙烯波纹套管。

5 钻孔注浆材料宜采用低收缩水泥浆或水泥砂浆，其强度不应低于20MPa。注浆应采用孔底返浆法，注浆压力宜为0.4~1.0MPa。

6 喷射混凝土层厚度和钢筋混凝土框架梁尺寸应通过受力计算确定。喷射混凝土层厚度不宜小于80mm。

7 土钉应与边坡坡面防护构件有效连接，连接方法应根据边坡坡面防护构件的受力大小以及支护结构的重要性确定，必要时可通过加载试验验证。

5.6.3 土钉支护结构计算应符合下列要求：

1 土钉支护的结构计算包括支护的内部整体稳定性验算、外部整体稳定性验算和坡面构件以及坡面构件与土钉的连接计算。

2 土钉支护外部整体稳定性验算可按本规范第 3.7 节的方法计算。对土钉挡土结构，可按本规范第 5.4.2 条的规定，进行土钉加固土体的整体滑动、倾覆和地基承载力验算。

3 土钉支护内部整体稳定性验算可采用圆弧法，假定破坏面上所有的土钉只承受拉力且均分别达到最大设计拉力值。内部整体稳定性验算的安全系数可取 1.25～1.30，考虑地震作用，安全系数可折减 0.1。

4 混凝土坡面构件可按以土钉为点支承的连续板进行抗弯强度与抗冲切强度验算。

5 支护坡面构件为混凝土框架梁或梁板时，应按连续梁体系或梁板体系进行内力分析和计算。

6 土钉钉头与混凝土坡面构件的连接处，应进行连接处混凝土局部承压能力验算。

5.6.4 土钉现场试验应符合下列要求：

1 土钉施工前，应在工程现场设置非工作土钉进行抗拔试验，确定其极限荷载，验证土钉界面的极限黏结强度。土钉抗拔试验数量应为每类典型岩土体各不少于 3 根，施工工艺应与工作土钉相同。

2 土钉验收试验应采取随机抽样的方式确定。验收试验的数量应为工作土钉总数的 1%，且不应少于 3 根。

3 塑性指数大于 20 和液限大于 50% 的黏性土的永久支护土钉，施工前应进行徐变试验。徐变试验的土钉一组不得少于 3 根。

5.6.5 土钉支护监测设计应符合下列要求：

1 土钉支护工程应根据边坡工程的重要性和实际条件，对土钉支护结构的工作状态和支护效果进行施工期和运营期的原位监测。土钉支护监测项目可按附录 F 选定，监测点应设置在土钉支护区的关键部位。

2 运营期监测周期应根据公路等级、地质复杂程度确定，高速公路路堑边坡应为公路建成运营后不少于一年。

5.7 抗滑桩

5.7.1 抗滑桩设计应遵循下列原则：

1 抗滑桩可用于稳定边坡和滑坡、加固不稳定山体以及加固其他特殊路基。

2 抗滑桩宜选择在滑坡厚度较薄、推力较小、锚固段地基强度较高及有利于抗滑的位置设置，桩的平面布置、桩间距、桩长和截面尺寸等应综合考虑确定，保证滑坡体不越过桩顶或从桩底和桩间滑动，达到安全可靠、经济合理，并与周围景观相协调。

3 抗滑桩应采取动态设计和信息化施工。抗滑桩设计应根据桩基开挖过程中揭示的地质情况和边坡变形监测信息，及时核实地质勘察结论，校核和完善抗滑桩设计。必要时，应补充地质勘察。

5.7.2 土质滑坡的桩前悬臂段临空时，可在桩间设置挡土板。必要时，抗滑桩之间应用钢筋混凝土联系梁连接。

5.7.3 抗滑桩可与预应力锚索联合组成抗滑支挡结构，锚索的锚固段应置于稳定岩层内。设计时应保证施加预应力锚索的抗滑桩与预应力锚索的变形协调，不应使锚索在受剪状态工作。

5.7.4 抗滑桩构造和材料设计应符合下列要求：

1 抗滑桩截面形状宜采用矩形，桩的截面尺寸应根据滑坡推力大小、桩间距、锚固段地基强度等因素确定。

2 桩身采用水泥混凝土浇筑，宜采用 HRB400 钢筋。

3 抗滑桩井口应设置锁口，桩井位于土和风化破碎的岩层时宜设置护壁。

4 抗滑桩纵向受力钢筋直径不应小于 16mm。净距不宜小于 120mm，困难情况下可适当减少，但不得小于 80mm。当用束筋时，每束不宜多于 3 根。当配置单排钢筋有困难时，可设置 2 排或 3 排。受力钢筋混凝土保护层厚度不应小于 70mm。

5 纵向受力钢筋的截断点应按现行《公路钢筋混凝土及预应力混凝土桥涵设计规范》（JTG D62）的有关规定计算。

6 抗滑桩内不宜设置斜筋，可采用调整箍筋的直径、间距和桩身截面尺寸等措施，满足斜截面的抗剪强度。

7 箍筋宜采用封闭式，直径不宜小于 14mm，间距不应大于 0.40m。

8 抗滑桩的两侧和受压边，应配置纵向构造钢筋，其间距不应大于 0.3m，直径不宜小于 12mm。桩的受压边两侧，应配置架立钢筋，其直径不宜小于 16mm。当桩身较长时，纵向构造钢筋和架立筋的直径应加大。

9 预应力锚索抗滑桩的锚索外锚头及其各部分的承载力，应与锚索最大拉应力和张拉工艺相匹配。锚孔距桩顶距离，不应小于 0.5m。锚索构造应符合本规范第 5.5 节的规定。混凝土垫墩应保证传力均匀，与垫板结构相协调。垫墩与桩结合良好。混凝土局部受压承载力，应按现行《公路钢筋混凝土及预应力混凝土桥涵设计规范》（JTG D62）的有关规定进行验算。

5.7.5 抗滑桩结构计算应符合下列要求：

1 作用于抗滑桩的外力包括滑坡推力、地震力、桩前滑体抗力和锚固段地层的抗力。桩侧摩阻力和黏聚力以及桩身重力和桩底反力可不计算。滑坡推力应按本规范第 7.2 节的规定采用传递系数法计算确定。

2 桩前抗力可按桩前滑体处于极限平衡时的滑坡推力或桩前被动土压力确定，设计时选用其中小值。

3 抗滑桩上滑坡推力图形应根据滑体的性质和厚度等因素确定，可采用矩形分布或梯形分布；当滑体为极松散的土体时，可采用三角形分布。

4 桩底支承宜选用自由端，嵌入岩石较深时可选用自由端或铰支。

5 抗滑桩锚固段长度应满足桩侧最大压应力不大于地基横向容许承载力的要求。

6 滑动面以上的桩身内力，应根据滑坡推力和桩前滑体抗力计算。滑动面以下的桩身变位和内力，应根据滑动面处的弯矩和剪力以及地基的弹性抗力，按弹性地基梁进行计算。滑动面以下地基系数可根据地层性质确定。

7 抗滑桩的混凝土结构应按现行《公路钢筋混凝土及预应力混凝土桥涵设计规范》（JTG D62）的有关规定进行计算，结构重要性系数为1.0，永久荷载的分项系数为1.35。抗滑桩桩身按受弯构件设计，当无特殊要求时，可不进行变形、抗裂、挠度等项验算。

8 预应力锚索抗滑桩的桩身可按弹性桩计算。单点锚拉桩，可设计成静定体系或超静定体系。桩在外荷载作用下，对桩锚和地基可按弹性协调变形计算，求得各部分内力和位移。预应力锚索设计应符合本规范第5.5节的有关规定。

5.7.6 抗滑桩监测设计应符合下列要求：

1 抗滑桩监测应包括施工期监测和运营期监测。抗滑桩监测内容可按附录F确定。抗滑桩应力、应变监测点，宜沿桩身选取有代表性的3~5点布置。

2 抗滑桩上预应力锚索试验与监测应符合本规范第5.5.12条的规定。

3 运营期监测周期应根据公路等级、地质复杂程度确定，高速公路高边坡和滑坡路段应为公路建成运营后不少于一年。

6 路基拓宽改建

6.1 一般规定

6.1.1 公路路基拓宽改建设计前，应对既有路基和拓宽场地进行调查、勘探和测试，查明既有路基的填料性质、含水率、密度、压实度、强度，以及路基的稳定情况，分析评价新拼接路基或增建路基对既有路基沉降变形和边坡稳定的影响程度。

6.1.2 公路路基拓宽改建，应根据公路沿线的地形地貌和地质特点、既有路基现状及拓宽后的交通组成，综合比较确定既有路基的利用与拓宽拼接方案，采取合理的工程措施，保证拓宽改建路基的强度和稳定性。

6.1.3 公路路基拓宽改建，应合理利用既有路基强度，并根据既有路基的回弹模量、含水率和密实状态，综合确定既有路基的处理措施。

6.1.4 公路路基拓宽改建设计，应做好路基路面综合设计。拓宽部分的路基应与既有路基之间保持良好的衔接，并采取必要的工程措施减小新老路基之间的差异沉降，防止产生纵向裂缝。

6.2 既有路基状况调查评价

6.2.1 既有路基调查应采取资料收集、现场调查和勘探试验相结合的方法。路基拓宽改建设计前，应收集既有公路的地基及路基勘察设计、竣工图和养护等方面的资料。软土地区尚应收集既有公路的沉降监测资料。

6.2.2 现场调查应综合采用路况调查、无损检测和勘探试验等技术手段，判定既有路基及排水设施、防护与支挡结构的使用性能。现场调查应符合下列要求：
 1 根据既有资料和路况调查结果，对既有路基进行分段测试与评价。
 2 选择有代表性的路段，进行几何尺寸、动态弯沉、承载板等测试，确定路基回弹模量。各项测试应符合现行《公路路基路面现场测试规程》（JTG E60）的有关规定。
 3 应选择代表性断面及病害路段，对路面结构层、路基及地基土进行勘探试验，勘探深度和取样试验应符合现行《公路工程地质勘察规范》（JTG C20）的有关规定。

4 应调查既有路基支挡工程基础形式、地基地质条件和使用状况，必要时应对支挡工程地基进行勘探试验。

6.2.3 应对既有填方路堤和挖方路段路床土进行物理力学性质试验，确定路基土的含水率、饱和度、压实度、平均稠度、回弹模量、CBR 值等。

6.2.4 既有路基的分析评价应包括下列内容：
1 根据调查、测量、试验和水文分析资料，确定既有路基高程能否满足本规范第 3.1.3 条路基设计洪水频率规定。
2 确定既有路基填料能否满足路基土最小 CBR 值、路基压实度的要求。
3 确定路基的平衡湿度，分析评价路基相对高度的合理性。
4 分析评价路基边坡的稳定状态、各种防护排水设施的有效性及改进措施。
5 分析评价既有路基病害的类型、分布范围、规模、成因，以及既有路基病害整治工程设施的效果，并提出路基病害整治措施。

6.2.5 软土地区既有路基的分析评价应包括下列内容：
1 分析评价既有路基下各种地基处理路段的软土地基固结度、固结系数、压缩变形发展规律和抗剪强度增长规律，确定既有路基下各种地基处理路段的软土地基固结度和剩余沉降值（包括主固结和次固结）。
2 分析评价既有软土地基处理的效果，提出改进措施。
3 分析评价拓宽改建路基与既有路基之间的稳定性和差异沉降、对既有路基沉降和稳定影响程度。

6.2.6 膨胀土地区既有路基的分析评价应包括下列内容：
1 确定路基填料的膨胀特性及其埋深和厚度，分析评价路基是否符合本规范第 7.9 节的有关规定。
2 分析评价既有路基的稳定与变形状态、各种膨胀土处治措施的有效性及改进措施。

6.2.7 岩溶地区既有路基的分析评价应包括下列内容：
1 分析岩溶的特点和分布、溶洞顶板的安全厚度及溶洞距路基的距离是否满足本规范第 7.6 节的要求。
2 评价既有路基稳定与变形状态、各种岩溶处理措施的有效性及其改进措施。
3 判别拓宽改建路基对既有路基稳定的影响程度。

6.3 二级及二级以下公路路基拓宽改建

6.3.1 公路路基的拓宽改建应根据公路等级、技术标准，结合当地地形、地质、水文、填挖情况选择适宜的路基横断面形式。

6.3.2 拓宽改建公路路基高程应满足本规范第3.1.3条的要求。当路基填筑高度受限而不满足本规范第3.3.2条的要求时，应采取增设排水垫层或地下排水渗沟等措施处理。

6.3.3 拓宽路基的地基处理、路基基底处理、路基填料的最小强度和压实度等应满足改建后相应等级公路的技术要求。二级公路改建时，可根据需要进行增强补压。

6.3.4 路堤拓宽改建应符合下列要求：
1 拓宽改建路堤的填料，宜选用与既有路堤相同，且符合要求的填料或较既有路堤渗水性强的填料。当采用细粒土填筑时，应做好新老路基之间排水设计；必要时，可设置排水渗沟，排除路基内部积水。
2 拓宽既有路堤时，应在既有路堤坡面开挖台阶，台阶宽度不应小于1.0m；当加宽拼接宽度小于0.75m时，可采取超宽填筑或翻挖既有路堤等工程措施。
3 拓宽路堤边坡形式和坡度应按本规范第3.3节的规定选用。

6.3.5 挖方路基拓宽时，挖方边坡形式与坡度可按本规范第3.4节的规定或参照既有挖方路基稳定边坡确定。既有挖方边坡病害经多年整治已趋稳定的路段，改建时应减少拆除工程，不宜触动原边坡。

6.3.6 病害路基改建应根据病害类型、特征、成因及危害程度，结合当地气象、水文地质、工程地质等因素，采取相应的整治措施。

6.3.7 因抬高或降低路基、改移中线而引起既有构造物改动地段，当既有支挡建筑物使用良好时，宜保留。

6.3.8 经查明既有建筑物无明显损害且强度及稳定性满足改建要求时，应全部利用；当部分损坏或不满足改建要求时，可加固利用、改建或拆除重建。

6.3.9 加固利用的既有建筑物，新、旧混凝土或砌体应紧密连接，形成整体。

6.4 高速公路、一级公路路基拓宽改建

6.4.1 路基拓宽改建设计应符合本规范第6.3节的有关规定，做好地基处理、路基填料、边坡稳定、防护排水设施的综合设计，并与交通工程、路面排水系统设计相协调。

6.4.2 拓宽路基压实度应符合本规范第3.2.3条、第3.3.4条的规定。新老路基的拼

接处理设计，除应符合本规范第6.3.4条的规定外，当路堤高度超过3m时，可在新老路基间横向铺设土工格栅，提高路基的整体性，减小不均匀沉降。

6.4.3 软土地基上路基拓宽设计应符合本规范第7.7节的有关规定，并满足下列要求：

1 路基拼接时，应控制新老路基之间的差异沉降，既有路基与拓宽路基的路拱横坡度的工后增大值不应大于0.5%。

2 地基处理措施的选取和设计，应综合考虑软土层厚度和埋深、既有地基的固结度和剩余沉降情况、路基高度和拼接形式等因素，控制拓宽路基的沉降并尽量减小对既有路基的影响。

3 浅层软土地基，可采用垫层和浅层处理措施减小拓宽路基的沉降。

4 深厚软土地基，可采用复合地基或轻质路堤等处理措施，不宜采用对既有路基产生严重影响的排水固结法或强夯法。对于鱼（水）塘、河流、水库等路段，需要排水清淤时，应采取防渗和隔水措施后方可降水。

5 新老路基分离设置，且距离小于20m时，可采用设置隔离措施或对新建路基地基予以处理，减小新建路基对既有路基的沉降影响。

6.4.4 水文不良地段的既有路基，应结合路基路面拓宽改建设计，增设排水垫层或地下排水渗沟等。

6.4.5 路基拓宽改建设计应做好施工期交通组织设计。岩石挖方路段，应采用光面爆破或预裂爆破方法施工，并采取相关防护措施。

6.4.6 既有路基的利用应与路面利用和加铺设计相结合，并根据路基病害的产生原因和对拓宽结构的影响程度，采取下列针对性的处治措施：

1 当既有路基回弹模量不满足新建路基的要求，但既有路面未出现破损，且拓宽后通过加铺设计可满足路面设计要求时，宜充分利用既有路基。

2 当既有路基回弹模量不满足新建路基的要求，且路面出现严重破损时，可根据含水率、压实度和填料类型的分析评价，分别采取改善排水、补充碾压、换填处治等措施。

3 当条件受限不能翻挖既有路基时，可采取水泥碎石桩、水泥粉煤灰碎石桩、注浆等处理措施。

6.4.7 利用二级及二级以下公路拓宽改建为高速公路、一级公路时，在既有路基土的强度和压实度不能满足要求，且论证路面补强方案总体不可行的情况下，应对既有路基进行土质改良或挖除既有路基路面后重新填筑。

7 特殊路基

7.1 一般规定

7.1.1 路线通过特殊土（岩）、不良地质以及特殊气候和水文条件路段时，应采取综合地质勘察，查明特殊地质体的性质、成因类型、规模、稳定状况及发展趋势；特殊路基设计所需要的物理力学参数，应结合室内试验和原位测试资料经综合分析确定。

7.1.2 应做好工程地质选线工作，路线应绕避规模大、性质复杂、处理困难的不良地质和特殊土（岩）地段，并避免高填深挖路基。

7.1.3 特殊路基设计应考虑气候环境、水和地质等因素对路基长期性能的影响，对可能造成的路基病害，应遵循预防为主、防治结合的原则，通过综合技术经济比较，因地制宜，采取有效的工程处理措施，保证路基稳定。分期整治时，应保证在各种因素的变化过程中不降低路基的安全度。

7.1.4 高速公路、一级公路特殊路基宜采用动态设计。

7.2 滑坡地段路基

7.2.1 滑坡地段路基设计应遵循下列原则：
1 应查明滑坡地形地貌、地质条件、性质、成因类型、规模等，分析评价滑坡稳定状况、发展趋势和对公路工程的危害程度，采取有效措施，保证路基施工和运营安全。
2 对规模大、性质复杂、变形缓慢的滑坡，且路线难以绕避时，可采取总体规划、分期整治的方案。
3 滑坡防治应根据滑坡区工程地质条件、类型、规模、稳定性及对公路危害程度，以及公路的重要性和施工条件等，采取排水、减载、反压与支挡工程的综合治理措施。
4 高边坡、特殊岩土和存在不利结构面的边坡，应采取必要的预防措施，避免产生工程滑坡。

7.2.2 滑坡稳定性分析应采用工程地质类比法和力学计算相结合的方法，并应符合下列要求：

1 滑坡稳定性计算应考虑下列三种工况：

1）正常工况：边坡处于天然状态下的工况；

2）非正常工况Ⅰ：边坡处于暴雨或连续降雨状态下的工况；

3）非正常工况Ⅱ：边坡处于地震等荷载作用状态下的工况。

2 滑坡稳定系数不得小于表7.2.2所列稳定安全系数值。对非正常工况Ⅱ，路基稳定性分析方法及稳定安全系数应符合现行《公路工程抗震规范》（JTG B02）的规定。

表7.2.2 滑坡稳定安全系数

公 路 等 级	滑坡稳定安全系数	
	正 常 工 况	非正常工况Ⅰ
高速公路、一级公路	1.20～1.30	1.10～1.20
二级公路	1.15～1.20	1.10～1.15
三、四级公路	1.10～1.15	1.05～1.10

注：1. 滑坡地质条件复杂或危害程度严重时，稳定安全系数可取大值；地质条件简单或危害程度较轻时，稳定安全系数可取小值。
   2. 滑坡影响区域内有重要建筑物（桥梁、隧道、高压输电塔、油气管道等）、村庄和学校时，稳定安全系数可取大值。
   3. 水库区域公路滑坡防治，周期性库水位升降变化频繁、高水位与低水位间落差大时，稳定安全系数可取大值。
   4. 临时工程或抢险应急工程，滑坡防治工程设计按照正常工况考虑，稳定安全系数可取1.05。

3 滑坡稳定性分析应考虑的荷载：滑体重力、滑坡体上建筑物等产生的附加荷载、地下水产生的静水压力和动水压力、汽车荷载等永久荷载，以及地震作用力、作用在滑体上的施工临时荷载。

4 滑面岩土抗剪强度取值，宜根据室内试验资料、监测成果反分析、极限平衡反算值、工程地质类比和当地经验等综合分析确定。必要时，应进行现场试验。

5 滑坡剩余下滑力可采用传递系数法，按式（7.2.2-1）计算。条块作用力系如图7.2.2所示，当$T_i<0$时，应取$T_i=0$。当滑坡体最后一个条块的剩余下滑力小于或等于0时，滑坡稳定；当大于0时，滑坡不稳定。

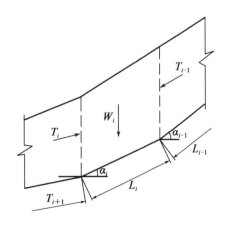

图7.2.2 剩余下滑力计算图示

$$T_i = F_s W_i \sin\alpha_i + \psi_i T_{i-1} - W_i \cos\alpha_i \tan\varphi_i - c_i L_i \quad (7.2.2\text{-}1)$$

$$\psi_i = \cos(\alpha_{i-1} - \alpha_i) - \sin(\alpha_{i-1} - \alpha_i)\tan\varphi_i \tag{7.2.2-2}$$

式中：T_i、T_{i-1}——第 i 和第 $i-1$ 滑块剩余下滑力（kN/m）；

F_s——稳定安全系数；

W_i——第 i 滑块的自重力（kN/m）；

α_i、α_{i-1}——第 i 和第 $i-1$ 滑块对应滑面的倾角（°）；

ψ_i——传递系数；

φ_i——第 i 滑块滑面内摩擦角（°）；

c_i——第 i 滑块滑面岩土黏聚力（kN/m）；

L_i——第 i 滑块滑面长度（m）。

7.2.3 滑坡防治工程设计应根据各种防治措施的适用条件及其对所要防治滑坡的适用性，通过多方案的技术经济比较，因地制宜，合理确定滑坡防治工程方案。

7.2.4 滑坡排水工程设计应在确定滑坡防治总体方案的基础上，结合地形地质条件、地下水情况及降雨强度等，制订地表排水与地下排水相结合的排水设计方案，并应符合下列要求：

1 地表排水设计应在滑坡后缘的稳定地层上设置环形截水沟；滑坡范围较大时，宜在滑坡体范围内设置树枝状排水沟。地表裂缝地段的排水沟应采取防裂和防渗措施，并对整个滑坡范围的地表裂缝采用黏土或水泥浆进行封填。

2 地下排水设计应根据滑动面位置及形态、滑坡所在山坡流域水文地质条件及地下水动态特征，因地制宜，采用渗沟、暗沟、仰斜式排水孔或排水隧洞等排水设施。

3 截水渗沟平面布置应垂直地下水流的方向，并修建在滑坡范围 5m 以外的稳定土体上。渗沟的迎水面应设反滤层，背水面应设防渗隔离层。

4 排水沟、渗沟、暗沟、仰斜式排水孔和排水隧洞设计应符合本规范第 4 章的有关规定。

7.2.5 滑坡减载与反压处理设计应符合下列要求：

1 推移式滑坡或由错落转化的滑坡，宜采用滑坡后缘减载、前缘反压措施。

2 滑床具有上陡下缓形状，滑坡后缘及两侧的地层相对稳定，不致因减载开挖而引起滑坡向后缘和两侧发展时，宜采用减载措施。

3 滑坡前缘有较长的抗滑段，宜利用减载弃方反压；路基位于滑坡前缘时，宜采用路堤通过。在滑体或滑带土具有卸载鼓胀开裂的情况下，不应采用减载措施。

4 减载时，应考虑滑坡后部和两侧山体的稳定性，防止后缘产生新的滑动。

5 填土反压时，应防止堵塞滑坡前缘地下水渗出通道，并应考虑基底的稳定性。必要时，应进行地基处理。

7.2.6 抗滑挡土墙防治滑坡设计应符合下列要求：

1 抗滑挡土墙宜设置在滑坡前缘。必要时，可与排水、减载、锚固等措施联合使用。

2 抗滑挡土墙应根据滑坡剩余下滑力和库仑土压力两者之中的大值设计，其高度和基础埋深应防止滑体从墙顶滑出或从基底以下土层滑移的可能。

3 抗滑挡土墙结构设计应符合本规范第5.4节的有关规定。

4 抗滑挡土墙基础埋深较大、土体稳定性较差时，应采取临时支挡措施。其施工应分段进行，保证滑坡在施工期间的稳定和施工安全。

7.2.7 抗滑桩防治滑坡设计应符合下列要求：

1 抗滑桩的位置选择应符合本规范第5.7.1条第2款的要求。

2 抗滑桩宜以单排布置为主。当滑坡推力较大时，可对滑坡进行分段阻滑。弯矩过大时，应采用预应力锚杆抗滑桩。

3 抗滑桩桩长宜小于35m。对于滑带埋深大于25m的滑坡，应充分论证抗滑桩阻滑的可行性。

4 抗滑桩结构设计应符合本规范第5.7节的有关规定。

7.2.8 预应力锚杆锚固滑坡设计应符合下列要求：

1 预应力锚杆锚固段应置于滑面以下的稳定地层中。

2 预应力锚杆承压结构应根据滑坡体岩土性质和承载力确定，宜采用钢筋混凝土框架或地梁。其坡面应采取防止表土被雨水冲刷、局部溜塌的措施。

3 预应力锚杆设计应符合本规范第5.5节的有关规定。

7.2.9 坡体前缘受河水冲刷时，应采取冲刷防护措施。

7.2.10 高速公路、一级公路滑坡应进行施工监测，监测设计应符合下列要求：

1 滑坡防治监测可分为施工安全监测、防治效果监测和营运期监测，应以施工安全监测和防治效果监测为主。

2 滑坡监测项目可按附录F选定，监测点应布置在滑坡体稳定性差或工程扰动大的部位。

3 防治效果监测应结合施工安全和营运期监测进行，监测周期应为整治工程完工且公路投入营运后不少于一年。

7.3 崩塌地段路基

7.3.1 崩塌地段路基设计应遵循下列原则：

1 路线通过崩塌地段时，应调查崩塌地段地形、地貌、地质情况，查明危岩、崩坍的类型、范围、成因及对公路的危害程度，作出公路建成后崩塌发生或发展趋势的预测与稳定性评价，合理选择路线位置及综合防治措施。

2 路线应绕避可能发生大规模崩塌或大范围的危岩、落石地段。对中小型崩塌、危岩体，当绕避困难或不经济时，路基设计应避免高填、深挖并远离崩塌物堆积区，对崩塌危岩体可采取遮蔽、拦截、清除、加固等综合治理工程措施。

7.3.2 边坡或自然坡面岩体较为完整、表层风化易形成小块岩石呈零星坠落时，宜进行坡面防护。

7.3.3 规模较小的危岩崩塌体可采取清除、支挡、挂网锚喷等处理措施，也可采用柔性防护系统或设置拦石墙、落石槽等构造物。拦石墙与落石槽宜配合使用，设置位置可根据地形合理布置。拦石墙墙背应设缓冲层，并按公路挡土墙设计，墙背压力应考虑崩塌冲击荷载的影响。

7.3.4 对路基有危害的危岩体，应清除或采取支撑、预应力锚固等措施。在构造破碎带或构造节理发育的高陡山坡上不宜刷坡。

7.3.5 当崩坍体较大、发生频繁且距离路线较近而设拦截构造物有困难时，可采用明洞、棚洞等遮挡构造物。遮挡构造物应有足够的长度，洞顶应有缓冲层，并应考虑堆积石块荷载和冲击荷载的影响。

7.3.6 危岩落石拦截构造物的类型、结构尺寸、设置排数及位置，应根据落石的大小、数量、分布位置、冲击力和距路线的距离确定。

7.4 岩堆地段路基

7.4.1 岩堆地段路基设计应遵循下列原则：
1 路线通过岩堆地段时，应调查岩堆地段地形、地貌、地质情况，查明岩堆的物质组成、类型、分布范围、物质来源、成因，分析预测岩堆发生、发展趋势及对公路影响程度。
2 岩堆地段路基设计应根据岩堆分布范围、厚度、物质组成，以及岩堆下伏基床的斜坡形态及坡度、下伏岩土性质、地下水、地表水的活动情况等，评价岩堆稳定性，合理选择路线位置和路基形式。
3 路线应绕避面积大、堆积床坡度陡、补给来源丰富、稳定性差的大型岩堆。对中小型岩堆，路线绕避困难或不经济时，岩堆地段路基应采用低路堤或浅路堑，并采取稳定加固措施。

7.4.2 岩堆地段路基设计，应根据路基所处的位置及断面形式进行路基稳定性检算，其稳定系数应满足本规范第3.6节、第3.7节的有关要求。

7.4.3 处于发展中的岩堆地段路基，应减少开挖，宜采取挡土墙、坡面封闭等防护措施，也可设置拦石墙与落石槽或修建明洞、棚洞等遮挡构造物。

7.4.4 稳定的岩堆地段路基，宜采取下列处治措施：

1 位于岩堆上部时，宜采用台口式路基，并放缓边坡或沿基岩面清除路基上方的岩堆堆积物。

2 位于岩堆中部时，挖方边坡宜设置挡土墙等支挡构造物。

3 位于岩堆下部时，宜采用填方路基通过岩堆。

7.4.5 对活跃的岩堆补给区，应根据其面积、岩体类型和规模，采取拦截或加固工程措施。

7.4.6 岩堆地段路基稳定性不足时，宜设置抗滑挡土墙或抗滑桩等支挡工程。

7.5 泥石流地段路基

7.5.1 泥石流地段路基设计应遵循下列原则：

1 路线通过泥石流地段时，应查明泥石流的分布范围、成因类型、规模、特征、活动规律、泛滥边界、冲淤情况、泥痕高度、堆积区物质组成及分布形态、流量等，分析预测泥石流发展趋势及对公路危害程度。

2 路线应绕避大型泥石流、泥石流群及淤积严重的泥石流沟，并远离泥石流堵河严重地段的河岸。当无法绕避中、小型泥石流时，应合理选择路线位置、路基断面形式及综合防治措施。

3 泥石流防治设计应根据泥石流形成条件、类型、流动特点及活动规律，做好总体规划，采取恢复植被、排导、拦截和坡面防护等综合治理措施。

7.5.2 跨越泥石流沟时，应选择在流通区或沟床稳定段设桥等构造物跨越，并绕避沟床纵坡由陡变缓的变坡处和平面上急弯部位。其设计应符合下列要求：

1 桥梁可用于跨越流通区的泥石流沟或者洪积扇区的稳定自然沟槽。设计时应结合地形、地质、沟床冲淤情况、河槽宽度，泥石流的泛滥边界、泥浪高度、流量、发展趋势等，采用合理的跨径、净空高度及结构形式。

2 隧道可用于路线穿过规模大、危害严重的大型或多条泥石流沟，隧道方案应与其他方案作技术、经济比较后确定。隧道洞身应设置在泥石流底部稳定的地层中，进出口应避开泥石流可能危害的范围。

3 泥石流地段不宜采用涵洞，在活跃的泥石流洪积扇上不得修筑涵洞。三、四级公路，当泥石流规模较小、固体物质含量低、不含较大石块，并有顺直的沟槽时，方可采用涵洞。

4 过水路面可用于穿过小型坡面泥石流沟的三、四级公路，路基横断面应采用全封闭式，可与桥梁、涵洞等联合使用。路基坡脚应设抑水墙。

7.5.3 路线通过泥石流堆积区时，应设置排导沟、导流堤、急流槽、渡槽等排导工程，约束泥石流，固定沟槽。其设计应符合下列要求：

1 排导沟可用于有排沙的地形条件的路段。出口应与主河道衔接，出口高程应高出主河道20年一遇的洪水水位。排导沟纵坡宜与地面坡一致，横断面尺寸应根据流量计算确定。排导沟应进行防护。

2 渡槽可用于排泄流量小于 $30 m^3/s$ 的泥石流，且地形条件应能满足渡槽设计纵坡及行车净空要求，路基下方有停淤场地。渡槽应与原沟顺直平滑衔接，纵坡不应小于原沟纵坡，出口应满足排泄泥石流的需要。渡槽设计荷载应按泥石流满载计算，并考虑冲击力，冲击系数可取1.3。

3 导流堤可用于需要控制泥石流的走向或限制其影响范围的泥石流堆积扇区，防止泥石流直接冲击路堤或壅塞桥涵。导流堤的高度应为设计使用年限内的泥石淤积厚度与泥石流的沟深之和；在泥石流可能受阻的地方或弯道处，还应加上冲起高度和弯道高度。

7.5.4 路线通过泥石流堆积区时，可在流通区泥石流沟中设置各种形式的拦挡坝、格栅坝等拦截工程，拦截泥石流中的石块，减轻泥石流的冲击、淤积作用。其设计应符合下列要求：

1 拦挡坝可用于沟谷的中上游或下游没有排沙或停淤的地形条件、需控制上游产砂的河道，以及流域来沙量大、沟内崩塌、滑坡较多的河段。拦挡坝坝体位置应根据设坝目的，结合沟谷地形及基础的地质条件综合考虑确定。坝体高度不宜超过5m。坝顶宜采用平顶式；当两端岸坡有冲刷可能时，宜采用凹形。

2 格栅坝可用于拦截流量较小、大石块含量少的小型泥石流。格栅坝的格栅间隔按拦截大石块、排泄细颗粒的要求布置，其过水断面应满足下游安全泄洪的要求。坝的宽度应与沟槽同宽。坝基应设在坚实的地基上。

7.5.5 泥石流地段路基设计，宜对泥石流沟流域的坡面采取植物防护措施。植物防护应采取乔木、灌木、草本植物相结合。

7.5.6 对路线无法绕避的大型泥石流，应进行施工安全和防治效果监测，监测内容包括泥石流的频率、流量、物质组成，以及泥石流流量的变化与河水流量、降雨量的关系。

7.6 岩溶地区路基

7.6.1 岩溶地区路基设计应遵循下列原则：

1 岩溶地区路基应采用遥感、物探、钻探及其他有效方法进行综合勘察，查明岩溶地貌形态、岩溶发育发展程度、溶洞围岩性质以及地表水、地下水活动等情况，分析地面致塌因素，综合评价场地稳定性。岩溶地段路堑开挖至路床顶面后，宜进行必要的补充勘察和评价。

2 路线应绕避大型、复杂的岩溶发育地区。绕避困难时，路基工程宜选择在岩溶发育范围小、易于处理的地段通过。

3 位于岩溶地段路基，应对路基稳定性及环境影响进行综合分析，确定岩溶对路基工程的危害程度，合理采取回填、跨越、注浆加固等处理措施。

4 岩溶水发育地段，路基修筑不应切断岩溶（地下、地表）水的径流通道，不得造成阻水、滞水或农田缺水。

5 采用注浆加固的地基，应采用物探配合钻孔取芯等综合方法进行注浆效果检测及评价。

7.6.2 对溶洞顶板岩层未被节理裂隙切割或虽被切割但胶结良好的完整顶板，可按厚跨比法确定溶洞顶板的安全厚度。当顶板的厚度与路基跨越溶洞的长度之比大于0.8时，溶洞的顶板岩层可不作处理。

7.6.3 溶洞距路基的安全距离应符合下列规定：

1 对位于路基两侧的溶洞，应判定其对路基的影响。对开口的溶洞，可参照自然边坡来判别其稳定性及其对路基的影响；对地下溶洞，可按坍塌时的扩散角（图7.6.3）、式（7.6.3-1）计算确定溶洞距路基的安全距离。

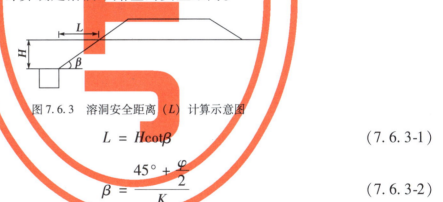

图 7.6.3 溶洞安全距离（L）计算示意图

$$L = H\cot\beta \quad (7.6.3\text{-}1)$$

$$\beta = \frac{45° + \frac{\varphi}{2}}{K} \quad (7.6.3\text{-}2)$$

式中：L——溶洞距路基的安全距离（m）；

H——溶洞顶板厚度（m）；

β——坍塌扩散角（°）；

K——安全系数，取1.10~1.25，高速公路、一级公路应取大值；

φ——岩石内摩擦角（°）。

2 溶洞顶板岩层上有覆盖土层时，岩土界面处用土体稳定坡率（综合内摩擦角）向上延长坍塌扩散线与地面相交，路基边坡坡脚应处于距交点不小于5m以外范围。

3 路基坡脚处于溶洞坍塌扩散的影响范围之外，该溶洞可不作处理。

7.6.4 对影响路基稳定的岩溶水应采取疏导、引排等措施，并符合下列要求：

1 对路基上方的岩溶泉和冒水洞，宜采用排水沟将水截流至路基外。

2 对路基基底的岩溶泉和冒水洞，宜设置桥涵将水排出路基。
3 堵塞溶洞岩溶水的部分出水口时，所留出水口应能满足该区域排水畅通的要求。
4 对地表水，应做好排水设施集中引排。

7.6.5 路基位于溶蚀洼地时，应设置完善的排水系统，做好地表排水设施，将地表水引入邻近沟谷或对路基无危害的落水洞中；积水不能排除时，路基应采用渗水性良好的砂砾、碎石土等填筑，并应高出积水位0.5m。

7.6.6 对路基范围的溶洞、落水洞，应根据溶洞大小、深度、充水情况、所处位置及施工条件，采取下列处理措施：

1 对有排泄要求的溶洞、落水洞，不得进行封堵处理，应采取设置钢筋混凝土盖板、桥涵等构造物跨越，保护岩溶地区地下水系。
2 对稳定路堑边坡上的干溶洞，洞内宜采用干砌片石填塞。
3 对位于路基基底的裸露和埋藏较浅的溶洞，可采取回填封闭、钢筋混凝土盖板跨越、支撑加固或构造物跨越等处理措施。
4 对有充填物的溶洞，可采取注浆法、旋喷法等加固措施；当不能满足设计要求时，宜采用构造物跨越。
5 地表下土洞埋藏较浅时，可采取回填夯实、冲击碾压或强夯等处理措施，并做好地表水引排封闭处理；土洞埋藏较深时，宜采取注浆、复合地基等处理措施。

7.7 软土地区路基

7.7.1 软土地区路基设计应遵循下列原则：

1 应调查收集沿线的地形、地貌、工程地质、水文地质、气象、地震等资料，按现行《公路工程地质勘察规范》（JTG C20）的有关规定，采用适宜的勘探方法进行综合勘探试验和现场原位测试，并进行统计与分析，合理确定软土物理力学性质指标。
2 软土地基上路堤稳定系数应符合表7.7.1-1的要求。当计算的稳定系数小于表7.7.1-1规定值时，应针对稳定性进行地基处理设计。

表7.7.1-1 稳定安全系数容许值

指标	固结应力法		改进总强度法		简化Bishop法、Janbu法
	不考虑固结	考虑固结	不考虑固结	考虑固结	
直接快剪指标	1.1	1.2	—	—	—
静力触探、十字板剪指标	—	—	1.2	1.3	—
三轴有效剪切指标	—	—	—	—	1.4

注：当需要考虑地震力时，表列稳定安全系数减少0.1。

3 路基工后沉降应符合表7.7.1-2的要求。当不满足表7.7.1-2的要求时，应针对沉降进行处治设计。

表 7.7.1-2　容许工后沉降（m）

公路等级	工程位置		
	桥台与路堤相邻处	涵洞、箱涵、通道处	一般路段
高速公路、一级公路	≤0.10	≤0.20	≤0.30
作为干线公路的二级公路	≤0.20	≤0.30	≤0.50

7.7.2 地基沉降计算应符合下列要求：

1 对用于计算沉降的压缩层，其底面应在附加应力与有效自重应力之比不大于0.15处。

2 行车荷载对沉降的影响，对于高路堤可忽略不计。

3 主固结沉降 S_c 应采用分层总和法计算。

4 总沉降 S 宜采用沉降系数 m_s 与主固结沉降按式（7.7.2-1）计算：

$$S = m_s S_c \tag{7.7.2-1}$$

式中：m_s——沉降系数，与地基条件、荷载强度、加荷速率等因素有关；其范围值为 1.1~1.7，应根据现场沉降监测资料确定，也可按式（7.7.2-2）估算；

$$m_s = 0.123\gamma^{0.7}(\theta H^{0.2} + vH) + Y \tag{7.7.2-2}$$

θ——地基处理类型系数，地基用塑料排水板处理时取 0.95~1.1，用粉体搅拌桩处理时取 0.85；一般预压时取 0.90；

H——路堤中心高度（m）；

γ——填料重度（kN/m³）；

v——加载速率修正系数，加载速率在 20~70mm/d 之间时，取 0.025；采用分期加载，速率小于 20mm/d 时取 0.005；采用快速加载，速率大于 70mm/d 时取 0.05；

Y——地质因素修正系数，满足软土层不排水抗剪强度小于 25kPa、软土层的厚度大于 5m、硬壳层厚度小于 2.5m 三个条件时，$Y = 0$，其他情况下可取 $Y = -0.1$。

5 总沉降也可由瞬时沉降 S_d、主固结沉降 S_c 及次固结沉降 S_s 之和计算，即：

$$S = S_d + S_c + S_s \tag{7.7.2-3}$$

6 任意时刻地基的沉降量，考虑主固结随时间的变化过程，按下式计算：

$$S_t = (m_s - 1 + U_t)S_c \tag{7.7.2-4}$$

或

$$S_t = S_d + S_c U_t + S_s \tag{7.7.2-5}$$

式中：U_t——地基平均固结度，采用太沙基一维固结理论解计算；对砂井、塑料排水板等竖向排水体处理的地基，固结度按巴隆给出的太沙基—伦杜立克固结理论轴对称条件固结方程在等应变条件下的解计算。

7.7.3 地基稳定性计算应符合下列要求：

1 软土地基路堤的稳定验算可采用瑞典圆弧滑动法中的有效固结应力法或改进总强度法，有条件时也可采用简化 Bishop 法或 Janbu 法。

2 验算时应按施工期和营运期的荷载分别计算稳定系数。施工期的荷载只考虑路堤自重，营运期的荷载应包括路堤自重、路面的增重及行车荷载。

7.7.4 应按下列要求进行地基加固方案比选：

1 应根据软土厚度和性质、路堤高度、路基稳定与工后沉降控制标准、施工机具、材料、环境等条件及工期要求，进行技术经济比较，依据先简后繁、就地取材的原则，综合分析并确定软土地基加固处理方案。

2 对软土性质差、地基条件复杂或工期紧、填料缺乏或有特殊要求的软土地基，宜采用综合处理措施。

7.7.5 地基浅层处理设计应符合下列要求：

1 软土地基上路堤底部宜设置排水垫层，厚度宜为 0.5m，铺设宽度应为路堤底宽且两侧各外加 0.5~1.0m。当垫层兼有排淤作用时，其厚度尚应适当加大。

2 对浅层厚度小的软土地基，可采用砂、砂砾、碎石等粒状材料进行换填处理。

3 路堤可采用粉煤灰、土工泡沫塑料、泡沫轻质土等轻质材料填筑，其设计应符合本规范第 3.9 节的有关规定。

4 路堤加筋应采用强度高、变形小、耐老化的土工合成材料作路堤的加筋材料。

5 反压护道可在路堤的一侧或两侧设置，其高度不宜超过路堤高度的 1/2，其宽度应通过稳定计算确定。

7.7.6 排水固结法处理地基设计应符合下列要求：

1 排水固结法处理可采用砂垫层预压、袋装砂井或塑料排水板预压、真空预压或真空联合堆载预压。

2 根据软土性质、筑路材料与施工工艺，可选用袋装砂井或塑料排水板或其他材料作为竖向排水体。竖向排水体宜按等边三角形布置，其长度由路堤稳定性和沉降要求确定；软土层较薄时，宜贯穿软土层。预压期不宜小于 6 个月。

3 预压期和预压高度应根据要求的工后沉降量或地基固结度确定。预压期内地基应完成的沉降量不得小于路面设计使用年限末的沉降量与容许工后沉降之差；必要时，预压期末地基的固结度尚应满足路堤稳定性的要求。

4 真空联合堆载预压可用于高填方路段和桥头路段的软土地基处理。真空预压时，应在地基中设置砂井或塑料排水板等竖向排水体，并设置砂垫层和垫层中的排水管。真空预压密封膜下的真空度不应小于 70kPa。当表层存在良好的透气层或处理范围内存在水源补给充足的透水层时，应采取切断透气层和透水层的措施。

7.7.7 粒料桩处理地基设计应符合下列要求：

1 振冲粒料桩可用于加固十字板抗剪强度大于15kPa的地基土；沉管粒料桩可用于加固十字板抗剪强度大于20kPa的地基土。

2 粒料桩可采用砂、砂砾、碎石等材料，桩料不应使用单一尺寸的粒料，且桩料的含泥量不得超过5%。

3 粒料桩的直径、桩长及间距应经稳定验算和沉降验算确定，相邻桩净距不应大于4倍桩径。

4 粒料桩复合地基的路堤整体抗剪稳定系数计算时，复合地基内滑动面上的抗剪强度可采用复合地基抗剪强度τ_{ps}，并按式（7.7.7-1）计算。

$$\tau_{ps} = \eta\tau_p + (1-\eta)\tau_s \qquad (7.7.7\text{-}1)$$

式中：η——桩土面积置换率；

τ_p——桩体抗剪强度（kPa）；

τ_s——地基土抗剪强度（kPa）。

5 粒料桩桩长深度内地基的沉降S_z应按式（7.7.7-2）计算。

$$S_z = \mu_s S \qquad (7.7.7\text{-}2)$$

$$\mu_s = \frac{1}{1+\eta(n-1)} \qquad (7.7.7\text{-}3)$$

式中：μ_s——桩间土应力折减系数；

n——桩土应力比，宜经试验工程确定；无资料时，n可取2~5；当桩底土质好，桩间土质差时取高值，否则取低值；

S——粒料桩桩长深度内原地基的沉降。

7.7.8 加固土桩处理地基设计应符合下列要求：

1 深层拌和法可用于加固十字板抗剪强度不小于10kPa的软土地基。采用粉喷桩法时，深度不宜超过12m；采用浆喷法时，深度不宜超过20m。

2 加固土桩的直径、桩长及间距应经稳定验算确定并应满足工后沉降的要求。相邻桩的净距不应大于4倍桩径。

3 加固土桩复合地基的路堤整体抗剪稳定系数计算时，复合地基内滑动面上的抗剪强度应采用复合地基抗剪强度τ_{ps}，并按式（7.7.7-1）计算。

4 加固土桩的抗剪强度以90d龄期的强度为标准强度，可按钻取试验路段的原状试件测得无侧限抗压强度q_u的一半计算；也可按设计配合比由室内制备的加固土试件测得的90d无侧限抗压强度q_u乘以折减系数0.30求得。

5 加固土桩复合地基的沉降量应按复合地基加固区的沉降量S_1和加固区下卧层的沉降量S_2两部分来计算。加固区的沉降量S_1宜采用复合压缩模量法计算；下卧层的沉降量S_2可按现行《建筑地基基础设计规范》（GB 50007）的有关规定计算。

6 复合压缩模量E_{ps}应按式（7.7.8）计算：

$$E_{\mathrm{ps}} = \eta E_{\mathrm{p}} + (1 - \eta)E_{\mathrm{s}} \tag{7.7.8}$$

式中：E_{p}——桩体压缩模量（MPa）；

E_{s}——土体压缩模量（MPa）。

7.7.9 水泥粉煤灰碎石桩（CFG桩）处理地基设计应符合下列要求：

1 CFG桩可用于加固十字板抗剪强度不小于20kPa的软土地基。

2 CFG桩的粗集料可采用碎石或砾石，泵送混合料时砾石最大粒径不宜大于25mm，碎石最大粒径不宜大于20mm；振动沉管灌注混合料时粗集料最大粒径不宜大于50mm。可掺入砂、石屑等细集料改善级配。水泥宜用32.5级普通硅酸盐水泥。粉煤灰宜采用Ⅱ级或Ⅲ级粉煤灰。

3 CFG桩料的配合比应根据施工要求的坍落度和桩体的设计强度确定。桩体的设计强度应取28d无侧限抗压强度。

4 CFG桩桩体强度宜为5~20MPa，设计强度应满足路堤沉降与稳定的要求。用于结构物下的CFG桩，设计强度应满足承载力的要求。

5 CFG桩直径、桩长及间距应根据设计对承载力和变形的要求、土质条件、设备能力等确定；桩端应设置在强度高的土层上，最大桩长不宜大于30m，桩距宜取4~5倍桩径。

6 CFG桩垫层厚度宜取0.3~0.5m；当桩径大或桩距大时，垫层厚度宜取高值。垫层材料宜用中砂、粗砂、级配砂砾或碎石等，最大粒径不宜大于30mm。

7 CFG桩复合地基的沉降计算和路堤稳定验算应符合本规范第7.7.7条的有关规定。

7.7.10 强夯与强夯置换处理地基设计应符合下列要求：

1 饱和粉土、夹有粉砂的饱和软黏土地基或在夯坑中回填片块石、碎砾石、卵石等粒料进行置换处理时，可采用强夯法处理。

2 强夯置换处理深度应由土质条件决定，除厚层饱和粉土外，宜穿透软土层，达到较硬土层上。置换深度不宜超过7m。

3 强夯或强夯置换处理地基，应在施工现场选择有代表性的路段进行试夯，验证其适用性和处理效果。

4 强夯法的有效加固深度d应根据现场试夯或当地经验确定，也可按式（7.7.10）估算。

$$d = \alpha \sqrt{mh} \tag{7.7.10}$$

式中：m——夯锤质量（t）；

h——夯锤落距（m）；

α——修正系数，与土质条件、地下水位、夯击能大小、夯锤底面积等因素有关，其值范围为0.34~0.80，应根据现场试夯结果确定。

5 强夯点的夯击次数，应按现场试夯得到的夯击次数和夯沉量的关系曲线确定，最后两击的平均夯沉量应满足表7.7.10的要求，且夯坑周围地面不应发生过大的隆起，也不应因夯坑过深而发生提锤困难。

表 7.7.10 强夯法最后两击的平均夯沉量

单击夯击能 E（kN·m）	最后两击的平均夯沉量（mm）
$E < 2\,000$	≤50
$2\,000 < E \leqslant 4\,000$	≤100
$E > 4\,000$	≤200

6 强夯置换夯点的夯击次数应通过现场试夯确定。置换桩底应穿透软土层，且达到设计置换深度；每次夯沉量不应因夯坑过深而发生提锤困难，累计夯沉量宜为设计桩长的1.5～2.0倍；最后两击的平均夯沉量应满足本条第5款的规定。

7 夯点可采用正方形或等边三角形布置，间距宜为5～7m。

8 置换桩间距应根据荷载大小和原土的承载力选定，当满堂布置时可取夯锤直径的2～3倍，对独立基础或条形基础可取夯锤直径的1.5～2倍。桩的计算直径可取夯锤直径的1.1～1.2倍。

9 置换桩顶应铺设垫层，厚度不应小于0.5m。垫层材料可与桩体材料相同，粒径不宜大于100mm。

10 强夯置换法复合地基的沉降与稳定计算应符合本规范第7.7.7条的规定。计算时，桩土应力比取值：黏性土地基可取2～4，粉土和砂土地基可取1.5～3。

7.7.11 刚性桩复合地基设计应符合下列要求：

1 刚性桩可用于深厚软土地基上荷载较大、变形要求较严格的高路堤段、桥头或通道与路堤衔接段，以及拓宽路堤段。

2 刚性桩桩顶宜设桩帽，并铺设柔性土工合成材料加筋体垫层。

3 刚性桩的平面布置可采用正方形或正三角形排列。刚性桩的直径、桩长、间距应经稳定、沉降验算后确定，桩间距不宜小于5倍桩径。

4 刚性桩桩帽可采用圆柱体、台体或倒锥台体，桩帽平面尺寸宜为1.0～1.5m，厚度宜为0.3～0.4m。

5 刚性桩处理地基的最终沉降量计算，可不考虑桩间土压缩变形对沉降的影响，应采用单向压缩分层总和法按式（7.7.11）计算。

$$S = \psi_P \sum_{j=1}^{m} \sum_{i=1}^{n_j} \frac{\sigma_{j,i} \Delta h_{j,i}}{E_{sj,i}} \quad (7.7.11)$$

式中：S——桩基最终沉降（m）；

m——桩端平面以下压缩层内土层分层的数目；

$E_{sj,i}$——桩端平面下第j层土第i个分层在自重应力至自重应力加附加应力作用段的压缩模量（MPa）；

n_j——桩端平面下第j层土的计算分层数；

$\Delta h_{j,i}$——桩端平面下第 j 层第 i 分层的厚度（m）；

$\sigma_{j,i}$——桩端平面下第 j 层第 i 分层的竖向附加应力（kPa），可按现行《建筑地基基础设计规范》（GB 50007）的附录 R 计算；

ψ_P——桩基沉降计算经验系数，应根据当地的工程实测资料统计对比确定。

6 刚性桩处理地基的稳定性采用圆弧滑动面法验算，滑动面上的抗剪强度采用桩土复合抗剪强度，按式（7.7.7-1）计算。其中桩体抗剪强度可取 28d 无侧限抗压强度的 1/2。

7.7.12 软土地基上路堤横断面设计应考虑地基沉降、路堤顶面凹陷、顶宽和底宽收缩以及边坡变缓等因素。

7.7.13 沉降与稳定监测设计应符合下列要求：

1 软土地基填方较高的路堤和桥头路堤应进行沉降与稳定监测设计，其设计内容应包括监测路段与代表性监测断面、沉降与侧向位移监测点位置、监测仪选型与布设、监测方法、监测频率等。必要时，应进行软土地基深部位移监测。

2 路堤填土速率应满足下列要求：

1) 填筑时间不应小于地基抗剪强度增长需要的固结时间；

2) 路堤中心沉降每昼夜不得大于 10~15mm，边桩位移每昼夜不得大于 5mm。

7.7.14 软土地基上路堤宜结合工程实际，选择代表性地段提前修筑试验路段。

7.7.15 路面铺筑必须待沉降稳定后进行。在等载条件下，推算的工后沉降量小于设计容许值，且连续两个月监测的沉降量每月不超过 5mm，方可卸载开挖路槽、开始路面铺筑。

7.8 红黏土与高液限土地区路基

7.8.1 红黏土与高液限土路基设计应遵循下列原则：

1 路线通过红黏土或高液限土地区，应查明红黏土或高液限土分布范围、成因类型、土体的结构层次特征、垂直分带及其湿度状态、土体中裂隙分布特征、地下水分布规律、物理力学性质及胀缩性等。

2 红黏土可根据液塑比与界限液塑比之间关系，以及复浸水特性，按表 7.8.1 进行分类。液塑比、界限液塑比可按式（7.8.1-1）、式（7.8.1-2）计算。

$$I_r = \frac{w_L}{w_P} \tag{7.8.1-1}$$

$$I'_r = 1.4 + 0.0066 w_L \tag{7.8.1-2}$$

式中：I_r——液塑比；

I'_r——界限液塑比；

w_L——液限（%）；
w_P——塑限（%）。

表 7.8.1 红黏土的分类

类别	I_r 与 I'_r 关系	复浸水特性
Ⅰ	$I_r \geq I'_r$	收缩后复浸水膨胀，能恢复到原位
Ⅱ	$I_r < I'_r$	收缩后复浸水膨胀，不能恢复到原位

3 红黏土和高液限土具有膨胀性时，应按膨胀土路基进行设计。

4 红黏土与高液限土路基设计宜避免高路堤及深路堑。如不能避免，宜与桥隧方案进行综合比选确定。

5 红黏土与高液限土路基设计应充分考虑气候环境、水对路基性能的影响，做好路基结构防排水与湿度控制措施的设计，连续施工，及时封闭。

7.8.2 红黏土和高液限土不应直接作为路基填料，其中压缩系数大于 $0.5\mathrm{MPa}^{-1}$ 的红黏土不得用于填筑路堤。

7.8.3 红黏土和高液限土作为路基填料时，应符合下列要求：

1 红黏土和高液限土的 CBR、回弹模量等应满足本规范第 3.2 节、第 3.3 节的要求。

2 经物理措施处治的红黏土和高液限土可用于路床之下的路堤填料，但不得用于浸水路堤。

3 路床、低路堤填料采用红黏土和高液限土时，应掺入无机结合料进行处治。

4 确定路堤填筑的最佳含水率、最大干密度及 CBR 值时，应采用湿土法重型击实试验。CBR 试验时，应根据含水率调整其击实次数。

7.8.4 填方路基设计应符合下列要求：

1 应根据沿线气候和水文条件、路基高度、红黏土与高液限土性质及处治措施，做好填方路基结构设计。红黏土与高液限土不宜用于陡坡路堤填筑。

2 经物理措施处治的红黏土填筑路堤高度不宜大于 10m，其路堤底部应设置砂砾或碎石等排水隔离垫层，垫层最小厚度不宜小于 0.5m，其顶面宜设置土工合成材料反滤层。

3 边坡高度不大于 10m 的路堤边坡坡率宜为 1:1.5~1:2。当边坡高度大于 6m 时，宜设置边坡平台，其宽度不宜小于 2m。当边坡高度超过 10m 时，应按本规范第 3.6 节的有关规定，通过路基稳定性分析计算确定路堤横断面形式、边坡坡度及路基防护加固措施。

4 经无机结合料处治或用非红黏土（高液限土）包边封闭的路堤边坡可按一般路基防护设计。

5 路堤填筑宜选择在旱季连续施工，不能连续施工时应在路基顶面及时作封盖处理。

7.8.5 挖方路基设计应符合下列要求：

1 挖方路基边坡高度超过10m时应进行稳定性检算，并考虑复浸水Ⅰ类红黏土的开挖面土体干缩导致裂隙发展及复浸水使土质产生变化的不利影响。边坡稳定性分析计算时，宜采用饱水剪切试验和重复慢剪试验等强度指标。

2 挖方边坡高度不宜超过20m。路堑边坡设计应遵循"放缓坡率、加宽平台、加固坡脚"的原则。边坡坡率及平台宽度可按表7.8.5确定。当边坡高度超过6m时，挖方路基宜采用台阶式断面；地形允许时，宜进一步放缓边坡。

表7.8.5 路堑边坡坡率

边坡高度（m）	边坡坡率	边坡平台宽度（m）
<6	1:1.25～1:1.5	—
6～10	1:1.5～1:1.75	2.0
10～20	1:1.75～1:2	≥2.0

3 路堑边坡应设置完善的路基地表与地下排水系统。路堑边坡坡面上宜设置支撑渗沟，路基边沟下应设置渗沟。当坡面有集中的地下水出露时，宜设置仰斜式排水孔。

4 路堑边坡坡面防护宜采用骨架植物防护，当边坡稳定性不足时应增设支挡工程。对于全封闭的圬工防护，应在墙背设置厚度为0.15～0.30m的排水垫层，圬工时应设置泄水孔，泄水孔间距宜为2.5～3.0m，并应设反滤层。

5 宜保留堑坡顶之外的植被与覆盖层。在坡顶设置拦水埝或截水沟。

6 根据红黏土或高液限土的工程性质，对挖方路段路床范围的红黏土或高液限土应进行超挖换填或掺无机结合料处治，换填材料宜选用渗水性良好的砂砾、碎石等。

7 当挖方路段路床范围有石柱、石笋时，应予挖除；当石柱、石笋之间存在天然含水率超过其塑限5个百分点的过湿土时，应挖除路床范围的过湿土，换填片石等材料。

8 零填、路堑路段开挖至路床底部后，应及时进行路床的换填施工；当不能及时进行时，宜在路床底面高程以上预留0.3m厚的保护层。

7.9 膨胀土地区路基

7.9.1 膨胀土地区路基设计应遵循下列原则：

1 应采取多种勘探手段，查明膨胀土分布范围、土体结构层次、矿物成分、成因类型、物理力学性质、胀缩特性及膨胀土活动区深度等，确定膨胀土膨胀潜势等级及其对公路工程危害程度。

2 路线设计应根据膨胀土的特性和公路等级的技术要求，综合考虑当地气候特点、地形地貌、地质、水文、筑路材料等条件，通过综合分析与路线方案比较，合理选用主要技术指标。

3 膨胀土地区路基应避免高路堤和深长路堑，宜采用低路堤或浅路堑。不能避免时，应与桥隧方案进行综合比选确定；以路基通过时，应采取措施保证路基稳定。

4 膨胀土用作路基填料时，应通过室内试验和技术经济比较确定膨胀土填筑路堤的处理方案，并确定最佳配合比及处治后的强度控制指标。

5 膨胀土地区路基设计应以防水、控湿、防风化为主，结合路面结构，采取有效措施，减少湿度的变化对膨胀土路基的影响，保证路基满足变形和强度的要求。膨胀土路基应连续施工，并及时封闭路床和坡面。

7.9.2 应根据地貌、土体颜色、土体结构、土质情况、自然地质现象和土的自由膨胀率等特征，进行膨胀土初步判定；以标准吸湿含水率为详判分级指标，当标准吸湿含水率大于2.5%时，应判定为膨胀土。膨胀土判别及膨胀潜势分级应符合现行《公路工程地质勘察规范》（JTG C20）的有关规定。

7.9.3 膨胀土地基变形量预测应符合下列要求：

1 挡土墙等构造物基础、低路堤基底为膨胀土地基时，可按式（7.9.3-1）或式（7.9.3-2）对膨胀土地基变形量进行计算。

2 基于固结试验的膨胀土地基变形量可按式（7.9.3-1）计算：

$$\rho = \sum_{i=1}^{n} \frac{C_s z_i}{(1+e_0)_i} \lg\left(\frac{\sigma'_f}{\sigma'_{sc}}\right)_i \tag{7.9.3-1}$$

式中：ρ——地基变形量（mm）；

e_0——初始孔隙比；

σ'_{sc}——由恒体积试验中校正的膨胀压力（kPa）；

σ'_f——最后有效应力（kPa）；

C_s——膨胀指数；

z_i——第i层土的初始厚度（mm）。

3 基于收缩试验的膨胀土地基变形量可按式（7.9.3-2）计算：

$$\rho = \sum_{i=1}^{n} \Delta z_i = \sum_{i=1}^{n} \frac{C_w \Delta w_i}{(1+e_0)_i} z_i \tag{7.9.3-2}$$

$$C_w = \frac{\Delta e_i}{\Delta w_i} \tag{7.9.3-3}$$

式中：C_w——非饱和膨胀土体积收缩指数；

Δe_i——第i层土的孔隙比的变化；

Δw_i——第i层土的含水率变化。

7.9.4 膨胀土地基设计应以变形量作为分类指标，按表7.9.4进行分类，确定膨胀土地基处理措施和处理深度。

表7.9.4 膨胀土地基分类

膨胀土地基分类等级	膨胀土地基变形量 ρ (mm)	地 基 处 理 措 施
Ⅰ	$\rho \geq 200$	小型构造物宜采用深基础。路堤高度小于1.5m时，地基置换非膨胀土或无机结合料处治土，其深度不宜小于2.0m
Ⅱ	$100 \leq \rho < 200$	小型构造物可采用浅基础。基础埋深不宜小于1.5m，并采取保湿措施。路堤高度小于1.5m时，地基置换非膨胀土或无机结合料处治土，其深度不宜小于1.5m
Ⅲ	$40 \leq \rho < 100$	小型构造物可采用浅基础。基础埋深不宜小于1.0m，并采取保湿措施。路堤高度小于1.5m时，地基置换非膨胀土或无机结合料处治土，其深度不宜小于1.0m
Ⅳ	$15 \leq \rho < 40$	小型构造物可采用浅基础。路堤高度小于1.5m时，地基置换非膨胀土或无机结合料处治土，其深度不宜小于0.5m
Ⅴ	$\rho < 15$	可不处理

7.9.5 膨胀土用作路基填料时，应以击实膨胀土的胀缩总率作为分类指标，按表7.9.5进行膨胀土填料分类，确定各类膨胀土的使用范围及处治措施。

表7.9.5 膨胀土填料分类

填料等级	有荷压力下胀缩总率（%）	使 用 范 围
非膨胀土	$e_{ps} < 0.7$	可直接利用
弱膨胀土	$0.7 \leq e_{ps} < 2.5$	采取包边、加筋、设置垫层等物理处理措施后可用于路堤范围的填料，采用无机结合料处治后可用于路床填料
中膨胀土	$2.5 \leq e_{ps} < 5.0$	采用无机结合料处治后可作路基填料
强膨胀土	$e_{ps} \geq 5.0$	不应用作路基填料

注：1. 路堤高度大于或等于3.0m时，应采用50kPa压力下膨胀率试验计算胀缩总率。
2. 路堤高度小于3.0m时，应采用25kPa压力下膨胀率试验计算胀缩总率。

7.9.6 膨胀土填方路基设计应符合下列要求：

1 膨胀土路堤设计应根据路堤高度、膨胀土填料类型及其处治措施，做好路基结构的防渗、排水和控湿设计，保证路基性能稳定。

2 路床、高度小于1.5m的路堤填料应符合本规范第3.2节的规定。当采用弱、中等膨胀土作为填料时，应进行掺无机结合料处治，处治后的胀缩总率不得超过0.7%。

3 采用物理措施处治的膨胀土路堤，路基底部宜设置砂砾、碎石或无机结合料处治膨胀土垫层，垫层厚度不宜小于0.5m；包边和封盖层可采用非膨胀土或无机结合料处治膨胀土，包边厚度不宜小于2.5m；封盖层采用砂砾、碎石等渗水性材料时，其底部应设置防渗层，防渗层可采用复合土工膜或其他材料。

4 膨胀土地基上采用砂砾、碎石土等渗水性材料填筑路基时，路基底部应设置防渗层，防渗层材料可采用不渗水的非膨胀土、无机结合料处治土或复合土工膜。

5 采用物理措施处治的膨胀土路堤填筑时，宜采用湿土法重型击实试验确定最佳含水率和最大干密度。采用无机结合料处治的膨胀土时，可采用干法重型击实试验的最佳含水率+2%作为控制标准。

6 弱、中膨胀土路堤边坡坡率应根据路堤边坡的高度、填料重塑后的性质、区域气候特点，并参照既有路基的成熟经验综合确定。边坡高度不大于10m的路堤边坡坡率和边坡平台的设置，可按表7.9.6-1确定。

表7.9.6-1 膨胀土路堤边坡坡率及平台宽度

边坡高度（m）	边坡坡率		边坡平台宽度（m）	
	胀缩等级		胀缩等级	
	弱膨胀	中等膨胀	弱膨胀	中等膨胀
<6	1:1.5	1:1.5~1:1.75	可不设	
6~10	1:1.75	1:1.75~1:2.0	2.0	≥2.0

7 膨胀土路堤边坡的防护类型可按表7.9.6-2确定。

表7.9.6-2 膨胀土路堤边坡防护类型

边坡高度（m）	弱膨胀土	中膨胀土
≤6	植物	骨架植物
>6	植被防护、骨架植物	支撑渗沟加拱形骨架植物

7.9.7 膨胀土挖方路基设计应符合下列要求：

1 膨胀土路堑边坡坡率应根据土质的性质、软弱层和裂隙的组合关系、气候特点、水文地质条件，以及自然山坡、人工边坡的稳定坡度等综合确定。

2 边坡设计应遵循"放缓坡率、加宽平台、加固坡脚"的原则，按表7.9.7-1确定边坡坡率及平台宽度。高度大于10m的边坡应结合稳定性分析计算进行设计，边坡稳定性应符合表3.7.7的规定，必要时应与隧道方案进行比较。

表7.9.7-1 膨胀土边坡坡率和平台宽度

膨胀土类别	边坡高度（m）	边坡坡率	边坡平台宽度（m）	碎落台宽度（m）
弱膨胀土	<6	1:1.5	—	1.0
	6~10	1:1.5~1:2.0	2.0	1.5~2.0
中等膨胀土	<6	1:1.5~1:1.75	—	1.0~2.0
	6~10	1:1.75~1:2.0	2.0	2.0
强膨胀土	<6	1:1.75~1:2.0	—	2.0
	6~10	1:2.0~1:2.5	≥2.0	≥2.0

3 对零填和挖方路段路床范围的膨胀土应进行超挖、换填处理，换填材料可采用符合本规范第3.2节规定的非膨胀土、无机结合料处治膨胀土等，换填渗水性材料时，底部应设置防渗层。对强膨胀土路堑，路床换填深度宜加深至1.0~1.5m。

4 路堑边坡的防护加固类型可根据膨胀土性质、环境条件和边坡高度按表7.9.7-2及表7.9.7-3确定，边坡开挖后应及时防护封闭。

表7.9.7-2 膨胀土路堑边坡防护措施

边坡高度（m）	弱 膨 胀 土	中 等 膨 胀 土
≤6	植物	骨架植物
>6	骨架植物、植物防护、浆砌片石护坡	拱形骨架植物、支撑渗沟+拱形骨架植物

表7.9.7-3 膨胀土路堑边坡支挡措施

边坡高度（m）	弱 膨 胀 土	中 等 膨 胀 土	强 膨 胀 土
≤6	不设	坡脚墙	护墙、挡土墙
>6	护墙、挡土墙	挡土墙、抗滑桩	桩基承台挡土墙、抗滑桩、边坡锚固

5 边坡植物防护时，不应采用阔叶树种；圬工防护时，墙背应设置缓冲层，厚度不应小于0.5m。支挡结构基础埋深应大于气候影响深度，反滤层厚度不应小于0.5m。

6 挖方边坡膨胀土层与下伏岩土层无不利结构面时，边坡防护可采用非膨胀性黏质土覆盖置换处理或设置柔性支护结构。边坡覆盖置换的厚度不宜小于2.5m，并满足机械压实施工的要求；覆盖置换层与下伏膨胀土之间，应设置排水垫层与渗沟。当边坡岩土层存在不利结构面时，应根据边坡稳定状况，设置必要的支挡工程。

7.9.8 膨胀土路基排水设计应遵循"以防为主、防排结合"的原则，并应符合下列要求：

1 零填和低填方路段，当公路路界内地形低于路界外的地面时，应设置必要的截水沟。

2 地下水位较高的低路堤路段，应在路堤底部设置防渗隔离层和排水垫层。必要时，可在路基两侧设置地下排水渗沟。

3 土质潮湿或地下水发育的挖方路段，边坡上宜设置支撑渗沟或仰斜式排水孔，边沟下应设置纵向排水渗沟，填挖交界处应设置横向排水渗沟。

4 堑坡顶之外3~5m范围的表层膨胀土，应采取换填非膨胀土、铺设防渗土工膜等防渗封闭处理措施。

7.10 黄土地区路基

7.10.1 黄土地区路基设计应遵循下列原则：

1 应查明黄土分布范围、厚度及其变化规律，沿线黄土的成因类型和地层特征，路线所处的地貌单元及地面水、地下水等情况，各种不同地层黄土的物理、力学性质和湿陷性。

2 黄土塬梁地区，路基应避开有滑坡、崩塌、陷穴群、冲沟发育、地下水出露的塬梁边缘和斜坡地段。必须通过时，应有充分依据和切实可行的工程措施。

3 路线通过冲沟沟头时，应分析冲沟的成因及其发展趋势。当冲沟正在继续发展并危及路基稳定时，应采取排水及防护措施。

4 对路线附近的黄土陷穴，应调查其位置、形状、发展趋势。以及形成陷穴的水源和水量，评价陷穴对路基的危害程度。

5 位于湿陷性黄土地段的路基，宜设在湿陷等级轻微、湿陷土层较薄、排水条件较好的地段。

6 黄土地区路基排水设计应遵循拦截、分散的处理原则，设置防冲刷、防渗漏和有利于水土保持的综合排水设施及防护工程，并应防止农田水利设施与路基的相互干扰。

7.10.2 填方路基设计应符合下列要求：

1 黄土用作路堤填料时，其最小强度和路床顶面回弹模量应符合本规范第3.2节的规定。当不能满足要求时，应采取掺无机结合料等处治措施。

2 黄土路堤设计应根据公路等级、边坡高度和地基土的性质，结合稳定性验算确定路堤边坡形式及边坡坡度。当地基良好、路堤边坡高度不大于30m时，路堤的断面形式及边坡坡率可按表7.10.2选用。年平均降水量大于500mm的地区，边坡平台宜设截水沟，并作防渗加固处理。

表7.10.2 路堤断面形式及边坡坡率

断面形式	路基以下边坡分段坡率		
	$0 < H \leq 10m$	$10m < H \leq 20m$	$20m < H \leq 30m$
折线形	1:1.5	1:1.75	1:2.0
阶梯形	1:1.5	1:1.75	1:1.75

3 当路堤边坡高度大于30m时，应与桥梁方案进行技术经济比较。当采用路堤方案时，应按本规范第3.6节的规定进行独立工点设计。

4 边坡稳定检算宜采用圆弧法，其稳定系数应符合本规范第3.6节的规定。填土的抗剪强度指标值应按设计的压实度制备试样，采用快剪试验测定。

5 对高度大于20m的路堤，应按工后沉降量预留路基顶面加宽值；工后沉降量可按路堤高度的0.7%~1.5%估算。

6 路堤高度大于20m时，可进行增强补压。

7 饱和黄土、地基承载力低的新黄土地基，可按本规范第7.7节的有关要求进行地基处理。

7.10.3 挖方路基设计应符合下列要求：

1 黄土路堑边坡形式，应根据黄土类别及其均匀性、边坡高度按表7.10.3-1确定。高速公路、一级公路黄土路堑边坡宜采用台阶形，边坡小平台宽度宜为2.0~2.5m；边坡大平台宜设置在边坡中部，平台宽度应根据稳定计算确定，宜为 4～6m。年平均降水量大于 250mm 的地区，平台上应设排水沟，并应予以防护。

表 7.10.3-1　路堑边坡形式及适用条件

边坡形式	适 用 条 件
直线形（一坡到顶）	（1）均质土层，Q_4、Q_3 黄土边坡高度 $H≤15m$，Q_2、Q_1 黄土边坡高度 $H≤20m$； （2）非均质土层，边坡高度 $H≤10m$
折线形（上缓下陡）	非均质土层，边坡高度 $H≤15m$
台阶形	（1）均质土层，Q_4、Q_3 黄土边坡高度 $15m<H≤30m$，Q_2、Q_1 黄土边坡高度 $20m<H≤30m$； （2）非均质土层，边坡高度 $15m<H≤30m$

2　挖方边坡高度不超过 30m 时，边坡坡率应根据黄土的地貌单元、时代成因、构造节理、地下水分布、降雨量、边坡高度、施工方法，并结合自然或人工稳定边坡坡率根据表 7.10.3-2 确定。

表 7.10.3-2　黄土地区路堑边坡坡度

分区	分　类		边 坡 高 度（m）			
			≤6	6～12	12～20	20～30
Ⅰ东南区	新黄土 Q_3、Q_4	坡积	1:0.5	1:0.5～1:0.75	1:0.75～1:1.0	—
		洪积	1:0.2～1:0.3	1:0.3～1:0.5	1:0.5～1:0.75	1:0.75～1:1.0
	新黄土 Q_3		1:0.3～1:0.5	1:0.4～1:0.6	1:0.6～1:0.75	1:0.75～1:1.0
	老黄土 Q_2		1:0.1～1:0.3	1:0.2～1:0.4	1:0.3～1:0.5	1:0.5～1:0.75
Ⅱ中部区	新黄土 Q_3、Q_4	坡积	1:0.5	1:0.5～1:0.75	1:0.75～1:1.0	—
		洪积、冲积	1:0.2～1:0.3	1:0.3～1:0.5	1:0.5～1:0.75	1:0.75～1:1.0
	新黄土 Q_3		1:0.3～1:0.4	1:0.4～1:0.5	1:0.5～1:0.75	1:0.75～1:1.0
	老黄土 Q_2		1:0.1～1:0.3	1:0.2～1:0.4	1:0.3～1:0.5	1:0.4～1:0.5
	红色黄土 Q_1		1:0.1～1:0.2	1:0.2～1:0.3	1:0.3～1:0.4	1:0.4～1:0.6
Ⅲ西部区	新黄土 Q_3、Q_4	坡积	1:0.5～1:0.75	1:0.75～1:1.0	1:1.0～1:1.25	—
		洪积、冲积	1:0.2～1:0.4	1:0.4～1:0.6	1:0.6～1:0.75	1:0.75～1:1.0
	新黄土 Q_3		1:0.4～1:0.5	1:0.5～1:0.75	1:0.75～1:1.0	1:1.0～1:1.25
	老黄土 Q_2		1:0.1～1:0.3	1:0.2～1:0.4	1:0.3～1:0.5	1:0.5～1:0.75
Ⅳ北部区	新黄土 Q_3、Q_4	坡积	1:0.5～1:0.75	1:0.75～1:1.0	1:1.0～1:1.25	—
		洪积、冲积	1:0.2～1:0.4	1:0.4～1:0.6	1:0.6～1:0.75	1:0.75～1:1.0
	新黄土 Q_3		1:0.3～1:0.5	1:0.5～1:0.6	1:0.6～1:0.75	1:0.75～1:1.0
	老黄土 Q_2		1:0.1～1:0.3	1:0.2～1:0.4	1:0.3～1:0.5	1:0.5～1:0.75
	红色黄土 Q_1		1:0.1～1:0.2	1:0.2～1:0.3	1:0.3～1:0.4	1:0.4～1:0.6

注：表内边坡值为设平台后的平均值，黄土分区见附录 J。

3　黄土路堑边坡高度超过 30m 时，应与隧道方案进行比较。当采用路堑方案时，路堑高边坡应按本规范第 3.7 节的要求进行独立工点设计。

4 设有大平台的深路堑边坡，除应对路堑高边坡进行整体稳定性检算外，还应对大平台毗邻的上下分段边坡做局部稳定验算。

5 边坡防护类型应根据土质、降雨量、边坡高度、坡率等确定，路堑边坡宜采用骨架植物防护，稳定性差的边坡应设置必要的支挡工程，边坡防护工程设计应符合本规范第 5 章的要求。

6 地下水发育的挖方路段，应采取截、排地下水及防止地面水渗漏等措施，设置必要的防护工程。

7.10.4 湿陷性黄土地基设计应判别地基湿陷类型，计算地基湿陷量，确定地基湿陷等级，并应符合下列要求：

1 黄土地区场地湿陷类型应根据实测自重湿陷量或室内压缩试验累计的计算自重湿陷量判定。当实测或计算自重湿陷量不大于 70mm 时，应定为非自重湿陷性黄土场地；当实测或计算自重湿陷量大于 70mm 时，应定为自重湿陷性黄土场地。

2 湿陷性黄土场地自重湿陷量应按式（7.10.4-1）计算：

$$\Delta_{zs} = \beta_0 \sum_{i=1}^{n} \delta_{zsi} h_i \tag{7.10.4-1}$$

式中：Δ_{zs}——湿陷性黄土场地自重湿陷量（mm）；

δ_{zsi}——第 i 层土的自重湿陷系数；

h_i——第 i 层土的厚度（mm）；

β_0——因地区土质而异的修正系数；当缺乏实测资料时，陇西地区取 1.50，陇东—陕北—晋西地区取 1.20，关中地区取 0.90，其他地区可取 0.50。

3 湿陷性黄土的地基湿陷量应按式（7.10.4-2）计算：

$$\Delta_s = \sum_{i=1}^{n} \beta \delta_{si} h_i \tag{7.10.4-2}$$

式中：Δ_s——地基的总湿陷量（mm）；

δ_{si}——第 i 层土的湿陷系数；

β——考虑地基土受水浸湿可能性和侧向挤出等因素的修正系数；当缺乏实测资料时，基底下 0~5m 深度内取 $\beta=1.5$，基底下 5~10m 深度内取 $\beta=1.0$。

4 湿陷性黄土地基的湿陷等级，应根据地基各层累计的总湿陷量和计算自重湿陷量的大小等因素按表 7.10.4 确定。

表 7.10.4 湿陷性黄土地基的湿陷等级

湿陷类型		非自重湿陷性场地	自重湿陷性场地	
计算自重湿陷量 Δ_{zs}（mm）		$\Delta_{zs} \leq 70$	$70 < \Delta_{zs} \leq 350$	$\Delta_{zs} > 350$
总湿陷量 Δ_s（mm）	$\Delta_s \leq 300$	Ⅰ（轻微）	Ⅱ（中等）	—
	$300 < \Delta_s \leq 700$	Ⅱ（中等）	Ⅱ（中等）或Ⅲ（严重）	Ⅲ（严重）
	$\Delta_s > 700$	Ⅱ（中等）	Ⅲ（严重）	Ⅳ（很严重）

注：当总湿陷量 $\Delta_s > 600$mm、计算自重湿陷量 $\Delta_{zs} > 300$mm 时，可判为Ⅲ级，其他情况可判为Ⅱ级。

7.10.5 湿陷性黄土地基处理设计应符合下列要求：

1 高速公路、一级公路通过湿陷性黄土和压缩性较高的黄土地段时，可根据路堤高度、受水浸湿的可能性、湿陷后危害程度和修复的难易程度，按表7.10.5-1确定湿陷性黄土地基最小处理深度。

表7.10.5-1 湿陷性黄土地基最小处理深度

路堤高度	湿陷性等级与特征							
	经常流水（或浸湿可能性大）				季节性流水（或浸湿可能性小）			
	Ⅰ	Ⅱ	Ⅲ	Ⅳ	Ⅰ	Ⅱ	Ⅲ	Ⅳ
高路堤（>4m）	2~3	3~5	4~6	6	0.8~1	1~2	2~3	5
零填、挖方路基、低路堤（≤4m）	0.8~1	1~1.5	1.5~2	3	0.5~1.0	0.8~1.2	1.2~2.0	2

注：1. 与桥台相邻路基、高挡土墙路基（墙高大于6m），宜消除地基的全部湿陷量或穿透全部湿陷性土层。
2. 挖方路基湿陷性黄土地基最小处理深度，从路床顶面起计算。

2 湿陷性黄土地基处理设计，应根据公路等级、湿陷等级、处理深度要求、施工条件、材料来源及对周围环境的影响等，按表7.10.5-2经技术经济比较后确定处理措施。

表7.10.5-2 湿陷性黄土地基常用的处理措施

处理措施	适用范围	有效加固深度（m）
换填垫层法	地下水位以上，局部或整片处理	1~3m
冲击碾压	饱和度S_r≤60%的Ⅰ~Ⅱ级非自重、Ⅰ级自重湿陷性黄土	0.5~1m，最大1.5m
表面重夯		1~3m
强夯法	地下水位以上，饱和度S_r≤60%的湿陷性黄土	3~6m，最大8m
挤密法（灰土、碎石挤密桩）	地下水位以上，饱和度S_r≤65%的湿陷性黄土	5~12m，最大15m
桩基础	用于处理桥涵、挡土墙等构造物基础	≤30m

3 农田灌溉可能造成黄土地基湿陷时，可对路堤两侧坡脚外5~10m作表层加固防渗处理或设侧向防渗墙。

4 湿陷性黄土地基的处理宽度，应符合下列规定：

1）挡土墙路段非自重湿陷性黄土场地，应至基础底面外侧不小于1m；对自重湿陷性黄土场地，应至基础底面外侧不小于2m；

2）路堤地段应至坡脚排水沟外侧不小于1m，路堑地段为路基的整个开挖面。

5 对危害路基稳定的黄土陷穴应进行处理。黄土陷穴的处理方法应根据陷穴埋深度及大小确定，可采取开挖回填夯实及灌砂、灌浆等处理措施，处理宽度视公路等级而定。对流向陷穴的地面水，应采取拦截引排措施；对堑顶的裂缝和积水洼地，应填平夯实。

7.10.6 黄土高路堤、深路堑和湿陷性黄土地基处理等应进行施工监测，监测设计应符合本规范第3.6.14条、第3.7.11条的要求。

7.11 盐渍土地区路基

7.11.1 盐渍土地区路基设计应遵循下列原则：

1 应调查收集沿线降水、蒸发、温度、地形地貌、工程地质、水文地质等资料，查明盐渍土的含盐类型、含盐程度及分布范围，评价盐渍土地基的承载力、盐胀性、溶陷性和表聚性。

2 路基位置应选择在地势较高、地下水位较低、排水条件好、土中含盐量低、地下水矿化度低、盐渍土分布范围小的地段，并应以路堤通过。

3 新建路基设计，应根据当地积盐条件、土质性状、地表水和地下水的现状，做好盐渍土地基处理、填料控制、路基结构、防排水措施的综合设计，保证路基强度与稳定性符合要求。

4 改建路基设计，应根据既有路基路面病害状况、路基填料的含盐类型及程度，以及水文地质条件，对既有路基的处理利用和重建方案进行技术经济比较，合理确定路基改建方案。

7.11.2 盐渍土可根据含盐性质和盐渍化程度按表7.11.2-1、表7.11.2-2进行分类。

表7.11.2-1 盐渍土按含盐性质分类

盐 渍 土 名 称	离 子 含 量 比 值	
	Cl^-/SO_4^{2-}	$(CO_3^{2-}+HCO_3^-)/(Cl^-+SO_4^{2-})$
氯盐渍土	>2	—
亚氯盐渍土	1~2	—
亚硫酸盐渍土	0.3~1.0	—
硫酸盐渍土	<0.3	—
碳酸盐渍土	—	>0.3

注：离子含量以1kg土中离子的毫摩尔数计（mmol/kg）。

表7.11.2-2 盐渍土按盐渍化程度分类

盐渍土类型	细粒土土层的平均含盐量（以质量百分数计）		粗粒土通过1mm筛孔土的平均含盐量（以质量百分数计）	
	氯盐渍土及亚氯盐渍土	硫酸盐渍土及亚硫酸盐渍土	氯盐渍土及亚氯盐渍土	硫酸盐渍土及亚硫酸盐渍土
弱盐渍土	0.3~1.0	0.3~0.5	2.0~5.0	0.5~1.5
中盐渍土	1.0~5.0	0.5~2.0	5.0~8.0	1.5~3.0
强盐渍土	5.0~8.0	2.0~5.0	8.0~10.0	3.0~6.0
过盐渍土	>8.0	>5.0	>10.0	>6.0

注：离子含量以100g干土内的含盐总量计。

7.11.3 盐渍土地基应进行盐胀性和溶陷性评价，并应符合下列要求：

1 盐胀性应以地表以下 1.0m 范围土体的盐胀率为评价指标。当盐胀率的监测时间周期不足时，评价指标可采用硫酸钠含量。各级公路路基盐胀率或硫酸钠含量应符合表 7.11.3-1 的规定。

表 7.11.3-1 盐渍土地基容许盐胀率

公路等级	路基高度 h（m）	盐胀率 η（%）	硫酸钠含量 Z（%）
高速公路、一级公路	≤2	≤1	≤0.5
	>2	≤2	≤1.2
二级及二级以下公路	≤2	≤2	≤1.2
	>2	≤4	≤2.0

2 地下水位埋深小于 3.0m 或存在经常性地表水浸湿的盐渍土路段，应按式（7.11.3）计算溶陷量，进行地基溶陷性评价。各级公路地基溶陷量应符合表 7.11.3-2 的规定。

$$\Delta S = \sum_{i}^{n} \delta_i h_i \tag{7.11.3}$$

式中：ΔS——地基溶陷量（mm）；
  δ_i——地基中第 i 层土的溶陷系数（%）；
  h_i——地基中第 i 层土厚度（mm）；
  n——溶陷影响深度的计算土层数。

表 7.11.3-2 盐渍土地基溶陷性指标

公路等级	高速公路、一级公路	二级公路	三、四级公路
溶陷量 ΔS（mm）	<70	<150	<400

7.11.4 盐渍土地基处理设计应符合下列要求：

1 地基盐胀率和溶陷量符合规定要求的盐渍土路段，应对盐渍土地基表层聚积的盐霜、盐壳、生长的耐盐碱植被等进行清表处理，并换填砂砾，清除深度宜为 0.3~0.5m。

2 盐胀率不符合规定的盐渍土路段，可采取加大清除深度、换填非盐胀性土、适当提高路基高度等处理措施。

3 溶陷量不满足规定的盐渍土路段，可采取清表、冲击压实、浸水预溶、地基置换、强夯等处理措施，并做好路基排水设计。

4 盐渍化软弱地基，可采取换填、水泥稳定碎石层、强夯置换、砾（碎）石桩等地基处理措施。地基处理后的工后沉降应符合本规范第 7.7 节的要求。

7.11.5 盐渍土地区路基宜采用路堤。当受条件限制采用路堑或零填路基时，应对路床范围的盐渍土进行超挖换填水稳性良好的不含盐材料、设置隔断层等处理。

7.11.6 盐渍土路堤高度应根据盐渍土类型、毛细水上升高度、冻胀深度、盐胀深度及采用的隔断形式等综合确定。不设隔断层时，路堤最小高度不应低于表 7.11.6 的规定。

表 7.11.6 不设隔断层时盐渍土地区路堤最小高度

土 质 类 别	高出地面（m）		高出地下水位或地表长期积水位（m）	
	弱、中盐渍土	强、过盐渍土	弱、中盐渍土	强、过盐渍土
砾类土	0.4	0.6	1.0	1.1
砂类土	0.6	1.0	1.3	1.4
黏质土	1.0	1.3	1.8	2.0
粉质土	1.3	1.5	2.1	2.3

注：1. 高速公路、一级公路应按表列数值乘以系数 1.5～2.0，二级公路应乘以系数 1.0～1.5。
　　2. 氯盐渍土及亚氯盐渍土可取低值。

7.11.7　盐渍土路基填料宜采用砂砾、风积砂等材料。盐渍土填筑路基时，填料的可用性应根据公路等级、填筑部位、土质类型以及当地气候特征、水文地质条件等，按表 7.11.7 确定。

表 7.11.7 盐渍土用作路基填料的可用性

土 类	盐 类	盐渍化程度	高速公路、一级公路			二 级 公 路			三、四级公路	
			路床	上路堤	下路堤	路床	上路堤	下路堤	路床	上路堤
细粒土	氯盐渍土	弱盐渍土	×	○	○	○	○	○	○	○
		中盐渍土	×	×	○	×	▲²	○	×	○
		强盐渍土	×	×	×	×	×	▲³	×	▲³
		过盐渍土	×	×	×	×	×	▲³	×	×
	硫酸盐渍土	弱盐渍土	×	×	○	×	○	○	▲²	○
		中盐渍土	×	×	×	×	×	○	×	▲²
		强盐渍土	×	×	×	×	×	×	×	×
		过盐渍土	×	×	×	×	×	×	×	×
粗粒土	氯盐渍土	弱盐渍土	▲¹	○	○	○	○	○	○	○
		中盐渍土	×	▲¹▲²	○	▲¹	○	○	▲¹	○
		强盐渍土	×	×	○	×	▲³	○	×	○
		过盐渍土	×	×	×	×	×	▲³	×	▲³
	硫酸盐渍土	弱盐渍土	▲¹▲²	○	○	▲¹	○	○	▲¹	○
		中盐渍土	×	×	○	○	○	○	▲¹	○
		强盐渍土	×	×	×	×	×	▲¹	×	▲³
		过盐渍土	×	×	×	×	×	×	×	×

注：1. 表中○-可用；×-不可用。
　　2. ▲¹-除细粒土质砂（砾）以外的粗粒土可用。
　　3. ▲²-地表无长期积水、地下水位在 3m 以下的路段可用。
　　4. ▲³-过干旱地区经论证可用。

7.11.8 盐渍土路堤边坡坡率应根据填筑材料的土质和盐渍化程度，按表7.11.8确定。

表7.11.8 盐渍土地区路堤边坡坡率

土质类别	填料盐渍化程度	
	弱、中盐渍土	强盐渍土
砾类土	1:1.5	1:1.5
砂类土	1:1.5	1:1.5~1:1.75
粉质土	1:1.5~1:1.75	1:1.75~1:2.0
黏质土	1:1.5~1:1.75	1:1.75~1:2.0

7.11.9 地下水埋深较浅、毛细水上升较高或易受地表水影响的路段，应在路堤内部设置隔断层。隔断层设计应符合下列要求：

1 隔断层的设置层位应高出地表或地表长期积水位0.2m以上，并满足最大冻深的要求。高速公路、一级公路新建路基隔断层宜设置在路床之下。

2 隔断层的路拱横坡不应小于2%，最大横坡不应超过5%。

3 隔断层材料可采用透水性好的砾（碎）石、复合防渗土工布。砾（碎）石隔断层厚度宜为0.3~0.5m，最大粒径应小于50mm，粉黏粒含量应小于5%。

7.11.10 盐渍土路基排水设计应采取防、排、疏相结合的综合措施，防治盐渍土路基病害，并应符合下列要求：

1 地表水丰富、水文地质条件较差的路段，路基两侧宜设置护坡道。护坡道宽度不宜小于2m，横坡不应小于路肩横坡。

2 地下水位较高或公路旁有农田排、灌水渠的路段，可在路基一侧或两侧设排（截）水沟，以降低地下水位或截阻农田排灌水，排（截）水沟距路基坡脚不应小于2.0m。有条件时可设置排碱沟，排碱沟与路堤坡脚之间的距离不应小于5.0m，沟底应低于地表以下不小于1.0m。

3 地表排水困难的路段，在占地容许的情况下可设置蒸发池，蒸发池边缘与路基坡脚之间距离宜大于10m。

7.11.11 干涸盐湖地段路基设计应符合下列要求：

1 干涸盐湖地段路基设计应查明盐湖形成条件、干涸过程、含盐特征、岩盐种类、物理化学和工程性质、地下卤水位等情况。

2 干涸盐湖地段填筑路堤，可利用岩盐作为填料。三、四级公路，可采用低路堤，路堤高度不宜小于0.3m，路基宽度宜在标准断面的基础上每侧加宽0.2m，路堤边坡坡率宜采用1:1.75~1:3。

3 当盐湖地表下有饱和盐水时，宜采用设有排水沟及护坡道的路基横断面。护坡道宽度应大于2m。

4 有溶洞、溶塘、溶沟等不良地段，应换填砂砾、风积沙、片卵石或盐盖等材料。

7.12 多年冻土地区路基

7.12.1 多年冻土地区路基设计应遵循下列原则：

1 路线通过多年冻土地区时，应查明沿线多年冻土的分布、类型、冻土层上限、年平均地温，岛状多年冻土区与季节冻土区的分界线、冻土下限，以及冻土沼泽、冰丘、冰锥、热融湖（塘）的范围、规模、发生原因及其发展趋势。多年冻土公路工程分类见附录K。

2 多年冻土地区路基宜采用路堤。冻土沼泽（沼泽化湿地）、热融湖（塘）地段宜采用路堤或桥梁，路堤高度应不低于沼泽暖季积水水位加波浪壅水高、毛细水上升高度、有害冻胀高度和0.5 m的安全高度之和，且满足保温厚度的要求。

3 路基填料宜采用卵石土或碎石土、片块石，不得采用塑性指数大于12、液限大于32%的细粒土和富含腐殖质的土及冻土。保温护道填料，应就地取材，宜采用与路基本体相同填料，也可采用泥炭、草皮、塔头草或细粒土。

4 路基设计应根据冻土的类型及年平均地温，采用保护冻土、控制融化速率或允许融化的设计原则。

5 少冰冻土、多冰冻土地段的路基可按一般路基设计；富冰冻土、饱冰冻土、含土冰层、冰丘、冰锥、多年冻土沼泽、热融湖（塘）等地段的路基应进行特殊设计。

7.12.2 多年冻土路堤设计应符合下列要求：

1 采用保护多年冻土的设计原则时，路堤最小高度应根据不同地区、填料种类、不同地温分区等综合确定，保证多年冻土上限不下降。

2 采用控制融化速率和允许融化的设计原则时，路堤高度不宜小于1.5 m，也不宜过高，防止路堤产生不均匀变形开裂。

3 对多年冻土层厚度小于或等于2 m或多年冻土层下限小于或等于4 m的地段，路基设计宜采用允许融化的设计原则。

4 对多年冻土层厚度大于2 m或多年冻土层下限大于4 m的地段，路基设计应采用保护冻土或控制融化速率的设计原则。

5 路堤高度不能满足保护冻土上限不变的最小高度时，可采用工业保温材料层、热棒、片块石及通风管等调控温度的工程措施。

6 填挖过渡段、低填方地段应对地基进行换填，换填厚度与材料由热工计算确定。

7 路堤基底为饱冰细粒土或含土冰层，且地下冰层较厚时，基底应设置保温层，边坡坡脚应设置保温护道，保温层可采用当地苔藓、草皮、塔头草、泥炭或黏质土等材料。

8 不稳定多年冻土区的路基应根据冻土的分布、填料、路基填挖及地温的情况，采用冷却地基、设置保温层等措施综合处理，保温层设置应根据热工计算确定。

9 富冰冻土、饱冰冻土和含土冰层的厚度较小、埋藏较浅时，经技术经济比较后，可采取清除冻土层的措施。

10 不稳定多年冻土地段高含冰量冻土路基，宜采用设置工业隔热材料、热棒、片（块）石及通风管等调控温度的工程措施。调温措施仍不能保证路基稳定时，宜采用桥梁方案。

11 路堤高度设计应计算地基的融化沉降量和压缩沉降量，并按竣工后的沉降量确定路基预留加高与加宽值。路堤较高时，可铺设土工格栅或土工格室。

7.12.3 多年冻土地区路堑设计应符合下列要求：

1 路床深度范围的冻土应部分或全部换填为隔热保温材料，换填厚度应通过热工计算确定。

2 采用卵砾石作为换填材料时，应在地面下设置复合土工膜防渗层，防渗层顶面横坡不应小于4%。

3 路堑边坡坡率应根据冻土层的分布、坡面朝向、含冰量与地温等情况确定，边坡坡率不宜陡于1:1.75。路堑边坡宜采用黏性土夯填并在表层铺砌草皮或植物防护层。

4 路堑堑顶应采用包角式断面形式，包角高度宜高出原地面0.8m，宽度不应小于1.0m，外侧边坡坡率宜为1:1.75，内侧边坡坡率应与路堑边坡一致。

5 低含冰量冻土地段路堑深度大于8m、高含冰量冻土地段路堑深度大于5m及不良冻土地质地段的挖方边坡，应进行工点勘察设计。

7.12.4 低温高含冰量冻土地段路基设计应符合下列要求：

1 低温高含冰量冻土地段路基设计宜采用保护冻土的设计原则。路基设计高度应大于路基临界高度。当受路线设计或地形限制，路基设计高度未能达到路基临界高度时，应在路基中设置工业隔热材料。

2 路基中设置的隔热材料厚度应根据热阻等效按式（7.12.4）确定，但不宜小于60mm，宽度宜与路面面层相同。其埋设深度应由其强度与公路等级决定，宜埋设在路基顶面下0.30~0.35 m深处。

$$d_{\mathrm{x}} = K \frac{d_{\mathrm{s}} \lambda_{\mathrm{e}}}{\lambda_{\mathrm{s}}} \tag{7.12.4}$$

式中：d_{x}、d_{s}——隔热材料板与等效土体的厚度（mm）；

λ_{e}、λ_{s}——隔热材料板与等效土体的导热系数；

K——安全系数；隔热材料用于路基时，K取1.5~2.0；隔热材料用于路基边坡时，K取1.2~1.5。

3 路基中设置的隔热材料，应具有良好的阻热性能与足够的强度，导热系数宜小于0.029W/（m·K），吸水率宜小于0.5%，抗压强度宜大于600kPa。

7.12.5 高温高含冰量冻土地段路基设计应符合下列要求：

1 高温高含冰量冻土地段路基设计宜采用控制融化速率的设计原则。路基高度大于3.0m时，可采用片（块）石路基、路基中增设热棒或通风管，也可采用工业隔热材料与热棒复合路基，必要时设桥通过。

2 当路线通过地下水发育、地表径流水较发育或冻土沼泽时，宜采用片（块）石路基。片（块）石层厚度由多年冻土的含冰量确定，宜为1.2~1.8m，分两层设置，上层厚度宜为0.4m，规格为50~100mm；下层厚度可为0.8~1.4m，规格为150~200mm；石料单轴抗压强度应大于30MPa。片（块）石层下宜设置砂砾石层，厚度宜为0.3~0.5m。

3 路基中增设热棒时，应根据当地冻土条件与路线走向确定单侧或双侧采用热棒。热棒应设置在公路限界（路基边缘）0.10m以外，纵向设置间距宜为热棒有效半径的1.5~2.5倍，埋深宜为多年冻土上限以下1.0~2.5m。有效半径经热工计算确定。当路基宽度小于10m时，热棒宜垂直设置；当路基宽度为10~12m时，可倾斜设置，但倾斜角不得大于15°；当路基宽度大于12m时，热棒应倾斜设置或采用"L"形热棒。

4 当地自然风向与路线走向基本垂直时，可采用通风管路基。通风管宜采用钢筋混凝土预制管，管内径宜为0.3~0.4m；通风管设置间距应小于冷却半径和两倍管外径，埋深应大于3~5倍管径，宜布设在地表以上0.5~0.7m处，通风管伸出路堤边坡长度应大于0.30m。冷却半径经热工计算确定。

5 路基中增设热棒不能有效控制冻土融化时，可在热棒路基中增设工业隔热材料。

7.12.6 冰锥、冻胀丘、热融湖（塘）地段路基设计应符合下列要求：

1 位于冰锥、冻胀丘下方地段路堤，应在其上方设排水沟。常年性融区有较大的地下水流时，应设保温渗沟，将地下水引到路堤以外，必要时设桥通过。

2 位于冰锥、冻胀丘上方地段的路堤方案应慎重采用。必须通过时，应在路堤上方坡脚外不小于20m处，设置排水沟、冻结沟、保温渗沟等截排地下水设施。若积冰量很大或有大量地下水，且截排有困难时，宜设桥通过。

3 路基通过热融湖（塘），可采取排水清淤、换填砂砾或抛石挤淤等措施。必要时设桥通过。

4 沼泽地段路堤，应根据沼泽特点、积水深度、多年冻土类型与冻土地温及冻土下限，按照保护多年冻土或允许融化的原则设计，并应采取排水、预留沉降、消除冻害的综合措施。必要时设桥通过。

7.12.7 路基排水设计应符合下列要求：

1 多年冻土地区路基应采取排除地表水的措施，排水沟、截水沟应采用宽浅的断面形式，并宜远离路基坡脚。排水困难地段应增设桥涵。

2 高含冰量冻土地段应避免设置排水沟、截水沟，宜采用挡水埝，并采取防渗和保温措施。必要时应采取加固措施。

3 富冰冻土、饱冰冻土地段挡水埝内侧边缘，至保温护道坡脚或堑顶或路堤坡脚（无保温护道）的距离不得小于5m，含土冰层地段不得小于10m。

4 应根据地下水类型、水量、积水和地层情况，采用冻结沟、积冰坑、挡冰堤、挡冰墙或保温渗沟等措施，排除对路基有危害的地下水。渗沟及检查井均应采取保温措施。

7.12.8 路基取土与弃土设计应符合下列要求：

1 取土坑（场）应远离路基，分段集中取土，并应符合环境保护的要求。

2 取土坑（场）应选择在路堤上侧植被稀疏的少冰、多冰冻土地段、山坡或融区、河滩谷地，取土深度不宜大于多年冻土上限的 3/4，取土后应平整场地或恢复植被。

3 饱冰、富冰冻土及含土冰层地段不得取土。路堑挖方的高含冰冻土不得直接作为路基或保温护道填料。

4 弃土堆应远离路基，弃土后应平整场地或恢复植被。对水泥类或沥青类建筑垃圾应进行覆盖处理，并应符合环境保护的要求。

7.12.9 多年冻土地区二级及二级以上公路路基应进行地温与路基变形监测，监测断面应根据公路沿线地形地貌、冻土条件、地质岩性及路基结构等布设，各地貌单元不同路基结构的路段，监测断面不宜少于 2 个。必要时，可布设气象监测站，监测公路沿线的气象要素。

7.13 风沙地区路基

7.13.1 风沙地区路基设计应遵循下列原则：

1 路线通过风沙地区时，应调查、收集当地气象、地形地貌、工程和水文地质、风沙灾害、筑路和防护材料、生态环境等资料，确定当地沙漠类型和自然区划分区。

2 应根据沙漠类型、自然区划分区及风沙危害程度，合理选择路基的位置、横断面形式和路侧综合防沙体系。

3 应根据沿线地质、气候条件、筑路材料等情况，遵循因地制宜、就地取材、综合治理的原则，充分利用风积沙材料进行路基填筑和防沙设计。

4 干旱流动沙漠地区路基可不设置边沟等排水设施；对降雨较多或有浇灌要求的路段应考虑排水设计，宜设置宽浅形边沟和大孔径涵洞。

7.13.2 填方路基设计应符合下列要求：

1 路基宜采用低路堤，路堤高度宜比路基两侧 50m 范围内沙丘的平均高度高出 0.5～1m。高大复合型沙垄或复合型沙丘链地段，路堤高度宜以填方略大于挖方或填挖平衡为原则。

2 路堤宜采用流线型或缓边坡横断面，高速公路、一级公路宜采用分离式、缓边坡路基形式，不设护栏。路肩与边坡相交的棱角宜设成圆弧形。

3 路堤边坡坡率应根据填料、填土高度、风向、路侧地形及防护情况，按表 7.13.2 选用。半湿润和半干旱沙地区的高速公路、一级公路路堤边坡坡率宜缓于或等于 1:3。

表 7.13.2 填方路基边坡坡率

路基高度（m）		边坡坡度（1:n）	
		高速公路、一级公路	二、三级公路
平沙地		1:3~1:6	1:3~1:6
不同沙基高度	h≤0.5	1:3~1:6	1:3~1:6
	0.5<h≤2	1:3~1:5	1:3~1:4
	2<h≤5	1:2.5~1:4	1:2~1:3
	5<h	1:2.5	1:2

4 路基强度和压实度应符合本规范第3.2节、第3.3节的规定。纯风积沙填筑路基时，可采取铺设土工布等固沙措施。

7.13.3 挖方路基设计应符合下列要求：

1 挖方路基设计应避免长度大于200m的路堑。路堑应设置积沙平台，采用缓坡率或流线型边坡的敞开式路基横断面；路线与主导风向正交时，宜加宽积沙平台。

2 挖方边坡坡率应根据挖方深度、风力、风向、路侧地形及防护情况，按表7.13.3选用。半湿润和半干旱沙地区的高速公路、一级公路路堑边坡坡率宜缓于1:3。

表 7.13.3 挖方路基边坡坡率

路堑深度（m）	边坡坡率（1:n）	
	高速公路、一级公路	二、三级公路
h≤0.5	1:4~1:8	1:3~1:8
0.5<h≤2	1:4~1:6	1:3~1:5
2<h≤5	1:4~1:5	1:3~1:4
5<h	1:4	1:3

7.13.4 风沙路基设计应根据公路等级、材料来源、风沙危害程度等，对路肩、边坡坡面，以及路堑坡顶外20~50m范围地表进行防护。防护材料可采用当地材料；气候条件适宜时，宜采用植物防护。各种工程防护设施应坚固可靠。

7.13.5 路基取土和弃土设计应符合下列要求：

1 路基取土和弃土设计应保护路基两侧地表原有植被和地表硬壳，不得随意开挖取沙和弃沙。有植被的沙地应集中取土或弃土；裸露的沙地，可利用沙丘、沙垄作取土场，沙窝、洼地作弃土场；平沙地路段不宜取土，应加以保护。取、弃土场均应采取防护措施。

2 路基取土宜取自挖方断面，或取自主风向上风侧的沙丘、沙垄。当纵向调运较远、采用路侧取土时，取土坑应设在背风侧坡脚5m以外。

3 弃土应置于主风向背风一侧的低洼处，距离路堑坡顶不应小于10m。

7.13.6 路侧防沙工程设计应遵循下列原则：

1 防沙工程设计应进行总体布置设计，充分利用自然植被等有利因素，根据当地自然条件、各类防护工程的适用条件、当地的治沙经验等，因地制宜，因害设防，采取阻沙、固沙、输沙等防沙工程与植物防护相结合的综合措施，建立完善的综合防沙体系，并与当地治沙规划相结合。

2 半湿润和半干旱沙地区，应以植物治沙为主、工程防沙或化学固沙为辅。植物治沙宜采用乔、灌、草相结合。

3 干旱沙漠和荒漠区，宜采用工程防沙或化学固沙与植物治沙相结合、先工程后植物的固沙方法。固沙植物以灌木和半灌木为主。

4 极干旱沙漠区，对流动性沙漠或沙源丰富的风沙流危害严重路段，应在路基和两侧建立完善的综合防沙体系，设置阻沙、固沙、输沙相结合的以工程为主的综合防护体系；在以固定沙丘为主或以风沙流过境为主的路段，宜以输沙措施为主，并对局部零星沙丘进行治理；其他地区应视其风沙流强度及沙害的具体情况设置防护体系。

5 干旱、极干旱沙漠和荒漠区的丘间地下水位较高或有引水灌溉条件的地方，可采用植物治沙，营造防沙林带。

7.13.7 防沙工程设计应符合下列要求：

1 阻沙设计宜在路基主风向迎风侧80~150m外设置1~2道立式阻沙障，沙障形式可采用栅式、墙式、堤式、带式等类型，沙障露出地面1.2~1.5m，沙障材料可选用当地材料。有条件时，可采用乔、灌结合的植物沙障。

2 固沙设计宜采用植物和工程固沙措施，固沙带宽度应根据沙源、风沙流活动强度和沙丘移动特征等确定，主风向迎风侧宜为60~200m，单向风的背风侧可不设，有反向风的背风侧的设置宽度不应小于50m。工程固沙可采用当地材料形成格状、带状沙障，或平铺固沙。

3 沙源不丰富的戈壁、淤土平地或盐碱地等风沙地段，宜采用缓边坡输沙断面或其他输沙措施，路基两侧20~30m范围内地面应保持平顺，清除地上凸起物或灌丛，整平地面，形成平整带。

4 防护林带宜采用种草、灌木和乔木相结合，先期树种和后期树种相结合，并以乡土树种为主。防护林宽度可根据风沙强度参考固沙带宽度确定。

5 有条件时，在两侧防护林带之外，宜根据风沙严重程度设置植被保护带。植被保护带宽度在路基的主风向迎风侧不应小于300m，在路基的背风侧不应小于100m。

6 采用植物防沙措施时，应结合当地植物的立地条件，选择适宜的植物种类，确定合适的植物结构和种植方式，并建立必要的灌溉措施和管理组织。

7 防沙工程体系应沿公路两侧，每公里设置2~4道、宽度为2~3m的防火隔离带。

7.14 雪害地段路基

7.14.1 雪害地段路基设计，应调查收集下列资料，分析雪害成因，确定雪害类型及其危害程度，提出合理的处治方案和措施：

1 汇雪面积和风雪流行程中的地形地物、植被、气象要素等。

2 风吹雪地段冬季风力风向、风速梯度值及其频率和持续时间、风雪流的输雪量、积雪深度、积雪密度。

3 雪崩地段分布范围、裂点位置、发生频率等。必要时，应测绘汇雪面积地形图和雪崩运动路径的纵断面图。

7.14.2 路线宜绕避雪害地段，丘陵区应利用阳坡布线。无法绕避时，应从雪害较轻部位以最短距离通过，路线走向宜与风雪流的主导风向平行或交角不大于30°，并采取防护措施。

7.14.3 雪害防治设计应以防为主、防治结合，采取植物防治与工程治理相结合的防雪、稳雪、挡雪、导雪、排雪等综合措施。

7.14.4 风吹雪地段路基设计应根据当地风雪情况及地形条件，采用合理的路基断面形式，宜填不宜挖。高速公路和一级公路应选择利于风雪流运动的整体式路基或分离式缓边坡路基。路基和路肩上不宜设置各种设施，并应清除路基两侧距边坡脚各20m范围内的障碍物及构造物。

7.14.5 风吹雪地段路堤最小高度不应低于当地50年一遇的最大降雪厚度加安全高度值，安全高度值可按表7.14.5确定。路堤迎风侧边坡坡率宜为1:3~1:4；单向风强烈时，路堤迎风面的边坡宜放缓至1:4。

表7.14.5 不易形成雪害的路基安全高度取值表

雪害程度	安全高度值（m）	
	高速公路、一级公路	二级及二级以下公路
雪害轻度区	0.5~0.7	0.5~0.7
雪害中度区	1.0~1.5	0.7~1.0
雪害重度区	1.5~2.0	1.0~1.5

注：1.根据降雪量、吹雪量、主风向与公路夹角、最大积雪深度等，将雪害分为重度、中度和轻度危害区。
2.安全高度取值，积雪期长应取较大值，线位处于地势低处，宜取高值；线位处于地势高处，宜取低值。

7.14.6 风吹雪地段必须采用挖方时，应避免深路堑。挖方路段宜采用缓坡率的敞开式路基，边坡坡率宜为1:2~1:5；当路堑深度大于2.0m时，宜在两侧边坡底部设置宽度不小于5m的积雪平台，平台顶面应低于路表面以下不小于1.5m。当路线走向与主导风向垂直或呈45°~90°相交时，应采用缓坡率的敞开式路基，并加宽积雪平台。

7.14.7 风吹雪地段半填半挖路段，当路线走向与主导风向平行或锐角相交时，应增加挖方区的路基宽度，宽度不宜小于2m。当路线走向与主导风向垂直或呈45°~90°相交时，挖方区应采用缓坡率的敞开式路基。

7.14.8 风吹雪防治工程设计应符合下列要求：

1 防雪林可在路基的一侧或两侧种植，林带宽度不宜小于50m，树种宜采用乔、灌木混合林型。防雪林宜采用多条林带，各林带间距宜为20~50m，单条林带宽度宜为20m。防雪林到路基坡脚的净距可按防护林高度的10倍设置，且不应小于25m。

2 防雪栅可分为固定式防雪栅和移动式防雪栅，其设计应符合下列要求：

1）风雪量较小且持续时间较长、风向变化不大的路段，可采用固定式防雪栅。固定式防雪栅的高度应根据风力及雪量大小确定，且不宜小于3m。从路基边缘到防雪栅的距离，应根据栅后积雪堤的长度确定，宜为30~50m；

2）风向多变、风力大、雪量多的路段，可采用移动式防雪栅。移动式防雪栅的高度宜为1~2m。防雪栅的初设位置，距离路基边缘宜为20~50m；

3）防雪栅应布置在迎风一侧，并与冬季主导风向垂直。当地形开阔、积雪量过大时，可设置两排防雪栅，间距宜为50~80m。

3 导风板可分为下导风板和侧导风板，其设计应符合下列要求：

1）下导风板可用于路线与主导风向的交角大于30°及迎风山体坡度小于40°的路段。其他路段宜采用侧导风板；

2）导风板的位置应根据当地主导风向、路基横断面形式及地形等条件确定，下导风板宜设在迎风侧的路肩边缘以外0.75m，且迎风侧路基边坡平顺；侧导风板宜设在迎风侧路基边缘以外不小于15m处。

4 积雪较少且不宜设置防雪栅的路段，可在迎风侧设置挡雪墙或防雪堤。防雪堤（墙）高度可根据降雪量的大小确定。

5 风速大、能见度低、风向与路线交角大于60°的路段宜设置明洞，并做好进出口的风雪灾害防治及洞内通风、防火设计。

7.14.9 雪崩地段宜采用填方路基，路堤高度宜大于雪崩发生时的最大积雪堆积厚度。应按照稳定山坡积雪、改变雪崩运动方向、减缓雪崩运动和清除积雪等原则，设置水平台阶、稳雪栅栏、土丘、导雪堤（墙）、挡雪墙、防雪林带等设施。雪崩较严重地段，可采用防雪走廊、明洞、隧道等遮挡构造物。

7.14.10 雪崩防治工程设计应符合下列要求：

1 水平台阶可用于防治雪崩路径发生区地面横坡小于45°、不易产生滑坡或泥石流地段的小型雪崩。台阶宽度应根据最大积雪厚度与山坡坡度确定。

2 稳雪栅栏可用于稳定雪崩路径发生区坡度较陡、不宜开挖水平台阶的山坡上积雪。稳雪栅栏宜设置多排，最高一排栅栏宜设置在雪崩裂点附近及雪檐下方，栅栏高度应高出山坡最大稳定积雪厚度0.5m。

3 挡雪栅栏可用于防治雪崩路径运动区坡度较缓的区域的雪崩。挡雪栅栏宜设置多排，强度应通过雪崩冲击力验算，栅栏高度应大于雪崩雪运动中锋体高度1.0m。

4 防雪林可用于雪崩源头到雪崩运动区。从上到下分期种植合适树种，防雪林初期可配合工程措施。

5 土丘可用于降低土层较厚、坡度小于30°的雪崩沟内的雪崩速度。土丘设置地点宜选择在雪崩路径的纵坡转折处，其高度应高出雪崩锋面高度不小于1.0m。

6 导雪堤可设置在宽的雪崩槽中，导雪堤与雪崩流的交角不应大于30°，导雪堤高度应高出雪崩前锋体最大高度0.5~1.0m。

7 挡雪墙应设置在雪崩路径运动区或堆积区，可采用干砌（浆砌）片石或钢筋混凝土，强度应通过雪崩冲击力验算。运动区挡雪墙高度应大于雪崩雪运动中锋体高度0.5m，堆积区挡雪墙高度应高出雪崩堆积区积雪最大高度0.5m。

8 防雪走廊可用于雪崩严重的路段。防雪走廊顶部应满足雪崩冲击力的要求，净空应满足现行《公路工程技术标准》（JTG B01）有关隧道净空的规定。

7.15 涎流冰地段路基

7.15.1 涎流冰地段路基设计应遵循下列原则：

1 应调查当地地形、地质、气象，涎流冰的水源、类型及规模、危害情况及当地防治经验等，查明涎流冰形成时间、水源类型、流量、冻融周期和深度，确定涎流冰类型、规模大小、危害程度以及与路线方案的关系。

2 路基设计应遵循以防为主、防治结合的原则，采取综合处治措施，避免涎流冰危害公路运营安全。选用的各类设施的结构形式应便于养护和管理。

3 高寒山区涎流冰地段的路基宜设置在干燥的阳坡，并宜采用路堤或浅路堑。

4 河（沟）谷涎流冰地段，应提高路基高度，并设置跨径较大的桥涵，避免涎流冰溢上路面。

5 山坡涎流冰地段的路基应设置完善的排水系统，必要时可加宽、加深边沟，或设置挡冰墙（堤）、聚冰坑（沟）等设施。聚冰坑（沟）处应设置净空较高的涵洞排除融冰水。当山坡地下水量较大时，可设置渗沟、暗沟等地下排水设施。

6 路基工程应避免干扰原有的自然排水状况，不宜切割含水层。采取排、挡、截等防治措施时，应保证自然排水系统的畅通。

7.15.2 聚冰量不大的涎流冰地段，可采取提高路基高度、选用水稳性好的填料等防治措施。路基高度应高于涎流冰最大壅冰高度加0.5m的安全高度。

7.15.3 采用桥涵跨越涎流冰时，桥涵孔径及净空应满足春融季节排水及排淤冰的需要，净空不应低于历年最高涎流冰冰位加壅冰高度，再加0.5m的安全高度。当桥涵净空受限时，可采取设置矮导冰坝、开挖河槽或蓄冰池等措施。

7.15.4 冲积扇或缓山坡上的涎流冰地段，可在路基边坡外侧设置聚冰沟，聚冰沟的下方宜设置挡冰堤。聚冰沟横断面应根据地形、地质、水量、聚冰量确定，沟深和底宽宜为0.8~1.2m，并做好聚冰沟与排水设施的衔接处理。挡冰堤高度宜为0.8~1.2m，堤顶宽度宜为0.6~1.0m，边坡坡率不宜陡于1:1.5；采用干砌片石铺砌时，边坡可陡至1:0.5。

7.15.5 挡冰墙应设在边沟外侧；当聚冰量大时，可在挡冰墙外侧设置聚冰坑。挡冰墙可采用浆砌片、块石砌筑，高度宜为1~2m。聚冰坑的底宽宜为1.5~3.0m。土质地段的聚冰坑，可根据坡面渗水和土质情况，在边坡坡脚设置干砌片石矮墙。边沟应采用浆砌片石防护。

7.15.6 有地下水出露时，可采用渗沟、暗沟等地下排水设施。地下排水设施应设在冻结深度以下，出水口高出地面不应小于0.5m，并应做好出水口的保温措施，或开挖纵坡大于10%的排水沟。

7.16 采空区路基

7.16.1 采空区路基设计应遵循下列原则：

1 应调查收集沿线自然环境、矿产资源分布、矿山开采及地基变形与移动等资料。采用调查、测绘、物探、钻探、地表变形监测等综合手段，查明采空区的分布、规模、变化特点、水文地质、工程地质和各有关地层岩土体物理力学性质。

2 路线应避让分布范围广、规模大且难以治理的采空区。难以避让时，宜采用路基方案，且路基与桥梁衔接部位应避让采空区沉降变形较大的区域。

3 采空区路基设计应根据采空区的分布和变形特点，结合当地环境特点、工程地质条件、筑路材料分布、资源开采规划与公路建设工期要求等，进行多方案比选，并做好路基路面综合设计。

4 采空区路基设计应根据汽车荷载和路基路面自重对下伏地基的作用影响，以及采空区地表变形与路基沉降的叠加影响，因地制宜采用轻质材料路堤、加筋路堤等路基结构，对不满足公路建设场地要求的采空区应进行处治，保证路基安全稳定。

7.16.2 采空区路基设计应进行地表稳定性评价。评价时应遵循定性评价与定量计算相结合的原则，根据采空区类型、规模、覆岩性质、采厚采深比、煤层倾角、开采时间及水文、地质条件等因素，采用开采条件判别法与地表变形预计法、地表变形监测法等相结合的方法，预测地表剩余变形量，评价采空区场地稳定性。

7.16.3 采空区场地稳定性控制标准应符合下列规定：

1 公路采空区地表变形应符合表7.16.3的规定。当采空区地表变形不满足要求时，应对采空区进行处治设计。

表7.16.3　公路采空区地表变形容许值

公　路　等　级	地表倾斜（mm/m）	水平变形（mm/m）	地表曲率（mm/m²）
高速公路、一级公路	≤3.0	≤2.0	≤0.2
二级及二级以下公路	≤6.0	≤4.0	≤0.3

2　采空区地表倾斜大于10mm/m、地表曲率大于0.6mm/m²或地表水平变形大于6mm/m的地段，不宜作为公路路基建设场地。

7.16.4　公路压覆矿产时，应按下列要求进行矿产压覆区设计：

1　在尚未开采的煤层分布区，高速公路及一级公路、隧道、特大桥、大桥和中桥、地下开采会有严重滑坡危险而又难以处理的路段，应设保护煤柱。

2　保护煤柱外侧应设置围护带，其宽度应符合下列要求：

1）路堤部分以公路两侧路堤坡脚外1m为界，路堑部分以两侧堑顶边缘为界，两侧界线以内的范围为受保护对象；

2）沿两侧界线向外留设围护带，高速公路围护带宽度为20m，一级公路围护带宽度为15m。

3　倾斜煤层保护煤柱的边界根据上山方向移动角、下山方向移动角及松散层移动角等，用垂直剖面法、垂线法或数字标高投影法确定。

7.16.5　公路采空区处治范围应符合下列要求：

1　开挖回填处理的浅采空区处理长度应为沿公路轴向的采空区实际分布长度，处理宽度应为路基底面宽度或构造物的宽度，处理深度宜为底板风化岩位置。

2　其他类型采空区处理范围应按下列原则确定：

1）采空区的厚度较大时，处理长度应增加覆岩移动角的影响宽度，沿公路轴向的采空区处理长度可按式（7.16.5-1）计算确定：

$$L = L_0 + 2h\cot\alpha + H_上 \cot\beta + H_下 \cot\gamma \qquad (7.16.5\text{-}1)$$

式中：L——沿公路轴向的采空区处理长度（m）；

　　　L_0——沿公路中线方向采空区长度（m）；

　　　$H_上$——上山方向采空区上覆岩层厚度（m）；

　　　$H_下$——下山方向采空区上覆岩层厚度（m）；

　　　α——松散层移动角（°）；

　　　β——上山方向采空区上覆岩层移动角（°）；

　　　γ——下山方向采空区上覆岩层移动角（°）。

2）处理宽度由路基底面宽度、围护带宽度、采空区覆岩影响宽度三部分组成，水平岩层可按式（7.16.5-2）计算；倾斜岩层且路线与岩层走向垂直，路线上每点的宽度可按水平岩层计算；倾斜岩层且路线与岩层走向平行时，可按式（7.16.5-3）计算；倾斜岩层且路线与岩层走向斜交时，可按式（7.16.5-4）计算：

$$B = D + 2d + 2(h\cot\alpha + H\cot\delta) \quad (7.16.5\text{-}2)$$

$$B = D + 2d + 2h\cot\alpha + H_{上}\cot\beta + H_{下}\cot\gamma \quad (7.16.5\text{-}3)$$

$$B = D + 2d + 2h\cot\alpha + H_{上}\cot\beta' + H_{下}\cot\gamma' \quad (7.16.5\text{-}4)$$

$$\cot\beta' = \sqrt{\cot^2\beta\cos^2\theta + \cot^2\delta\sin^2\theta} \quad (7.16.5\text{-}5)$$

$$\cot\gamma' = \sqrt{\cot^2\gamma\cos^2\theta + \cot^2\delta\sin^2\theta} \quad (7.16.5\text{-}6)$$

式中：B——垂直于公路轴线的水平方向宽度（m）；

D——公路路基底面宽度（m）；

d——路基围护带一侧的宽度（m），一般取10m；

H——采空区上覆岩层厚度（m）；

h——松散层厚度（m）；

δ——走向方向采空区上覆岩层移动角（°）；

β'——上山方向采空区上覆岩层斜交移动角（°）；

γ'——下山方向采空区上覆岩层斜交移动角（°）；

θ——围护带边界与矿层倾向线之间所夹的锐角（°）。

3）处治范围位于采空区边界以内时，其处治深度应为地面至采空区底板以下不小于3m；处治范围位于采空区边界外侧至岩层移动影响范围以内时，其处治深度应按式（7.16.5-7）计算：

$$h_t = H - l\tan\delta_{外} + h' \quad (7.16.5\text{-}7)$$

式中：h_t——采空区边界外侧岩层移动影响范围的处治深度（m）；

H——采空区埋深，即上覆岩层厚度（m）；

l——注浆孔距采空区边界的距离（m）；

h'——影响裂隙带以下的处治深度，宜取20m；

$\delta_{外}$——采空区边界外侧上覆岩层移动影响角（°）。

7.16.6 危及公路路基稳定的采空区，应根据采空区的分布位置、埋深、采空厚度、开采方法、形成时间、顶板岩性及其力学性质等，按照下列原则确定采空区处治加固方法：

1 埋藏较浅的采空区和路基挖方边坡上的采空区宜采用开挖回填处理。

2 煤层开采后顶板尚未垮落的采空区，当空间较大、通风良好、具备人工作业和材料运输条件时，可采用干砌片石、浆砌片石、井下回填、钻孔干湿料回填等非注浆充填处理。一般路基可用干砌片石回填，抗压强度不应低于10MPa；有构造物的路段应采用浆砌片石回填，抗压强度不应低于15MPa。

3 采空区埋深小于10m、上覆岩体完整性差、强度低的地段，可采用强夯法处理。

4 埋藏较深、巷道通畅的采空区，可采用片石回填、支顶、注浆等处理。

5 范围较小、不易处理的采空区，可采用桥梁跨越方案。

6 矿层开采规模较大、开采深度（埋深）小于250m的采空区，宜采用全充填注浆处理。埋深大于250m的采空区，宜根据其开采特征、水文地质、工程地质条件及其对公路工程的危害程度等，经论证后确定处理方案。

7.16.7 高速公路、一级公路采空区处理设计应进行施工监测，监测设计应符合下列要求：

1 应根据采空区特征及其上覆岩体移动特点，结合公路工程的类型，进行采空区变形监测系统及监测点布置设计。监测内容包括水平位移监测、垂直位移监测、构造物倾斜监测和裂缝监测等。

2 监测周期应从勘察阶段开始，至公路投入运营后不少于一年。

7.17 滨海路基

7.17.1 滨海路基设计应遵循下列原则：

1 滨海路基设计应根据路基所处的地理环境及地形、地貌、地质、水文、气象等因素，结合施工条件及材料供应情况，合理确定路基设计高程，选择适宜的路基断面及防护形式，保证路基稳定。

2 滨海路基应布设在海面最窄、水深浅、波浪小、海滩地势较平坦、地质条件良好的地段。

3 路堤两侧有较大的水头差时，宜设置过水构造物。当堤身或地基可能发生管涌潜蚀时，应在路堤中心设置防渗墙，低水位一侧边坡下部设置排水设施，并放缓边坡、设置护坡道。

4 浸水部位的路堤填料应选用渗水性好的粗粒土或巨粒土。在有冻胀影响的地区，应在浸水侧路堤坡脚外侧设置挡水埝。

5 滨海路基位于软土地段时，应进行地基加固处理。地基处理设计应符合本规范第7.7节的有关规定。

7.17.2 滨海路基设计高程应符合下列规定：

1 滨海路基的设计高程应高出表7.17.2-1规定高潮水位频率的计算潮水位加波浪侵袭高度及0.5m的安全高度之和。不能满足要求时，应设置防浪墙等。

表7.17.2-1 路基设计高潮水位频率

公 路 等 级	高速公路	一级公路	二级公路	三级公路	四级公路
路基设计高潮水位频率	1/100	1/100	1/50	1/25	按具体情况确定

2 设计波浪标准应符合下列规定：

1）设计波浪重现期标准，高速公路、一级公路、二级公路应采用50年一遇，三、四级公路应采用25年一遇；

2）计算滨海路基支挡和坡面防护工程的强度和稳定性时，设计波高的波列累积频率宜按表7.17.2-2确定。

表7.17.2-2 波列累积频率标准

滨海路堤形式	部位	计算内容	波列累积频率 F（%）
斜坡式	胸墙、堤顶方块	强度和稳定性	1
	护坡块石、护坡块体	稳定性	13
	护底块石	稳定性	13
直墙式	上部结构、墙身、桩基	强度和稳定性	1
	基床、护底块石	稳定性	5

注：计算护坡块石（块体）的斜坡式路堤稳定性，平均波高与水深的比值小于0.3时，波列累积频率宜采用5%。

7.17.3 滨海路基断面结构形式应根据水深、波高、地基条件、填料性质、施工条件及使用要求等综合分析确定，一般情况下宜采用斜坡式，在材料缺乏等条件限制或对使用有其他要求时也可采用直墙式。

7.17.4 滨海路堤边坡坡率应根据填料性质、路堤高度、浸水深度、防护形式及海洋水文条件等确定，边坡坡率不宜陡于1:1.75。

7.17.5 滨海路堤边坡坡面防护设计应符合下列要求：

1 坡面防护应根据水深、波浪高度、波浪压力、施工条件及材料情况等，采用干砌条石或浆砌条石、干砌块石或浆砌块石、混凝土人工块体等护坡，并在堤前设置防浪棱台、顺坝及潜坝等。各种防护工程应能抵抗海水及生物侵蚀，寒冷地区尚应具有耐冻和承受冰凌撞击的能力。

2 护坡垫层石块质量可取护坡石块质量的1/10～1/20，并满足施工期波浪作用下的稳定性。垫层厚度不宜小于400mm。

3 外海侧护坡底部应设抛石棱体，其顶面高程应高于施工水位，顶宽不应小于1.0m，厚度不宜小于1.0m。

4 临海侧坡脚应根据最大冲刷深度、地形、基础形式等，采取妥善的护底措施，护底石厚度不应小于1.0m，宽度不应小于5.0m。位于砂质海底的护底块石层下宜设置厚度不小于0.3m的碎石层，护底石宽度应根据冲刷情况确定。

7.18 水库地段路基

7.18.1 水库地段路基设计应遵循下列原则：

1 应调查收集水库的水位设计资料、库区的气象资料，查明库岸的地形地貌特点，组成库岸的地层岩性、产状、地质构造，地下水位变化情况；查明峡谷斜坡的稳定情况，有无滑坡、崩塌等不良地质现象，分析评价水库水位升降对斜坡稳定的影响。

2 水库地段路基设计应考虑库水浸泡、渗透、水位升降、波浪侵袭、水流冲刷、坍岸、淤积和地下水壅升而引起库岸岩土物理力学性质的变化，进行路基和库岸稳定性分析评价，采取防护加固措施，保证路基及库岸稳定。

7.18.2 路基断面形式及填料设计应符合下列要求：

1 路堤应按浸水路基的要求设计，边坡坡率在设计水位以下不宜陡于1:1.75。当边坡高度较大时，宜采用台阶式断面。

2 路基应采用压缩变形小、水稳性好的渗水性材料作填料，并严格控制路堤填筑的压实度。当渗水性材料较为缺乏时，路堤受库水位长期浸泡的部位应采用渗水性材料填筑，库水位以上的部位可用细粒土填筑。

3 当路基长期受水浸泡、两侧有较大的水头差时，路堤受库水位浸泡的部位宜用不易风化的石块填筑或在低水位一侧放缓边坡、加宽护坡道。

4 当渗透速度和渗透压力较大而可能发生冲蚀时，除放缓边坡外，宜在低水位一侧设置排水设施。

7.18.3 路基及库岸稳定性分析应符合下列要求：

1 路基稳定性分析应考虑上下游水头差在路基内产生的稳定渗流及水位骤然下降在路基内产生的不稳定渗流对路基边坡产生的渗透压力和冲蚀作用，应按路基内渗流的最不利情况进行检算，必要时应进行流网计算。

2 土的强度参数应按地下水位高度（浸润曲线以上加地下水壅升高度）以上和以下分别采用夯后快剪和夯后饱和快剪试验值，物理性质参数也应按地下水位以上和以下分别取值。

3 在封冰和流冰地区，应考虑冰荷载作用。水库的上游地段，当流速较大时，尚应考虑水流的冲刷作用。

4 稳定系数不应小于表3.6.11和表3.7.7的规定。当考虑水位升降变化并同时考虑地震的作用影响时，稳定系数不应小于1.05。

7.18.4 路基边坡防护类型应根据水库类型、波浪力大小、路基所处位置等因素进行选择，可采用干（浆）砌片石、混凝土、石笼护坡等，并应做好防渗反滤层设计。因浸水、冲刷等影响路基稳定时，可采取挡土墙、防冲刷的顺坝或丁坝、副堤等加固措施。各种防护工程应与周围环境景观相协调。

7.18.5 路基基底的处理应符合下列要求：

1 对浸水路基的软弱土地基、受库水或及地下水壅升浸泡后将产生松软的地基土层、湿陷性黄土地基，以及动荷载作用下可能产生液化的饱和粉土、粉细砂地基等，应进行地基加固。

2 路基基底存在渗流而影响路基稳定时，应采取坡脚护底铺盖层、地基防渗墙或防渗帷幕等处理措施。

7.18.6 水库坍岸危及路基稳定时，应根据线路的位置、库岸土质、库岸高度和坡度、浸水深度、水库淤积等情况，对库岸采取相应的防护措施。水库坍岸的防护类型可根据波浪、水冻结膨胀压力的破坏作用和地形地质等情况合理选用。

7.18.7 水库坍岸的防护长度范围应根据公路路基所在库岸边坡受波浪作用影响的地段而定，防护工程两端应有适当的安全距离，并应嵌入库岸或路基边坡内，基础应嵌入稳定的库岸或路基边坡内。

7.19 季节冻土地区路基

7.19.1 季节冻土地区路基设计应遵循下列原则：
1 应调查收集年平均气温、年平均地温、冻结指数、标准冻深、当地公路路基路面冻害情况及其防治经验，查明季节冻土层的分布特征、物理力学性质、地下水位、冻结水上升高度等，分析评价冻胀等级及对公路危害程度。
2 季节冻土地区的公路宜填不宜挖，路线宜布于山坡阳面。
3 应根据气候、地形地貌、地质状况、排水状况和路基填料等对路基路面冻害的影响，合理确定路基填筑高度，选用非冻胀性填料，做好路基路面综合设计。

7.19.2 季节冻土的冻胀性分类应符合下列要求：
1 冻胀等级应根据平均冻胀率的大小按表7.19.2-1确定。

表 7.19.2-1 季节冻土的冻胀等级

平均冻胀率 η（%）	冻 胀 等 级	冻 胀 类 别
$\eta \leq 1$	I	不冻胀
$1 < \eta \leq 3.5$	II	弱冻胀
$3.5 < \eta \leq 6$	III	冻胀
$6 < \eta \leq 12$	IV	强冻胀
$\eta > 12$	V	特强冻胀

2 平均冻胀率按式（7.19.2）计算：

$$\eta = \frac{z}{H_d} \times 100(\%) \tag{7.19.2}$$

式中：z——土的冻胀值（mm）；
H_d——土的冻结深度（mm），不包括冻胀量。

3 季节冻土的冻胀性分类应符合表7.19.2-2的规定。

表 7.19.2-2 季节冻土与季节融化层土的冻胀性分级

土的名称	冻前天然含水率 w（%）	冻前地下水位距设计冻深的最小距离 h_w（m）	平均冻胀率 η（%）	冻胀等级	冻胀类别
碎（卵）石，砾、粗、中砂（粒径小于 0.075mm 的颗粒含量不大于 15%），细砂（粒径小于 0.075mm 的颗粒含量不大于 10%）	不饱和	不考虑	$\eta \leq 1$	I	不冻胀
	饱和含水	无隔水层	$1 < \eta \leq 3.5$	II	弱冻胀
	饱和含水	有隔水层	$3.5 < \eta$	III	冻胀
	$w \leq 12$	>1.0	$\eta \leq 1$	I	不冻胀
		≤1.0	$1 < \eta \leq 3.5$	II	弱冻胀
	$12 < w \leq 18$	>1.0			
		≤1.0	$3.5 < \eta \leq 6$	III	冻胀
	$w > 18$	>0.5			
		≤0.5	$6 < \eta \leq 12$	IV	强冻胀
粉砂	$w \leq 14$	>1.0	$\eta \leq 1$	I	不冻胀
		≤1.0	$1 < \eta \leq 3.5$	II	弱冻胀
	$14 < w \leq 19$	>1.0			
		≤1.0	$3.5 < \eta \leq 6$	III	冻胀
	$19 < w \leq 23$	>1.0			
		≤1.0	$6 < \eta \leq 12$	IV	强冻胀
	$w > 23$	不考虑	$\eta > 12$	V	特强冻胀
粉土	$w \leq 19$	>1.5	$\eta \leq 1$	I	不冻胀
		≤1.5	$1 < \eta \leq 3.5$	II	弱冻胀
	$19 < w \leq 22$	>1.5			
		≤1.5	$3.5 < \eta \leq 6$	III	冻胀
	$22 < w \leq 26$	>1.5			
		≤1.5	$6 < \eta \leq 12$	IV	强冻胀
	$26 < w \leq 30$	>1.5			
		≤1.5	$\eta > 12$	V	特强冻胀
	$w > 30$	不考虑			
黏质土	$w \leq w_P + 2$	>2.0	$\eta \leq 1$	I	不冻胀
		≤2.0	$1 < \eta \leq 3.5$	II	弱冻胀
	$w_P + 2 < w \leq w_P + 5$	>2.0			
		≤2.0	$3.5 < \eta \leq 6$	III	冻胀
	$w_P + 5 < w \leq w_P + 9$	>2.0			
		≤2.0	$6 < \eta \leq 12$	IV	强冻胀
	$w_P + 9 < w \leq w_P + 15$	>2.0			
		≤2.0	$\eta > 12$	V	特强冻胀

注：1. w_P为土的塑限含水率（%）；w为冻前天然含水率在冻层内的平均值。
2. 盐渍化冻土不在表列。
3. 塑性指数大于22时，冻胀性降低一级。
4. 粒径小于0.005mm粒径含量大于60%时为不冻胀土。
5. 碎石类土当填充物大于全部质量的40%时，其冻胀性按填充物土的类别判定。
6. 隔水层指季节冻结层底部及以上的隔水层。

7.19.3 路基冻胀量控制标准应符合下列规定：

1 路基总冻胀量应按式（7.19.3）计算，用于计算路基冻胀量的土层范围应为路基冻结深度。

$$z_j = \sum_{i=1}^{n} h_i \eta_i \qquad (7.19.3)$$

式中：z_j——路基冻胀量（mm）；

h_j——路基冻深内不同土层厚度（mm）；

η_i——路基不同土层土的冻胀率（%）；

n——不同土层数。

2 路基总冻胀量应符合表7.19.3的规定。

表7.19.3 季节冻土地区路基容许总冻胀量

公路等级	路基容许总冻胀量（mm）	
	水泥混凝土路面	沥青混凝土路面
高速公路、一级公路	≤20	≤40
二级公路	≤30	≤50

注：三、四级公路以二级公路的容许总冻胀量为基础，根据具体情况确定。

7.19.4 路基填料设计应根据路基高度、地表水位、地下水位、容许总冻胀量及路面结构类型等，按表7.19.4确定路基填料。路床宜采用中粗砂、砂砾、碎石、高炉矿渣、钢渣等抗冻性好的材料，强风化软质岩、遇水崩解软质岩石不得用作上路床填料。

表7.19.4 季节冻土路基填料选择表

路基形式	冰冻分区	地下水位或地表常水位距路面距离（m）	土的冻胀等级			
			上路床	下路床	上路堤	下路堤
填方路基	重冻区	$h_w > 3$	Ⅰ	Ⅰ、Ⅱ、Ⅲ	—	—
		$h_w ≤ 3$	Ⅰ	Ⅰ、Ⅱ	Ⅰ、Ⅱ、Ⅲ	—
	中冻区	$h_w > 3$	Ⅰ、Ⅱ	Ⅰ、Ⅱ、Ⅲ	—	—
		$h_w ≤ 3$	Ⅰ	Ⅰ、Ⅱ		
零填方或挖方路基	重冻区	$h_w > 3$	Ⅰ	Ⅰ		
		$h_w ≤ 3$	Ⅰ	Ⅰ		
	中冻区	$h_w > 3$	Ⅰ	Ⅰ、Ⅱ		
		$h_w ≤ 3$	Ⅰ	Ⅰ		

注：1. 土的冻胀等级见表7.19.2-1。
   2. 重冻区、中冻区，高速公路、一级公路上路床采用Ⅰ类土时，其细粒土（粒径小于0.075mm含量）含量宜小于5%。
   3. 缺少砂石料地区，采用无机结合料、矿渣、固化剂等进行处治时，填料可不受此表限制。

7.19.5 路堤高度应符合本规范第3.3.1条、第3.3.2条的规定，路基总冻胀量应符合表7.19.3的规定。不能满足时，可采取下列措施：

1 引排地表积水或降低地下水位。
2 设置防冻垫层、毛细水隔断层、排水层等。
3 在冻胀深度范围内，采用不冻胀或弱冻胀土作填料。
4 采用聚苯乙烯泡沫塑料板隔温层。

7.19.6 季节冻土地区路基排水设计应符合本规范第4章的规定，中、重冻区路基排水设计尚应符合下列要求：

1 挖方边坡有地下水出露时，对潮湿的土质边坡可设置支撑渗沟，对集中的地下水出露处设置仰斜式排水孔。
2 挖方路基宜采用宽浅型边沟，不宜采用带盖板的矩形边沟。采用暗埋式边沟时，暗沟或暗管应埋设于当地最大冻深以下不小于0.25m处。
3 挖方路基及全冻路堤应设排水渗沟，渗沟应设于两侧边沟下或边沟外，不宜设在路肩范围以内。
4 排水管、集水井、渗沟等排水设施应设置在当地最大冻深以下不小于0.25m处，出水口的基础应设置在冻胀线以下，渗沟等出口应采取防冻保温措施。

附录 A 路基土动态回弹模量标准试验方法

A.0.1 本试验方法适用于利用动三轴试验仪在规定的加载条件下测定路基土与粒料的动态回弹模量。

A.0.2 动三轴试验仪装置应符合下列规定：

1 三轴压力室应采用聚碳酸酯、丙烯酸或其他适宜的透明材料制成，宜采用空气作为测压流体。

2 加载装置应采用能够产生重复循环半正矢脉冲荷载的顶部加载式、闭路电液压或电气压试验机。施加荷载的频率为 0.1~25Hz，且施加的最大轴向动应力水平应不小于 150kPa。

3 数据测量及采集应采用计算机控制，能测量并记录试件在每个加载循环中所承受的荷载和产生的轴向变形。三轴室压力可采用压力表、压力计或压力传感器监测，量程不应小于 200kPa，精确不应低于 1.0kPa；轴向荷载传感器量程应不小于 25kN，分辨力应不低于 5N；位移传感器可采用 LVDT 或其他合适的设备，应具有良好的动态响应特性，量程应大于 6mm，分辨力应不大于量程的 1%。

A.0.3 试验准备工作应符合下列规定：

1 试件成型应符合下列规定：

1）现场取土应采用薄壁试管取样；

2）最大粒径大于 19mm 的路基土与粒料，应筛除大于 26.5mm 的颗粒，采用振动或冲击压实成型；

3）最大粒径不超过 9.5mm，且 0.075mm 筛通过百分率小于 10% 的路基土，应采用振动压实成型；

4）最大粒径不超过 9.5mm，且 0.075mm 筛通过百分率不小于 10% 的路基土，应采用冲击或静压压实成型。

2 试件尺寸应符合下列规定：

1）现场取土试样的长度应不小于试件直径的 2 倍；

2）最大粒径大于 19mm 的路基土与粒料，试件尺寸应符合直径 150mm±2mm、高 300mm±2mm 的要求；

3）最大粒径不超过 19mm 的路基土与粒料，试件尺寸应符合直径 100mm±2mm、高 200mm±2mm 的要求。

3 室内压实成型试件含水率应符合目标含水率值±0.5%，压实度应符合目标压实度值±1.0%。

4 对于较硬的黏性试件（不排水抗剪强度大于36kPa，模量一般大于70MPa），可采用石膏浆调和端部的表面缺陷，处理厚度不应超过3mm。

5 一组试验不应少于3个平行试件。

A.0.4 试验步骤应符合下列规定：

1 在试件上套装橡皮膜，保证密封不透气。

2 将试件放置在预浸的湿润多孔透水石和底部压盘上，并在顶部加放预浸的湿润透水石和顶部压盘。当存在透水石堵塞时，应在试件与透水石之间放置预浸的湿润滤纸。

3 将组装好的试件置于三轴室基座的中心位置，并保证试件中心与加载架的中心对齐。

4 安装位移传感器。当采用上下顶端式测量装置时，应将LVDT或位移传感器附于钢条或铝棒（介于试件顶盖与底部压盘之间）上；当采用光学变形测量仪时，应将2个指示标直接附于试件上，每个指示标至少采用2个小别针定位；当采用夹持式测量装置时，应将夹具置于试件1/4高度处。对不排水抗剪强度小于36kPa的较软试件，不应采用置于试件上的夹持式测量装置。

5 打开排水管阀门，连通围压供给管和三轴室，对试件施加30.0kPa预载围压，并对试件施加至少1 000次、最大轴向应力为66.0kPa的半正矢脉冲荷载。当试件总的垂直永久应变达到5%时，预载停止，应分析原因或重新制备试件。

6 调整围压和半正矢脉冲荷载至目标设定值，以10Hz的频率重复加载100次。试验采集最后5个波形的荷载及变形曲线，记录并计算试验施加荷载、试件轴向可恢复变形、动态回弹模量。加载过程中，若试件总的垂直永久应变超过5%，应停止试验并记录结果。

A.0.5 试验成果计算应符合下列规定：

1 应力幅值应按式（A.0.5-1）计算确定：

$$\sigma_0 = \frac{P_i}{A} \tag{A.0.5-1}$$

式中：σ_0——轴向应力幅值（MPa）；

P_i——最后5次加载循环中轴向试验荷载平均幅值（N）；

A——试件径向横截面面积，可取试件上下端面面积平均值（mm²）。

2 应变幅值应按式（A.0.5-2）计算确定：

$$\varepsilon_0 = \frac{\Delta_i}{l_0} \tag{A.0.5-2}$$

式中：ε_0——可恢复轴向应变幅值（mm/mm）；

Δ_i——最后5次加载循环中可恢复轴向变形平均幅值（mm）；

l_0——位移传感器的量测间距（mm）。

3 动态回弹模量应按式（A.0.5-3）计算：

$$M_R = \frac{\sigma_0}{\varepsilon_0} \tag{A.0.5-3}$$

式中：M_R——路基土或粒料动态回弹模量（MPa）。

附录 B 路基土动态回弹模量取值范围

表 B-1 标准状态下路基土回弹模量参考值

土　组	取　值　范　围（MPa）
砾（G）	110~135
含细粒土砾（GF）	100~130
粉土质砾（GM）	100~125
黏土质砾（GC）	95~120
砂（S）	95~125
含细粒土砂（SF）	80~115
粉土质砂（SM）	65~95
黏土质砂（SC）	60~90
低液限粉土（ML）	50~90
低液限黏土（CL）	50~85
高液限粉土（MH）	30~70
高液限黏土（CH）	20~50

注：1. 对砾和砂，D_{60}（通过率为60%时的颗粒粒径）大时，模量取高值，D_{60}小时，模量取低值。
　　2. 对其他含细粒的土组，小于0.075mm颗粒含量大和塑性指数高时，模量取低值，反之，模量取高值。
　　3. 同等条件下，轻、中等及重交通荷载时路基土回弹模量取较小值，特重、极重交通条件下取较大值。

表 B-2 标准状态下粒料回弹模量参考值

粒料类型	取　值　范　围（MPa）
级配碎石	180~400
未筛分碎石	180~220
级配砾石	150~300
天然砂砾	100~140

附录C 路基平衡湿度预估方法

C.0.1 路基平衡湿度状况可依据路基的湿度来源分为潮湿、中湿、干燥等三类，并按下列条件判别路基湿度状态：

1 地下水或地表长期积水的水位高，路基工作区均处于地下水毛细润湿影响范围内，路基平衡湿度由地下水或地表长期积水的水位升降所控制，路基湿度状态可定为潮湿类路基。

2 地下水位很低，路基工作区处于地下水毛细润湿面之上，路基平衡湿度由气候因素所控制，路基湿度状态可定为干燥类路基。

3 中湿类路基的湿度兼受地下水和气候因素影响，路基工作区被地下水毛细润湿面分为上、下两部分，下部受地下水毛细润湿的影响，上部则受气候因素影响，如图C.0.1所示。

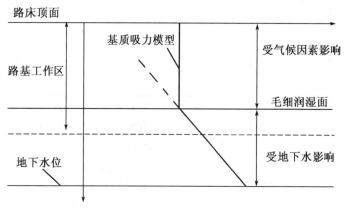

图 C.0.1 中湿类路基的湿度状况

C.0.2 潮湿类路基的平衡湿度可根据路基土组类别及地下水位高度，按表 C.0.2 确定距地下水位不同高度处的饱和度。

表 C.0.2 各路基土组距地下水位不同高度处的饱和度（%）

土组	计算点距地下水或地表长期积水水位的距离（m）						
	0.3	1.0	1.5	2.0	2.5	3.0	4.0
粉土质砾（GM）	69~84	55~69	50~65	49~62	45~59	43~57	—
黏土质砾（GC）	79~96	64~83	60~79	56~75	54~73	52~71	—
砂（S）	95~80	70~50	—	—	—	—	—
粉土质砂（SM）	79~93	64~77	60~72	56~68	54~66	52~64	—

续表 C.0.2

土 组	计算点距地下水或地表长期积水水位的距离（m）						
	0.3	1.0	1.5	2.0	2.5	3.0	4.0
黏土质砂（SC）	90~99	77~87	72~83	68~80	66~78	64~76	—
低液限粉土（ML）	94~100	80~90	76~86	83~73	71~81	69~80	—
低液限黏土（CL）	93~100	80~93	76~90	73~88	70~86	68~85	66~83
高液限粉土（MH）	100	90~95	86~92	83~90	81~89	80~87	—
高液限黏土（CH）	100	93~97	90~93	88~91	86~90	85~89	83~87

注：1. 对于砂（SW、SP），D_{60} 大时平衡湿度取低值，D_{60} 小时平衡湿度取高值。
2. 对于其他含细粒的土组，通过 0.075mm 筛的颗粒含量大和塑性指数高时，取高值，反之，取低值。

C.0.3 干燥类路基的平衡湿度可根据路基所在自然区划的湿度指标 TMI 和土组类别确定，并应符合下列规定：

1 不同自然区划的 TMI 值可参照表 C.0.3-1 查取。

表 C.0.3-1 不同自然区划的 TMI 值范围

区 划	亚 区		TMI 范围	区 划	亚 区	TMI 范围
I	I₁		-5.0 ~ -8.1	IV	IV₁	21.8 ~ 25.1
	I₂		0.5 ~ -9.7		IV₁ₐ	23.2
II	II₁	黑龙江	-0.1 ~ -8.1		IV₂	-6.0 ~ 34.8
		辽宁、吉林	8.7 ~ 35.1		IV₃	34.3 ~ 40.4
	II₁ₐ		-3.6 ~ -10.8		IV₄	32.0 ~ 67.9
	II₂		-7.2 ~ -12.1		IV₅	45.2 ~ 89.3
	II₂ₐ		-1.2 ~ -10.6		IV₆	27.0 ~ 64.7
	II₃		-9.3 ~ -26.9		IV₆ₐ	41.2 ~ 97.4
	II₄		-10.7 ~ -22.6		IV₇	16.0 ~ 69.3
	II₄ₐ		-15.5 ~ 17.3		IV₇ᵦ	-5.4 ~ -23.0
	II₄ᵦ		-7.9 ~ 9.9	V	V₁	-25.1 ~ 6.9
	II₅		-1.7 ~ -15.6		V₂	0.9 ~ 30.1
	II₅ₐ		-1.0 ~ -15.6		V₂ₐ	39.6 ~ 43.7
III	III₁		-21.2 ~ -25.7		V₃	12.0 ~ 88.3
	III₁ₐ		-12.6 ~ -29.1		V₃ₐ	-7.6 ~ 47.2
	III₂		-9.7 ~ -17.5		V₄	-2.6 ~ 50.9
	III₂ₐ		-19.6		V₅	39.8 ~ 100.6
	III₃		-19.1 ~ -26.1		V₅ₐ	24.4 ~ 39.2
	III₄		-10.8 ~ -24.1		—	—

续表 C.0.3-1

区 划	亚 区	TMI 范围	区 划	亚 区	TMI 范围
VI	VI₁	-15.3 ~ -46.3	VII	VII₁	-3.1 ~ -56.3
	VI₁ₐ	-40.5 ~ -47.2		VII₂	-49.4 ~ -58.1
	VI₂	-39.5 ~ -59.2		VII₃	-22.5 ~ 82.8
	VI₃	-41.6		VII₄	-5.1 ~ -5.7
	VI₄	-19.3 ~ -57.2		VII₅	-20.3 ~ 91.4
	VI₄ₐ	-34.5 ~ -37.1		VII₆ₐ	-10.6 ~ -25.8
	VI₄ᵦ	-2.6 ~ -37.2		—	—

2 按路基所在地区的 TMI 值和路基土组类别，根据表 C.0.3-2 插值查取该地区相应的路基饱和度。

表 C.0.3-2 各路基土组在不同 TMI 值时的饱和度（%）

土 组	TMI					
	-50	-30	-10	10	30	50
砂（S）	20 ~ 50	25 ~ 55	27 ~ 60	30 ~ 65	32 ~ 67	35 ~ 70
粉土质砂（SM）	45 ~ 48	62 ~ 68	73 ~ 80	80 ~ 86	84 ~ 89	87 ~ 90
黏土质砂（SC）						
低液限粉土（ML）	41 ~ 46	59 ~ 64	75 ~ 77	84 ~ 86	91 ~ 92	92 ~ 93
低液限黏土（CL）	39 ~ 41	57 ~ 64	75 ~ 76	86	91	92 ~ 94
高液限粉土（MH）	41 ~ 42	61 ~ 62	76 ~ 79	85 ~ 88	90 ~ 92	92 ~ 95
高液限黏土（CH）	39 ~ 51	58 ~ 69	85 ~ 74	86 ~ 92	91 ~ 95	94 ~ 97

注：1. 砂的饱和度取值与 D_{60} 相关，D_{60} 大时（接近 2mm）取低值，D_{60} 小时（接近 0.25mm）取高值。
2. 粉土质砂、黏土质砂或细粒土的饱和度取值与细粒土含量和塑性指数相关，细粒土含量高、塑性指数大时取低值，反之取高值。

C.0.4 中湿类路基的平衡湿度可参照图 C.0.1，先分路基工作区上部和下部分别确定其平衡湿度，再以厚度加权平均计算路基的平衡湿度。地下水毛细润湿面以上的路基工作区上部，按路基土组类别和 TMI 值确定其平衡湿度；地下水毛细润湿面以下的路基工作区下部，则按路基土组类别和距地下水位的距离确定其平衡湿度。

附录 D 路基回弹模量湿度调整系数的取值范围

D.0.1 潮湿类路基的回弹模量湿度调整系数可按表 D.0.1 查取。

表 D.0.1 潮湿类路基的回弹模量湿度调整系数

土质类型	砂	细粒土质砂	粉 质 土	黏 质 土
路基工作区顶面	0.8~0.9	0.5~0.6	0.5~0.7	0.6~1.0
路基工作区底面	0.5~0.6	0.4~0.5	0.4~0.6	0.5~0.9

注：1. 砂的回弹模量调整系数，D_{60} 大时取高值，D_{60} 小时取低值。
  2. 细粒土质砂的回弹模量调整系数，细粒含量大、塑性指数高时取低值，反之取高值。
  3. 粉质土和黏质土的回弹模量调整系数，路基高度低时取低值，反之取高值。

D.0.2 干燥类路基的回弹模量湿度调整系数可按表 D.0.2 查取。

表 D.0.2 干燥类路基的回弹模量湿度调整系数

土 组	TMI					
	−50	−30	−10	10	30	50
砂（S）	1.30~1.84	1.14~1.80	1.02~1.77	0.93~1.73	0.86~1.69	0.8~1.64
粉土质砂（SM）	1.59~1.65	1.10~1.26	0.83~0.97	0.73~0.83	0.70~0.76	0.70~0.76
黏土质砂（SC）						
低液限粉土（ML）	1.35~1.55	1.01~1.23	0.76~0.96	0.58~0.77	0.51~0.65	0.42~0.62
低液限黏土（CL）	1.22~1.71	0.73~1.52	0.57~1.24	0.51~1.02	0.49~0.88	0.48~0.81

注：1. 砂的回弹模量调整系数，D_{60} 大时（接近 2mm）取低值，D_{60} 小时（接近 0.25mm）取高值。
  2. 粉土质砂、黏土质砂或细粒土的饱和度取值与细粒土含量和塑性指数相关，细粒土含量高、塑性指数大时取低值，反之取高值。

D.0.3 中湿类路基的回弹模量湿度调整系数，可按路基工作区内两类湿度来源的上部和下部分别确定其湿度调整系数，并以路基工作区上、下部的厚度加权计算路基总的回弹模量湿度调整系数。

附录 E 岩质边坡的岩体分类

E.0.1 边坡岩体完整程度应根据结构面发育程度、岩体结构类型和完整性系数按表 E.0.1 确定,完整性系数应按式（E.0.1）计算：

$$K_v = \left(\frac{v_R}{v_P}\right)^2 \qquad (E.0.1)$$

式中：K_v——边坡岩体完整性系数；

v_R——弹性纵波在岩体中的传播速度（km/s）；

v_P——弹性纵波在岩块中的传播速度（km/s）。

表 E.0.1 岩体完整程度划分

岩体完整程度	结构面发育程度	结构类型	完整性系数 K_v
完整	结构面1~2组,以构造节理或层面为主,密闭型	巨块状整体结构	>0.75
较完整	结构面2~3组,以构造节理或层面为主,裂隙多呈密闭型,部分为微张型,少有充填物	块状结构、层状结构、镶嵌碎裂结构	0.35~0.75
不完整	结构面大于3组,在断层附近受构造作用影响较大,裂隙以张开型为主,多有充填物,厚度较大	碎裂状结构、散体结构	<0.35

注：镶嵌碎裂结构为碎裂结构中碎块较大且相互咬合、稳定性相对较好的一种结构。

E.0.2 岩质边坡应根据岩体完整程度、结构面结合程度、结构面产状及直立边坡自稳能力等条件,按表 E.0.2 确定边坡岩体类型。

表 E.0.2 岩质边坡的岩体分类

边坡岩体类型	判定条件			
	岩体完整程度	结构面结合程度	结构面产状	直立边坡自稳能力
Ⅰ	完整	结构面结合良好或一般	外倾结构面或外倾不同结构面的组合线倾角>75°或<35°	30m高边坡长期稳定,偶有掉块
Ⅱ	完整	结构面结合良好或一般	外倾结构面或外倾不同结构面的组合线倾角35°~75°	15m高的边坡稳定,15~30m高的边坡欠稳定
	完整	结构面结合差	外倾结构面或外倾不同结构面的组合线倾角>75°或<35°	

续表 E.0.2

边坡岩体类型	判定条件			
	岩体完整程度	结构面结合程度	结构面产状	直立边坡自稳能力
Ⅱ	较完整	结构面结合良好或一般或差	外倾结构面或外倾不同结构面的组合线倾角<35°，有内倾结构面	边坡出现局部塌落
Ⅲ	完整	结构面结合差	外倾结构面或外倾不同结构面的组合线倾角35°~75°	8m高的边坡稳定，15m高的边坡欠稳定
Ⅲ	较完整	结构面结合良好或一般	外倾结构面或外倾不同结构面的组合线倾角35°~75°	
Ⅲ	较完整	结构面结合差	外倾结构面或外倾不同结构面的组合线倾角>75°或<35°	
Ⅲ	较完整（碎裂镶嵌）	结构面结合良好或一般	结构面无明显规律	
Ⅳ	较完整	结构面结合差或很差	外倾结构面以层面为主，倾角多为35°~75°	8m高的边坡不稳定
Ⅳ	不完整（散体、碎裂）	碎块间结合很差	—	

注：1. 边坡岩体分类中未含由外倾软弱结构面控制的边坡和倾倒崩塌型破坏的边坡。
2. Ⅰ类岩体为软岩、较软岩时，应降为Ⅱ类岩体。
3. 当地下水发育时，Ⅱ、Ⅲ类岩体可视具体情况降低一档。
4. 强风化岩和极软岩可划为Ⅳ类岩体。
5. 表中外倾结构面系指倾向与坡向的夹角小于30°的结构面。

附录F 路基监测内容与项目

表 F-1 路堑边坡或滑坡监测

监测内容		监测方法	监测目的
地表监测	水平位移监测	全站仪、光电测距仪	监测地表位移、变形发展情况
	垂直变形监测	水准仪	
	裂缝监测	标桩、直尺或裂缝计	监测裂缝发展情况
地下位移监测		测斜仪	探测相对于稳定地层的地下岩体位移，证实和确定正在发生位移的构造特征，确定潜在滑动面深度，判断主滑方向，定量分析评价边（滑）坡的稳定状况，评判边（滑）坡加固工程效果
地下水位监测		人工测量	监测地下水位变化与降雨关系，评判边坡排水措施的有效性
支挡结构变形、应力		测斜仪、分层沉降仪、压力盒、钢筋应力计	支挡构造物岩土体的变形监测，支挡构造物与岩土体间接触压力监测

表 F-2 高路堤稳定和沉降监测

监测项目	仪具名称	监测目的
地表水平位移量及隆起量	地表水平位移桩（边桩）	用于稳定监控，确保路堤施工安全和稳定
地下土体分层水平位移量	地下水平位移计（测斜管）	用于稳定监控与研究，掌握分层位移量，推定土体剪切破坏位置。必要时采用
路堤顶沉降量	地表型沉降计（沉降板或桩）	用于工后沉降监控，预测工后沉降趋势，确定路面施工时间

表 F-3 预应力锚固工程原位监测内容和项目

锚杆监测阶段		监测目的	监测项目	监测方法及要求
施工期	预应力锚杆	施工安全、施工质量	预应力	应做项目，包括锚杆张拉力和预应力损失。宜用反拉法，可用预埋仪器法
			锚头位移	应做项目，宜用位移监测常规方法
			岩土体深部位移	应做项目，可用测斜仪法
			锚杆长度	可做项目，宜用无损检测法
			灌浆饱满度	可做项目，宜用无损检测法

续表 F-3

锚杆监测阶段		监测目的	监测项目	监测方法及要求
运营期	预应力锚杆	工作状况	预应力	应做项目,宜用反拉法,可用预埋仪器法
			锚头位移	宜做项目,宜用位移监测常规方法
			岩土体深部位移	可做项目,可用预埋仪器法

附录 G 排水、防护、支挡结构材料强度要求

表 G-1 排水构造物材料强度要求

材料类型	最低强度要求		适用范围
	非冰冻区、轻冻区	中冻区、重冻区	
片石	MU30	MU30	沟底和沟壁铺砌
水泥砂浆	M7.5	M10	浆砌、抹面、勾缝
水泥混凝土	C20	C25	混凝土构件
	C15	C15	混凝土基础

注：轻冻区——冻结指数小于 800 的地区；
　　中冻区——冻结指数为 800~2 000 的地区；
　　重冻区——冻结指数大于 2 000 的地区。

表 G-2 防护、支挡结构材料强度要求

材料类型	最低强度等级		适用范围
	非冰冻区、轻冻区	中冻区、重冻区	
片石	MU30	MU40	护坡、护面墙、挡土墙
水泥砂浆	M7.5	M10	护坡、护面墙、挡土墙
	M10		喷浆防护
水泥混凝土	C15	C20	喷射混凝土、挡土墙基础、抗滑桩锁口与护壁
	C20	C25	护坡、各类挡土墙、土钉面板
	C30	C30	抗滑桩、锚索垫墩、框架格子梁、地梁、单锚墩

附录 H 挡土墙设计计算

H.0.1 荷载应符合下列规定：

1 挡土墙设计计算应采用以极限状态设计的分项系数法为主的设计方法。

2 挡土墙构件承载能力极限状态设计可采用下列表达式：

$$\gamma_0 S \leqslant R \quad (\text{H.0.1-1})$$

$$R = R\left(\frac{R_k}{\gamma_f}, \alpha_d\right) \quad (\text{H.0.1-2})$$

式中：γ_0——结构重要性系数，按表 H.0.1-1 的规定采用；

S——作用（或荷载）效应的组合设计值；

$R(\cdot)$——挡土墙结构抗力函数；

R_k——抗力材料的强度标准值；

γ_f——结构材料、岩土性能的分项系数；

α_d——结构或结构构件几何参数的设计值，当无可靠数据时，可采用几何参数标准值。

表 H.0.1-1 结构重要性系数 γ_0

墙 高 (m)	公 路 等 级	
	高速公路、一级公路	二级及二级以下公路
≤5.0	1.0	0.95
>5.0	1.05	1.0

3 施加于挡土墙的作用（或荷载），按性质可分为永久作用（或荷载）、可变作用（或荷载）、偶然作用（或荷载），各类作用或荷载名称见表 H.0.1-2。

表 H.0.1-2 荷 载 分 类

作用（或荷载）分类	作用（或荷载）名称
永久作用（或荷载）	挡土墙结构重力
	填土（包括基础襟边以上土）重力
	填土侧压力
	墙顶上的有效永久荷载
	墙顶与第二破裂面之间的有效荷载
	计算水位的浮力及静水压力
	预加力
	混凝土收缩及徐变
	基础变位影响力

续表 H.0.1-2

作用（或荷载）分类		作用（或荷载）名称
可变作用（或荷载）	基本可变作用（或荷载）	车辆荷载引起的土侧压力
		人群荷载、人群荷载引起的土侧压力
	其他可变作用（或荷载）	水位退落时的动水压力
		流水压力
		波浪压力
		冻胀压力和冰压力
		温度影响力
	施工荷载	与各类型挡土墙施工有关的临时荷载
偶然作用（或荷载）		地震作用力
		滑坡、泥石流作用力
		作用于墙顶护栏上的车辆碰撞力

4 荷载效应组合应符合下列规定：

1）作用在一般地区挡土墙上的力，可只计算永久作用（或荷载）和基本可变作用（或荷载）；

2）浸水地区、地震动峰值加速度值为 0.2g 及以上的地区、产生冻胀力的地区等，尚应计算其他可变作用（或荷载）和偶然作用（或荷载）；

3）作用（或荷载）组合可按表 H.0.1-3 确定。

表 H.0.1-3 常用作用（或荷载）组合

组合	作用（或荷载）名称
Ⅰ	挡土墙结构重力、墙顶上的有效永久荷载、填土重力、填土侧压力及其他永久荷载组合
Ⅱ	组合Ⅰ与基本可变荷载相组合
Ⅲ	组合Ⅱ与其他可变荷载、偶然荷载相组合

注：1. 洪水与地震力不同时考虑。
  2. 冻胀力、冰压力与流水压力或波浪压力不同时考虑。
  3. 车辆荷载与地震力不同时考虑。

5 挡土墙上受地震力作用时，应符合现行《公路工程抗震规范》（JTG B02）的有关规定。

6 具有明显滑动面的抗滑挡土墙荷载计算应符合本规范第 5.7 节、第 7.2 节的有关规定。泥石流地段的路基挡土墙，应符合本规范第 7.5 节的规定。

7 浸水挡土墙墙背为岩块和粗粒土时，可不计墙身两侧静水压力和墙背动水压力。

8 墙身所受浮力，应根据地基地层的浸水情况按下列原则确定：

1）砂类土、碎石类土和节理很发育的岩石地基，按计算水位的 100% 计算；

2）岩石地基按计算水位的 50% 计算。

9 作用在墙背上的主动土压力，可按库仑理论计算。应进行墙后填料的土质试验，确定填料的物理力学指标。当缺乏可靠试验数据时，填料内摩擦角 φ 可按表 H.0.1-4 选用。

表 H.0.1-4　填料内摩擦角或综合内摩擦角

填料种类		综合内摩擦角 φ_0（°）	内摩擦角 φ（°）	重度（kN/m³）
黏性土	墙高 $H \leq 6$m	35～40	—	17～18
	墙高 $H > 6$m	30～35	—	
碎石、不易风化的块石		—	45～50	18～19
大卵石、碎石类土、不易风化的岩石碎块		—	40～45	18～19
小卵石、砾石、粗砂、石屑		—	35～40	18～19
中砂、细砂、砂质土		—	30～35	17～18

注：填料重度可根据实测资料作适当修正，计算水位以下的填料重度采用浮重度。

10 挡土墙前的被动土压力可不计算；当基础埋置较深且地层稳定、不受水流冲刷和扰动破坏时，可计入被动土压力，但应按表 H.0.1-5 的规定计入作用分项系数。

11 车辆荷载作用在挡土墙墙背填土上所引起的附加土体侧压力，可按式（H.0.1-3）换算成等代均布土层厚度计算：

$$h_0 = \frac{q}{\gamma} \quad \text{（H.0.1-3）}$$

式中：h_0——换算土层厚度（m）；

q——车辆荷载附加荷载强度，墙高小于 2m，取 20kN/m²；墙高大于 10m，取 10kN/m²；墙高在 2～10m 之内时，附加荷载强度用直线内插法计算。作用于墙顶或墙后填土上的人群荷载强度规定为 3kN/m²；作用于挡墙栏杆顶的水平推力采用 0.75kN/m，作用于栏杆扶手上的竖向力采用 1kN/m；

γ——墙背填土的重度（kN/m³）。

12 挡土墙按承载能力极限状态设计时，除另有规定外，常用作用（或荷载）分项系数可按表 H.0.1-5 的规定采用。

表 H.0.1-5　承载能力极限状态作用（或荷载）分项系数

情况	荷载增大对挡土墙结构起有利作用时		荷载增大对挡土墙结构起不利作用时	
组合	Ⅰ、Ⅱ	Ⅲ	Ⅰ、Ⅱ	Ⅲ
垂直恒载 γ_G	0.90		1.20	
恒载或车辆荷载、人群荷载的主动土压力 γ_{Q1}	1.00	0.95	1.40	1.30
被动土压力 γ_{Q2}	0.30		0.50	
水浮力 γ_{Q3}	0.95		1.10	
静水压力 γ_{Q4}	0.95		1.05	
动水压力 γ_{Q5}	0.95		1.20	

H.0.2 基础设计与稳定性计算应符合下列要求：

1 基底合力的偏心距 e_0 可按下式计算：

$$e_0 = \frac{M_d}{N_d} \quad \text{(H.0.2-1)}$$

式中：M_d——作用于基底形心的弯矩组合设计值（MPa）；

N_d——作用于基底上的垂直力组合设计值（kN/m）。

2 挡土墙地基计算时，各类作用（或荷载）组合下，作用效应组合设计值计算式中的作用分项系数，除被动土压力分项系数 $\gamma_{Q2}=0.3$ 外，其余作用（或荷载）的分项系数规定均等于1。

3 基底压应力 σ 应按式（H.0.2-2）计算，位于岩石地基上的挡土墙可按式（H.0.2-3）、式（H.0.2-4）计算。基底合力的偏心距 e_0，对土质地基不应大于 $B/6$；岩石地基不应大于 $B/4$。基底压应力不应大于基底的容许承载力 $[\sigma_0]$；基底容许承载力值可按现行《公路桥涵地基与基础设计规范》（JTG D63）的规定采用，当为作用（或荷载）组合Ⅲ及施工荷载，且 $[\sigma_0] > 150\text{kPa}$ 时，可提高25%。

$$|e_0| \leq \frac{B}{6} \text{时}, \quad \sigma_{1,2} = \frac{N_d}{A}\left(1 \pm \frac{6e_0}{B}\right) \quad \text{(H.0.2-2)}$$

$$e_0 > \frac{B}{6} \text{时}, \quad \sigma_1 = \frac{2N_d}{3\alpha_1}, \quad \sigma_2 = 0 \quad \text{(H.0.2-3)}$$

$$\alpha_1 = \frac{B}{2} - e_0 \quad \text{(H.0.2-4)}$$

式中：σ_1——挡土墙趾部的压应力（kPa）；

σ_2——挡土墙踵部的压应力（kPa）；

B——基底宽度（m），倾斜基底为其斜宽；

A——基础底面每延米的面积，矩形基础为基础宽度 $B \times 1$（m²）。

4 挡土墙的滑动稳定方程应满足式（H.0.2-5）的要求，抗滑稳定系数应按式（H.0.2-6）计算：

$$[1.1G + \gamma_{Q1}(E_y + E_x\tan\alpha_0) - \gamma_{Q2}E_p\tan\alpha_0]\mu + (1.1G + \gamma_{Q1}E_y)\tan\alpha_0 - \gamma_{Q1}E_x + \gamma_{Q2}E_p > 0 \quad \text{(H.0.2-5)}$$

$$K_c = \frac{[N + (E_x - E_p')\tan\alpha_0]\mu + E_p'}{E_x - N\tan\alpha_0} \quad \text{(H.0.2-6)}$$

式中：G——作用于基底以上的重力（kN），浸水挡土墙的浸水部分应计入浮力；

E_y——墙后主动土压力的竖向分量（kN）；

E_x——墙后主动土压力的水平分量（kN）；

E_p——墙前被动土压力的水平分量（kN），当为浸水挡土墙时，$E_p = 0$；

E_p'——墙前被动土压力水平分量的0.3倍（kN）；

N——作用于基底上合力的竖向分力（kN），浸水挡土墙应计浸水部分的浮力；

α_0——基底倾斜角（°），基底为水平时，$\alpha_0 = 0$；

γ_{Q1}、γ_{Q2}——主动土压力分项系数、墙前被动土压力分项系数，可按表 H.0.1-5 的规定采用；

μ——基底与地基间的摩擦系数，当缺乏可靠试验资料时，可按表 H.0.2-1 的规定采用。

表 H.0.2-1　基底与基底土间的摩擦系数 μ

地 基 土 的 分 类	摩 擦 系 数 μ	地 基 土 的 分 类	摩 擦 系 数 μ
软塑黏土	0.25	碎石类土	0.50
硬塑黏土	0.30	软质岩石	0.40~0.60
砂类土、黏砂土、半干硬的黏土	0.30~0.40	硬质岩石	0.60~0.70
砂类土	0.40		

5　挡土墙的倾覆稳定方程应满足式（H.0.2-7）的要求，抗倾覆稳定系数应按式（H.0.2-8）计算：

$$0.8GZ_G + \gamma_{Q1}(E_y Z_x - E_x Z_y) + \gamma_{Q2} E_p Z_p > 0 \quad (H.0.2\text{-}7)$$

$$K_0 = \frac{GZ_G + E_y Z_x + E'_p Z_p}{E_x Z_y} \quad (H.0.2\text{-}8)$$

式中：Z_G——墙身重力、基础重力、基础上填土的重力及作用于墙顶的其他荷载的竖向力合力重心到墙趾的距离（m）；

Z_x——墙后主动土压力的竖向分量到墙趾的距离（m）；

Z_y——墙后主动土压力的水平分量到墙趾的距离（m）；

Z_p——墙前被动土压力的水平分量到墙趾的距离（m）。

6　在规定的墙高范围内，验算挡土墙的抗滑动和抗倾覆稳定时，稳定系数不应小于表 H.0.2-2 的规定。

表 H.0.2-2　抗滑动和抗倾覆的稳定系数

荷 载 情 况	验算项目	稳定系数
荷载组合Ⅰ、Ⅱ	抗滑动 K_c	1.3
	抗倾覆 K_0	1.5
荷载组合Ⅲ	抗滑动 K_c	1.3
	抗倾覆 K_0	1.3
施工阶段验算	抗滑动 K_c	1.2
	抗倾覆 K_0	1.2

7　设置于不良土质地基、覆盖土层下为倾斜基岩地基及斜坡上的挡土墙，应对挡土墙地基及填土的整体稳定性进行验算，其稳定系数不应小于1.25。

H.0.3　重力式、半重力式挡墙计算应符合下列要求：

1　重力式、半重力式挡墙的作用（或荷载）计算，应符合本规范第 H.0.1 条的规定。

2　重力式、半重力式挡墙应满足本规范第 H.0.2 条基础设计与稳定性计算的规定。

3 重力式挡土墙、半重力式挡土墙的墙身材料强度可按现行《公路圬工桥涵设计规范》（JTG D61）的规定采用。必要时应做墙身的剪应力检算。

4 重力式挡土墙按承载能力极限状态设计时，在某一类作用（或荷载）效应组合下，作用（或荷载）效应的组合设计值，可按式（H.0.3-1）计算。圬工构件或材料的抗力分项系数 γ_f，按表 H.0.3-1 采用。

$$S = \psi_{ZL}\left(\gamma_G \sum S_{Gik} + \sum \gamma_{Qi} S_{Qik}\right) \quad (H.0.3-1)$$

式中：S——作用（或荷载）效应的组合设计值；

γ_G、γ_{Qi}——作用（或荷载）的分项系数，按表 H.0.1-5 采用；

S_{Gik}——第 i 个垂直恒载的标准值效应；

S_{Qik}——土侧压力、水浮力、静水压力、其他可变作用（或荷载）的标准值效应；

ψ_{ZL}——荷载效应组合系数，按表 H.0.3-2 采用。

表 H.0.3-1 圬工构件或材料的抗力分项系数 γ_f

圬工种类	受力情况	
	受压	受弯、剪、拉
石料	1.85	2.31
片石砌体、片石混凝土砌体	2.31	2.31
块石、粗料石、混凝土预制块、砖砌体	1.92	2.31
混凝土	1.54	2.31

表 H.0.3-2 荷载效应组合系数 ψ_{ZL} 值

荷载组合	ψ_{ZL}	荷载组合	ψ_{ZL}
Ⅰ、Ⅱ	1.0	施工荷载	0.7
Ⅲ	0.8		

5 挡土墙构件轴心或偏心受压时，正截面强度和稳定按式（H.0.3-2）、式（H.0.3-3）计算。偏心受压构件除验算弯曲平面内的纵向稳定外，尚应按轴心受压构件验算非弯曲平面内的稳定。

计算强度时

$$\gamma_0 N_d \leq \frac{\alpha_k A R_a}{\gamma_f} \quad (H.0.3-2)$$

计算稳定时

$$\gamma_0 N_d \leq \frac{\psi_k \alpha_k A R_a}{\gamma_f} \quad (H.0.3-3)$$

式中：N_d——验算截面上的轴向力组合设计值（kN）；

γ_0——重要性系数，按第 H.0.1 条采用；

γ_f——圬工构件或材料的抗力分项系数，按表 H.0.3-1 取用；

R_a——材料抗压极限强度（kN）；

A——挡土墙构件的计算截面面积（m²）；

α_k——轴向力偏心影响系数，按式（H.0.3-4）计算；

$$\alpha_k = \frac{1 - 256\left(\dfrac{e_0}{B}\right)^8}{1 + 12\left(\dfrac{e_0}{B}\right)^2} \quad (\text{H.0.3-4})$$

e_0——轴向力的偏心距（m），按式（H.0.3-5）采用；挡土墙墙身或基础为圬工截面时，其轴向力的偏心距 e_0 应符合表 H.0.3-5 的规定；

$$e_0 = \left|\frac{M_0}{N_0}\right| \quad (\text{H.0.3-5})$$

B——挡土墙计算截面宽度（m）；

M_0——在某一类作用（或荷载）组合下，作用（或荷载）对计算截面形心的总力矩（kN·m）；

N_0——某一类作用（或荷载）组合下，作用于计算截面上的轴向力的合力（kN）；

ψ_k——偏心受压构件在弯曲平面内的纵向弯曲系数，按式（H.0.3-6）采用；轴心受压构件的纵向弯曲系数，可采用表 H.0.3-3 的规定；

$$\psi_k = \frac{1}{1 + a_s\beta_s\,(\beta_s - 3)\left[1 + 16\left(\dfrac{e_0}{B}\right)^2\right]} \quad (\text{H.0.3-6})$$

$$\beta_s = \frac{2H}{B} \quad (\text{H.0.3-7})$$

H——墙高（m）；

a_s——与材料有关的系数，按表 H.0.3-4 采用。

表 H.0.3-3　轴心受压构件纵向弯曲系数 ψ_k

2H/B	混凝土构件	砌体砂浆强度等级	
		M10、M7.5、M5	M2.5
≤3	1.00	1.00	1.00
4	0.99	0.99	0.99
6	0.96	0.96	0.96
8	0.93	0.93	0.91
10	0.88	0.88	0.85
12	0.82	0.82	0.79
14	0.76	0.76	0.72
16	0.71	0.71	0.66
18	0.65	0.65	0.60
20	0.60	0.60	0.54
22	0.54	0.54	0.49
24	0.50	0.50	0.44

续表 H.0.3-3

2H/B	混凝土构件	砌体砂浆强度等级	
		M10、M7.5、M5	M2.5
26	0.46	0.46	0.40
28	0.42	0.42	0.36
30	0.38	0.38	0.33

表 H.0.3-4 a_s 取值

圬工名称	浆砌砌体采用以下砂浆强度等级			混凝土
	M10、M7.5、M5	M2.5	M1	
a_s 值	0.002	0.0025	0.004	0.002

6 重力式挡土墙轴向力的偏心距 e_0 应符合表 H.0.3-5 的规定。

表 H.0.3-5 圬工结构轴向力合力的容许偏心距 e_0

荷载组合	容许偏心距
Ⅰ、Ⅱ	0.25B
Ⅲ	0.3B
施工荷载	0.33B

注：B 为沿力矩转动方向的矩形计算截面宽度。

7 混凝土截面在受拉一侧配有不小于截面面积 0.05% 的纵向钢筋时，表 H.0.3-5 中的容许规定值可增加 0.05B；当截面配筋率大于表 H.0.3-6 的规定时，按钢筋混凝土构件计算，偏心距不受限制。

表 H.0.3-6 按钢筋混凝土构件计算的受拉钢筋最小配筋率（%）

钢筋牌号（种类）	钢筋最小配筋率	
	截面一侧钢筋	全截面钢筋
Q235 钢筋（Ⅰ级）	0.20	0.50
HRB400 钢筋（Ⅱ、Ⅲ级）	0.20	0.50

注：钢筋最小配筋率按构件的全截面计算。

H.0.4 悬臂式、扶壁式挡土墙钢筋混凝土构件的承载能力极限状态计算、正常使用极限状态验算及构造要求等，除应按本规范的规定执行外，其他未列内容应按现行《公路钢筋混凝土及预应力混凝土桥涵设计规范》（JTG D62）的有关规定执行。

1 悬臂、扶臂式挡土墙应满足本规范第 H.0.2 条基础设计与稳定性计算的规定。

2 挡墙作用（或荷载）的计算应满足本规范第 H.0.1 条的要求，计算挡土墙实际墙背和墙踵板的土压力时，可不计填料与板间的摩擦力。

3 计算挡土墙整体稳定和墙面板时，可不计墙前土的作用；计算墙趾板内力时，应计底板以上的填土重力。

4 悬臂式挡土墙各部分均应按悬臂梁计算，作用（或荷载）分项系数应按本规范第H.0.1条的规定采用，基底应力作为竖向荷载时，可采用竖向恒载的分项系数。

5 扶壁式挡土墙的前趾板可按悬臂梁计算，后踵板可按支承在扶壁上的连续板计算，不计立壁对底板的约束作用；扶壁可按悬臂的T形梁计算；顺路线方向立壁的弯矩，可按以扶壁为支点的连续梁计算。

6 作用于扶壁式挡土墙立壁上的作用（或荷载），可按沿墙高呈梯形分布［图H.0.4a)］，立壁竖向弯矩，沿墙高分布［图H.0.4b)］，竖向弯矩沿线路方向呈台阶形分布［图H.0.4c)］。面板沿线路方向的弯矩，可按以扶壁为支点的连续梁计算。

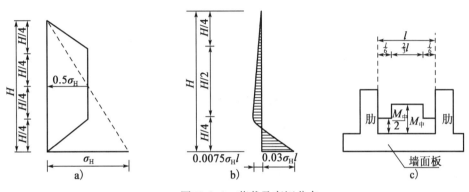

图 H.0.4 荷载及弯矩分布

$M_中$-板跨中弯矩；H-墙面板的高度；σ_H-墙面板底端内填料引起的法向土压力；l-扶壁之间的净距

H.0.5 锚杆挡土墙钢筋混凝土构件的承载能力极限状态计算、正常使用极限状态验算及构造要求等，除应按本规范的规定执行外，其他未列内容应按现行《公路钢筋混凝土及预应力混凝土桥涵设计规范》（JTG D62）的有关规定执行。

1 作用于锚杆式挡土墙上的作用（或荷载），应符合本规范第H.0.1条的规定。

2 当为多级墙时，可按延长墙背法分别计算各级墙后的主动土压力。

3 肋柱设计计算应符合下列规定：

1）作用于肋柱上的作用（或荷载），应取相邻两跨面板跨中至跨中长度上的作用（或荷载）；

2）视肋柱基底地质构造、地基承载力大小和埋置深度，肋柱与基底连接可设计为自由端或铰支端，肋柱应按简支梁或连续梁计算其内力值及锚杆处的支承反力值；

3）肋柱截面强度验算和配置钢筋时应采用内力组合设计值，其作用（或荷载）分项系数应符合本规范第H.0.1条的规定；

4）采用预制肋柱时，还应作运输、吊装及施工过程中锚杆不均匀受力等荷载下肋柱截面强度验算；

5）装配式挡土板可按以肋柱为支点的简支板计算，计算跨径为肋柱间的净距加板两端的搭接长度。

4 现浇板壁式锚杆挡土墙，其墙面板的内力计算，可分别沿竖直方向和水平方向取单位宽度，按连续梁计算。竖直单宽梁的计算荷载为作用于墙面板上的土压力；水平单宽梁的计算荷载为该段墙面板所在位置土压力的最大值。

H.0.6 锚定板挡土墙钢筋混凝土构件的承载能力极限状态计算、正常使用极限状态验算及构造要求等，除应按本规范的规定执行外，其他未列内容应按现行《公路钢筋混凝土及预应力混凝土桥涵设计规范》（JTG D62）的有关规定执行。

1 锚定板挡土墙的钢筋混凝土构件设计计算时，作用（或荷载）效应组合中，应按本规范第 H.0.1 条的规定计入结构重要性系数 γ_0。

2 作用于锚定板挡土墙挡土板或墙面板上的恒载土压力按图 H.0.6 分布，其水平土压应力按式（H.0.6-1）计算：

$$\sigma_H = \frac{1.33 E_x}{H} \beta \qquad (\text{H.0.6-1})$$

式中：σ_H——恒载作用下墙底的水平土压应力（kPa）；

E_x——按库仑理论计算的单位墙长上墙后主动土压力的水平分力（kN/m）；

H——墙高，当为两级墙时，为上、下级墙高之和（m）；

β——土压力增大系数，采用 1.2～1.4；车辆荷载产生的土压力不计增大系数。

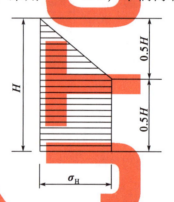

图 H.0.6 恒载土压力分布图

3 锚定板挡土墙整体滑动稳定性验算可采用"折线滑面分析法"或"整体土墙法"计算，滑动稳定系数不应小于 1.8。稳定计算时，应按墙顶有、无附加荷载，土压力计入或不计入增大系数的最不利组合，作为计算采用值。

4 肋柱设计应符合下列规定：

1）作用于肋柱上的作用（或荷载），应取两侧挡土板跨中至跨中长度上的作用（或荷载）；

2）肋柱承受由挡土板传递的土压力，根据肋柱上拉杆的层数及肋柱与肋柱基础的连接方式，可按简支梁或连续梁计算。

5 拉杆设计计算应符合下列规定：

1）最上一排拉杆至填料顶面的距离不得小于 1m。当锚定板埋置深度不足时，可采用向下倾斜的拉杆，其水平倾角 β 宜为 10°～15°；

2）拉杆长度应满足挡土墙整体滑动稳定性的要求，且最下一层拉杆在主动土压力计算破裂面之后的长度，不得小于锚定板高度的 3.5 倍；最上一层拉杆长度不应小于 5m；

3）未计锈蚀留量的单根钢拉杆计算直径按式（H.0.6-2）计算。

$$d \geqslant 20\sqrt{\frac{10\gamma_0\gamma_{Q1}N_p}{\pi f_{sd}}} \qquad (\text{H.0.6-2})$$

式中：d——单根钢拉杆的直径（mm）；

N_p——拉杆的轴向拉力（kN）；

f_{sd}——钢筋的强度设计值（MPa）；可按现行《公路钢筋混凝土及预应力混凝土桥涵设计规范》（JTG D62）的规定采用；

γ_0——结构重要性系数，应符合表 H.0.1-1 的规定；

γ_{Q1}——主动土压力荷载分项系数，应符合表 H.0.1-5 的规定。

6 锚定板面积应根据拉杆设计拉力及锚定板容许抗拔力，按式（H.0.6-3）计算：

$$A = \frac{N_p}{[p]} \qquad (\text{H.0.6-3})$$

式中：A——锚定板的设计面积（m²）；

$[p]$——锚定板单位面积的容许抗拔力（kPa）；应根据现场拉拔试验确定。当无条件进行现场拉拔试验时，可根据工点具体条件，参照经验数据确定。

7 挡土板的设计计算可按本规范第 H.0.5 条中挡土板的设计执行。

8 墙面板按支承在拉杆上的受弯构件计算，如一块墙面板上连接一根拉杆时可按单支点双向悬臂板计算及配置钢筋。

H.0.7 加筋土挡土墙可分为有面板加筋土挡土墙和无面板加筋土挡土墙。当无面板反包式土工格栅加筋坡面与水平面夹角小于 70°时，应按现行《公路土工合成材料应用技术规范》（JTG/T D32）的有关规定进行设计计算。加筋坡面与水平面夹角大于或等于 70°的无面板加筋土挡土墙、有面板加筋土挡土墙应按下列规定进行设计计算：

1 加筋土挡土墙的设计应进行内部稳定计算和外部稳定计算。外部稳定验算应符合本规范第 H.0.2 条的规定。建于软土地基上的加筋体应作地基沉降计算。地基下可能存在深层滑动时，应做加筋体与地基整体滑动稳定验算。

2 浸水加筋土挡土墙设计应按下列规定考虑水的浮力：

1）拉筋断面设计采用低水位浮力；

2）地基应力验算采用低水位浮力或不考虑浮力；加筋体的滑动稳定验算、倾覆稳定验算采用设计水位浮力；

3）其他情况采用最不利水位浮力。

3 筋带截面计算时，应考虑车辆、人群附加荷载引起的拉力。筋带锚固长度计算时，不计附加荷载引起的抗拔力。

4 加筋体内部稳定验算时，土压力系数按下式计算：

当 $z_i \leqslant 6$m 时

$$K_i = K_j\left(1 - \frac{z_i}{6}\right) + K_a\frac{z_i}{6} \qquad (\text{H.0.7-1})$$

当 $z_i > 6\text{m}$ 时

$$K_i = K_a \quad (\text{H.0.7-2})$$

$$K_j = 1 - \sin\varphi \quad (\text{H.0.7-3})$$

$$K_a = \tan^2\left(45° - \frac{\varphi}{2}\right) \quad (\text{H.0.7-4})$$

式中：K_i——加筋体内深度 z_i 处土压力系数；

K_j——静止土压力系数；

K_a——主动土压力系数；

z_i——第 i 单元筋带结点至加筋体顶面的垂直距离（m）；

φ——填料内摩擦角（°）。

5 作用于墙面板上的水平土压应力 $\sum\sigma_{Ei}$ 按下式计算：

$$\sum\sigma_{Ei} = \sigma_{zi} + \sigma_{ai} + \sigma_{bi} \quad (\text{H.0.7-5})$$

式中：σ_{zi}——加筋土填料作用于深度 z_i 处墙面板上的水平土压应力（kPa）；

σ_{ai}——车辆（或人群）附加荷载作用于深度 z_i 处墙面板上的水平土压应力（kPa）；

σ_{bi}——加筋体顶面以上填土重力换算均布土厚所引起的深度 z_i 处墙面板上的水平土压应力（kPa）。

6 加筋体活动区与稳定区的分界面可采用简化破裂面，简化破裂面的垂直部分与墙面板背面的距离 b_H 为 $0.3H$，倾斜部分与水平面的夹角 β 为 $45° + \dfrac{\varphi}{2}$，如图 H.0.7 所示。

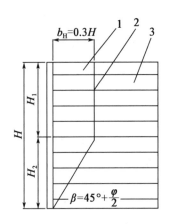

图 H.0.7 简化破裂面图
1-活动区；2-简化破裂面；3-稳定区

7 附加荷载作用下，可按沿深度以 1:0.5 的扩散坡率计算扩散宽度。加筋体深度 z_i 处的附加竖直压应力 σ_{fi}，当扩散线的内边缘点未进入活动区时，$\sigma_{fi}=0$；当扩散线的内边缘点进入活动区时，按式（H.0.7-6）计算：

$$\sigma_{fi} = \gamma h_0 \frac{L_c}{L_{ci}} \quad (\text{H.0.7-6})$$

式中：γ——加筋体的重度（kN/m^3），当为浸水挡土墙时，应按最不利水位上下的不同分别计入；

h_0——车辆或人群附加荷载换算等代均布土层厚度（m）；

L_c——加筋体计算时采用的荷载布置宽度（m），取路基全宽；

L_{ci}——加筋体深度 z_i 处的荷载扩散宽度（m）。

8　永久荷载重力作用下，拉筋所在位置的竖直压力按式（H.0.7-7）计算：

$$\sigma_i = \gamma z_i + \gamma h_1 \quad (\text{H.0.7-7})$$

式中：σ_i——在 z_i 层深度处，作用于筋带上的竖直压应力（kPa）；

h_1——加筋体上坡面填土换算等代均布土厚度（m）。

9　一个筋带结点的抗拔稳定性按公式（H.0.7-8）验算：

$$\begin{cases} \gamma_0 T_{i0} \leqslant \dfrac{T_{pi}}{\gamma_{R1}} \\ T_{i0} = \gamma_{Q1} T_i \\ T_{pi} = 2f' \sigma_i b_i L_{ai} \\ T_i = (\sum \sigma_{Ei}) s_x s_y \end{cases} \quad (\text{H.0.7-8})$$

计算筋带抗拔力时，不计基本可变荷载的作用效应。

式中：γ_0——结构重要性系数，按表 H.0.1-1 采用；

T_{i0}——z_i 层深度处的筋带所承受的水平拉力设计值（kN）；

T_i——z_i 层深度处的筋带所承受的水平拉力；

$\sum \sigma_{Ei}$——在 z_i 层深度处，面板上的水平土压应力（kPa）；

γ_{Q1}——加筋体及墙顶填土主动土压力或附加荷载土压力的分项系数，按表 H.0.1-5 采用；

T_{pi}——永久荷载重力作用下，z_i 层深度处，筋带有效长度所提供的抗拔力（kN）；

γ_{R1}——筋带抗拔力计算调节系数，按表 H.0.7-1 采用；

s_x——筋带结点水平间距（m）；

s_y——筋带结点垂直间距（m）；

f'——填料与筋带间的似摩擦系数，由试验确定，无可靠试验资料时，可参照表 H.0.7-2 采用；

b_i——结点上的筋带总宽度（m）；

L_{ai}——筋带在稳定区的有效锚固长度（m）。

表 H.0.7-1　筋带抗拔力计算调节系数 γ_{R1}

荷载组合	Ⅰ、Ⅱ	Ⅲ	施工荷载
γ_{R1}	1.4	1.3	1.2

表 H.0.7-2　填料与筋带之间的似摩擦系数

填料类型	黏性土	砂类土	砾碎石类土
似摩擦系数	0.25～0.40	0.35～0.45	0.40～0.50

注：1. 有肋钢带的似摩擦系数可提高 0.1。

　　2. 墙高大于 12m 的高挡土墙似摩擦系数取低值。

10 筋带截面的抗拉强度验算应符合式（H.0.7-9）的规定：

$$\gamma_0 T_{i0} \leqslant \frac{A f_k}{1\,000 \gamma_f \gamma_{R2}} \qquad (\text{H.0.7-9})$$

式中：A——筋带截面的有效净截面积（mm²）；

f_k——筋带材料强度标准值（MPa），按表 H.0.7-3 采用；

γ_f——筋带材料抗拉性能的分项系数，各类筋带均取 1.25；

γ_{R2}——拉筋材料抗拉计算调节系数，可按表 H.0.7-3 采用。

表 H.0.7-3　筋带材料强度标准值 f_k 及抗拉计算调节系数 γ_{R2}

材　料　类　型	f_k（MPa）	γ_{R2}
Q235 扁钢带	240	1.0
I 级钢筋混凝土板带	240	1.05
钢塑复合带	试验断裂拉力	1.55～2.0
土工格栅	试验断裂拉力	1.8～2.5

注：1. 土工合成材料筋带的 γ_{R2}，在施工条件差、材料蠕变大时，取大值；材料蠕变小或施工荷载验算时，可取较小值。
　　2. 当为钢筋混凝土带时，受拉钢筋的含筋率应小于 2.0%。
　　3. 试验断裂拉力相应延伸率不得大于 10%。

11　筋带截面的有效净截面面积 A 应按下列规定计算：

1) 扁钢带，设计厚度为扣除预留腐蚀厚度并扣除螺栓孔后的计算净截面积；

2) 钢筋混凝土带，不计混凝土的抗拉强度，钢筋有效净面积为扣除钢筋直径预留腐蚀量后的主钢筋截面积的总和；

3) 钢塑复合带、塑料土工格栅、聚丙烯土工带。由供货厂家提供尺寸，经严格检验延伸率和断裂应力后，按统计原理确定其设计截面积和极限强度，保证率为 98%。

12　墙面板应按下列规定设计计算：

1) 作用于单板上的土压力视为均匀分布；

2) 面板作为两端外伸的简支板，沿竖直方向和水平方向分别计算内力；

3) 墙面板与筋带的连接部分宜适当加强。

13　全墙抗拔稳定性验算时，分项系数均取 1.0，并应符合式（H.0.7-10）的规定：

$$K_b = \frac{\sum T_{pi}}{\sum T_i} \geqslant 2 \qquad (\text{H.0.7-10})$$

式中：K_b——全墙抗拔稳定系数；

$\sum T_{pi}$——各层拉筋所产生的摩擦力总和；

$\sum T_i$——各层拉筋承担的水平拉力总和。

H.0.8　桩板式挡土墙钢筋混凝土构件的承载能力极限状态计算、正常使用极限状态验算及构造要求等，除应按本规范的规定执行外，其他未列内容应按现行《公路钢筋混凝土及预应力混凝土桥涵设计规范》（JTG D62）、《公路桥涵地基与基础设计规范》

（JTG D63）的相关规定执行。

1 桩板式挡土墙的钢筋混凝土构件设计计算时，荷载效应组合中，应按本规范第 H.0.1 条规定计入结构重要性系数 γ_0。

2 滑坡路基上的桩板式挡土墙按滑坡推力和土压力的最不利者作为计算荷载，桩的重力可不计入。

3 作用在桩上的荷载宽度可按其左右两相邻桩之间距离的一半计算，作用在挡土板的荷载宽度可按板的计算跨度计算。

4 桩的内力应按本规范第 5.7.5 条的规定，采用地基系数法计算。

5 在桩前地基岩层结构面的产状为向坡外倾斜时，应按顺层滑坡验算地基的稳定性及整体稳定性。

6 预制钢筋混凝土挡土板可按支承在桩上的简支板计算，其计算跨径 L 为：

圆形桩

$$L = L_c - 1.5t \quad (\text{H.0.8-1})$$

矩形桩

$$L = L_0 + 1.5t \quad (\text{H.0.8-2})$$

式中：L_c——圆形桩的桩中心距离（m）；
L_0——矩形桩间的净距（m）；
t——挡土板的板厚（m）。

7 路堤中的锚杆桩板式挡土墙，应避免填料下沉所产生的锚杆次应力。锚杆的设计应符合本规范第 5.5 节的规定。

附录 J　黄土分区图

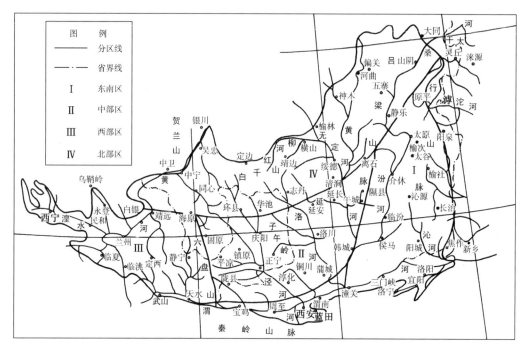

图 J-1　黄土分区图

附录 K 多年冻土公路工程分类

K.0.1 多年冻土应根据体积含冰量按表 K.0.1 进行分类。多年冻土分为少冰冻土、多冰冻土、富冰冻土、饱冰冻土、含土冰层，其中富冰冻土、饱冰冻土和含土冰层又统称为高含冰量冻土。

表 K.0.1 多年冻土分类及融沉性分级

多年冻土类型	土的类别		总含水率 w_n （%）	体积含冰量 i	平均融沉系数 δ_0 （%）	融沉等级	融沉类别
少冰冻土	粗颗粒土	粉黏粒含量≤15%	<10	<0.1	≤1	Ⅰ	不融沉
		粉黏粒含量>15%	<12				
	细砂、粉砂		<14				
	粉土		<17				
	黏性土		<w_P				
多冰冻土	粗颗粒土	粉黏粒含量≤15%	10~15	0.1~0.2	1<δ_0≤3	Ⅱ	弱融沉
		粉黏粒含量>15%	12~15				
	细砂、粉砂		14~18				
	粉土		17~21				
	黏性土		$w_P < w_n < w_P + 4$				
富冰冻土	粗颗粒土	粉黏粒含量≤15%	15~25	0.2~0.3	3<δ_0≤10	Ⅲ	融沉
		粉黏粒含量>15%	15~25				
	细砂、粉砂		18~28				
	粉土		21~32				
	黏性土		$w_P + 4 < w_n < w_P + 15$				
饱冰冻土	粗颗粒土	粉黏粒含量≤15%	25~44	0.3~0.5	10<δ_0≤25	Ⅳ	强融沉
		粉黏粒含量>15%	25~44				
	细砂、粉砂		28~44				
	粉土		32~44				
	黏性土		$w_P + 15 < w_n < w_P + 35$				
含土冰层	粗颗粒土	粉黏粒含量≤15%	>44	>0.5	>25	Ⅴ	融陷
		粉黏粒含量>15%					
	细砂、粉砂						
	粉土						
	黏性土		>$w_P + 35$				

注：1. 粗颗粒土包括碎（砾）石土、砾砂、粗砂、中砂。
2. 总含水率包括冰和未冻水。
3. w_P 为塑限含水率。
4. 盐渍化冻土、泥炭化冻土、腐殖土、高塑性黏土不在此列。

K.0.2 根据多年冻土年平均地温，多年冻土可分为低温冻土（年平均地温≤-1.5℃）和高温冻土（年平均地温＞-1.5℃）。冻土区稳定类型可按表 K.0.2-1、表 K.0.2-2 分类。

表 K.0.2-1 冻土区稳定类型分类

年平均地温（℃）	≥-0.5	-0.5~≤-1.0	-1.0~≤-2.0	<-2.0
冻土区稳定类型	高温极不稳定冻土区	高温不稳定冻土区	低温基本稳定冻土区	低温稳定冻土区

表 K.0.2-2 各类冻土区稳定类型分类

多年冻土类型	少冰冻土	多冰冻土		富冰冻土		饱冰冻土		含土冰层	
年平均地温（℃）	不考虑	0~-1.0	<-1.0	0~-1.5	<-1.5	0~-1.0	-1.0~-2.0	<-2.0	0~-1.0	-1.0~-2.0	<-2.0
稳定类型	稳定型	基本稳定型	稳定型	基本稳定型	稳定型	不稳定型	基本稳定型	稳定型	不稳定型	基本稳定型	稳定型

本规范用词用语说明

1 本规范执行严格程度的用词，采用下列写法：
1）表示很严格，非这样做不可的用词，正面词采用"必须"，反面词采用"严禁"；
2）表示严格，在正常情况下均应这样做的用词，正面词采用"应"，反面词采用"不应"或"不得"；
3）表示允许稍有选择，在条件许可时首先应这样做的用词，正面词采用"宜"，反面词采用"不宜"；
4）表示有选择，在一定条件下可以这样做的用词，采用"可"。

2 引用标准的用语采用下列写法：
1）在标准总则中表述与相关标准的关系时，采用"除应符合本规范的规定外，尚应符合国家和行业现行有关标准的规定"；
2）在标准条文及其他规定中，当引用的标准为国家标准和行业标准时，表述为"应符合《××××××》（×××）的有关规定"；
3）当引用本标准中的其他规定时，表述为"应符合本规范第×章的有关规定"、"应符合本规范第×．×节的有关规定"、"应符合本规范第×．×．×条的有关规定"或"应按本规范第×．×．×条的有关规定执行"。

附件

《公路路基设计规范》

(JTG D30—2015)

条文说明

1 总则

1.0.3 本条规定了对路基性能的基本要求。路基由路基结构和路基设施组成。路基结构是指路面结构层之下的路基范围；路基设施是指为保证路基本体结构性能的稳定性而采用的必要的附属工程设施，它包括排水设施和防护支挡加固设施。

路基结构是指路面结构层以下的带状岩土结构物，是路面的基础，要承受由路面传来的汽车荷载及各种自然因素的作用，与英文"Subgrade"一致。在各种环境因素（风、雨、雪、温度、水流、地震等）和汽车荷载的作用影响下，路基的强度、刚度将产生衰减，进而影响路基承载能力，使得路基产生沉降变形和滑移破坏。因此，设计时，要综合考虑环境因素和汽车荷载对路基长期性能的作用影响，使其路基具有足够的强度、稳定性和耐久性，防止路基产生病害，保证公路运营安全。

1.0.4 地质资料是路基设计的基础。在路基修筑过程中，尤其是山区，由于地质情况复杂、多变，受多种因素制约，地质勘察资料的准确性和可靠性不高，易造成路基施工开挖后，设计与实际情况不符，或者在复杂地质情况下，施工方法与工艺不当，产生了新的病害等情况。因此，本条强调要加强地质勘察试验工作，查明公路沿线地质条件，为路基设计奠定坚实的基础。

1.0.5 路基高度是公路设计中一项综合技术经济指标，它直接影响到公路的使用功能、质量、工程造价、占地面积和周围环境景观。较高的路堤，路床（路基工作区）处于中湿或干燥状态，路基长期性能较为稳定，但占地较多、工程造价较高，易产生沉降变形和边坡稳定性的问题。低路堤，能节约土地，对环境影响小，但气候环境、地下水将对路床（路基工作区）性能产生显著影响，导致路床承载能力不足，从而引起路面的变形破坏，故低路堤对路床填料和地下排水措施的要求较高。另外，在村庄、地方公路、通航河流密集的地区，低路堤方案需归并通道、增设辅道、支线上跨等，配套工程建设规模大，低路堤方案的优势并不显著。

因此，设计时，需要根据项目所处地形、地质、水文等自然条件，以及村镇、航道、道路网等分布特点，进行不同路基高度及填筑方案的综合比选论证，因地制宜，在满足公路功能需求和路基性能要求的前提下，合理确定路基高度及其填筑方案，并做好路基路面综合设计。

3 一般路基

3.1 一般规定

3.1.2 山区公路地形地质较为复杂，受公路路线平面和纵面技术指标标准限制，高填深挖路基较多。从高速公路建设情况看，当土质或类土质（全强风化层）路堑边坡高度大于20m，岩石路堑边坡高度大于30m时，稳定性差与不稳定的高边坡较多。为解决高边坡稳定性，采用了大量预应力锚索（杆）、抗滑桩或抗滑挡墙等加固工程，不仅工程造价高，而且对周围环境产生影响。

高路堤边坡高度达到20～30m，有的工程路堤边坡高达40～50m，并常与陡坡路堤相伴而生，存在边坡稳定性不足和路堤不均匀变形问题，也占用大量土地，从整个社会经济综合效益考虑，高路堤往往不是最佳工程方案。

综上所述，山区公路路基设计需要对高路堤和深路堑的高度进行适当限制。初步设计阶段围绕高路堤和深路堑的沉降与稳定问题，加大路线方案的比选力度，是十分必要的。在进行方案比选时，既要考虑建设期间的技术复杂程度、工程造价、施工方法等，也要考虑公路运营期间因环境影响而可能产生的病害和养护维修费用，以及社会经济环境效益。在工程投资相差不多的情况下，优先选用桥隧工程方案。

3.1.3 受水浸淹的路基包括长期浸水路基和雨季洪水期临时浸水路基。长期浸水路基是指路基单侧或两侧长期受水浸淹的路基，包括临近水塘、河流、水库等的路基；雨季洪水期临时浸水路基是指路基单侧或两侧受洪水影响的路基，包括位于洪水泛滥地带、滞洪区、分洪区、蓄洪区等的路基。为保证路基安全稳定，满足洪水期救灾通道的功能要求，本规范根据现行《公路工程技术标准》（JTG B01）的有关规定，规定了各等级公路沿河及受水浸淹的路基设计洪水频率。

3.1.5 公路建设中，路基土石方数量所占比重较大，取、弃土占用的土地也较多。为节约投资，少占农田，设计中充分利用路基挖方材料，进行土石方的合理调配和合理设置取弃土场是十分必要的。与此同时，对于不能满足强度要求的挖方材料，不要轻易废弃，要结合土质处治试验和施工工艺等，进行远运集中取土方案与土质改良处理利用方案的技术经济比较，择优确定取土方案。当造价相差不多的情况下，尽量采用利用挖方土质进行改良处理方案，以减少路基取、弃方数量，节约土地。

3.1.8 高路堤、陡坡路堤和深路堑，由于山区地形、地质较为复杂，地质勘察资料不能完全反映实际情况，施工方法和工艺也影响着高边坡稳定性和路堤密实状态，设计中也难以模拟实际的施工状态，通过施工动态监控，既能验证和完善设计，保证路基稳定，又能预估路堤工后沉降量，合理确定路面的铺筑时间，有效控制高路堤不均匀沉降变形。因此，高速公路、一级公路高填方路基、陡坡路堤和挖方高边坡路基等采用动态设计法是十分必要的。

动态设计是路基设计的基本原则。动态设计是根据施工中反馈的信息和监测资料完善设计，是一种客观求实、准确安全的设计方法，适用于路基施工阶段，是施工图设计的延伸。要以完整的施工设计图为基础，不能打着"动态设计"的旗号，进行"边施工、边设计"。同时，要正确对待动态设计与变更设计，动态设计是对原设计的完善和优化，而不是进行工程方案的重大变更设计。

3.2 路床

3.2.1 原规范（JTG D30—2004），没有明确提出路基结构的术语及层位划分，而是沿用了我国对路基层位的划分。路基结构通常指路面结构层以下的路基工作区深度范围，汽车荷载产生的附加应力相对显著，且与路面结构响应密切相关，与英文"Subgrade"一致。本次修订时，为与国际接轨，曾拟定将本节"路床"改为"路基结构"。在征求意见和审查过程中，大家认为"路基结构"易引起歧义。因此，本次修订仍沿用传统的路基层位概念——上路床和下路床来近似界定公路路基结构，并明确其技术要求、设计指标及相关技术措施。

路基结构与路床的范围基本一致，均以路基工作区深度为确定依据，原规范（JTG D30—2004）的路床范围为0.8m。近年来，随着我国公路轴载谱的不断变化及其对路基路面性能的显著影响，有关汽车荷载对路基路面性能的影响及路基工作区深度的研究和讨论十分活跃。尽管对路基工作区的确定标准和分析结果有所差异，但普遍认为，我国公路路基工作区深度明显大于0.8m。AASHTO（1993）明确车辆荷载对路基的影响深度为1.5m。同济大学对我国40多种典型沥青路面结构的路基工作区深度进行了数值分析，取95%累计频率对应的值见表3-1；通过试验路实测单轴双轮100kN标准轴载条件下沥青路面路基工作区深度为0.9~1.1m（$\sigma_z/\sigma_c \leq 0.2$）或1.3~1.5m（$\sigma_z/\sigma_c \leq 0.1$），而单轴双轮130kN超载条件下沥青路面路基工作区深度可达1.6~2.0m（$\sigma_z/\sigma_c \leq 0.1$）。数值分析与实测结果基本一致，也证明了我国公路实际的路基工作区深度明显超过了路床（0.8m）范围。

本次规范修订时，根据研究成果和工程实际情况，调整了路床的范围。轻、中等及重交通的公路路床厚度为0.8m，特重、极重交通的公路路床厚度为1.20m。对于特种轴载的公路，需要通过计算路基工作区深度来确定路床厚度。

对于路床的层位划分，从工程经济性考虑，上路床仍取为0~0.3m；下路床则按照交通荷载等级进行划分，对于轻、中、重交通公路仍为0.3~0.8m，对于特重、极重交通公路则修订为0.3~1.2m。

特种轴载的公路是指以运煤或运建筑材料等大型载重车为主的公路，需根据实际情况，经调查论证后单独选用轴载计算参数，计算确定路床厚度。

表 3-1 路基工作区深度分析结果

轴型及其单轴轴载	不同确定标准对应的路基工作区深度（m）		
	$\sigma_z/\sigma_c \leq 0.1$	$\sigma_z/\sigma_c \leq 0.2$	$\sigma_z/\sigma_{z0} \leq 0.25$
单轴双轮 100kN	1.3	0.9	1.9
三轴双轮 130kN	2.4	1.6	3.0

注：1. σ_z 为车辆荷载通过路面结构传递到路基中的竖向应力。
　　2. σ_c 为上覆结构自重引起的竖向应力。
　　3. σ_{z0} 为车辆荷载通过路面结构传递到路基顶面的竖向应力。

3.2.2、3.2.3 在路面结构分析与设计中，表征路基结构的指标是路基顶面（即路床顶面）的回弹模量。CBR 是表征材料的水稳定性和抵抗局部压入变形能力的指标，而压实度则是施工控制指标，两者均非路基结构设计指标（或参数）。但是，路基回弹模量的设计值必须通过填料的合理选择和压实度的有效控制得以实现，工程实践已很好证明了这一点。因此，本次修订仍然保留了原规范（JTG D30—2004）采用路基填料最小强度（CBR）和路基压实度的有关规定，并将"最小强度"改为"最小承载比"。

关于填料 CBR，一方面，大多数国家的最小值要求略高于我国；另一方面，绝大多数公路路基长期处于非饱和状态，尤其是我国干旱、半干旱地区公路路基的平衡湿度普遍小于最佳含水率，因而采用现行 CBR 测试方法饱水 4d 的试验条件存在明显的不合理性。综合考虑这两方面，本次修订仍维持原规范（JTG D30—2004）的填料最小 CBR 标准。

关于压实度，原规范（JTG D30—2004）已在 JTG 013—95 的基础上提高了 1~3 个百分点，对于保证路基性能起到了重要作用。但相对而言，这一标准并不算高。譬如，AASHTO（1993）除特殊土外，所推荐的路堤和路基结构的最小压实度均要求大于 95%，对部分土组甚至要求 100%。考虑到再提高压实度在实际操作中的难度较大，也不经济，故本次修订维持了原规范（JTG D30—2004）的路基压实度要求。

3.2.4 关于路基结构性能的设计指标，近十年来，国内进行了系统研究。路基土是非线性弹塑性材料，反映其应力—应变关系的回弹模量值具有应力依赖性，并随其湿度和密实度状态变化。现行设计规范采用静态承载板法在顶面测定路基的回弹模量，或者采用贝克曼梁测定表面回弹弯沉后应用公式反算路基的回弹模量。而《公路沥青路面设计规范》（JTG D50—2006）中用查表法确定的参考值，是依据 20 世纪 70 年代通过全国调查和计算分析提出的数值。无论是试验方法、参数指标或是参考值，它们都不能确切反映材料在行车荷载作用下的基本力学性状。

路基的永久变形是沥青路面车辙量的组成部分。路基的永久变形量的预估用方法有分层应变总和法和基于安定理论的控制法。路基的永久变形积累与所承受的重复应力水平有关，应力水平高时，永久变形的累积速率随作用次数的增加而增长，在作用不多次数后会最终导致过量变形或破坏；应力水平低时，永久变形的累积速率随作用次数的增加而逐渐减缓，并趋向稳定状态。依据安定理论，控制住传到路基的应力或应变水平，使它产生的永久变形累积可以最终趋近于平衡（稳定）状态，便可以相应地控制住路基的永久变形量，使路面结构不会产生由于路基的过量永久变形而引起的损坏。同分层应变总和法相比，应用容许应力或应变指标控制路基的永久变形，较易于实施。

本次修订在交通运输部西部交通建设科技项目"沥青路面设计指标和参数研究""水泥混凝土路面路基性能指标与参数研究""基于多指标的沥青路面结构设计方法研究""路堤合理高度的研究""公路路基结构性能与设计指标研究"等相关成果的基础上，借鉴国际主流的路面结构设计力学——经验法，采用"路床顶面动态回弹模量"为设计指标，"路床顶面竖向压应变"为验算指标。正在修订的《公路沥青路面设计规范》也是采用动态回弹模量作为设计指标、竖向压应变作为验算指标。

路床顶面动态回弹模量的设计控制标准：路基在平衡湿度状态下，路床顶面回弹模量不应低于现行《公路沥青路面设计规范》（JTG D50）和《公路水泥混凝土路面设计规范》（JTG D40）规定的要求。

《公路水泥混凝土路面设计规范》（JTG D40—2011）第4.2.2条规定：路床顶面的综合回弹模量值，轻交通荷载等级时不得低于40MPa，中等或重交通荷载等级时不得低于60MPa，特重或极重交通荷载等级时不得低于80MPa。

正在修订的《公路沥青路面设计规范》（JTG D50）（送审稿）提出路床顶面回弹模量要求：轻交通荷载等级时不小于40MPa，中等或重交通荷载等级时不小于60MPa，特重交通荷载等级时不小于90MPa，极重交通荷载等级时不小于120MPa。

路基平衡湿度是指公路建成通车后，路基在地下水、降雨、蒸发、冻结和融化等因素作用下，湿度达到相对稳定的平衡状态，此时湿度称为平衡湿度。

3.2.5 现行设计规范仅按最不利时期的路基湿度状况选定其回弹模量值，在设计时未充分考虑路基湿度季节性变化对路基回弹模量值的影响，其设计状态不是很明确，也无法建立路基施工时湿度、回弹模量与最不利时期的路基湿度和回弹模量之间的定量关系。同时也未充分考虑路基回弹模量设计值是否能适应交通荷载的要求。

既有路基调查和室内试验成果表明，公路通车运营后，在自然环境条件（降雨、蒸发、冻结、融化等）和地下水影响下，路基内会产生新的水分迁移和湿度的重分布，路基土含水率比施工时含水率增大2~10个百分点；美国LTPP 137处公路路基（78处粒料土、59处黏性土）调查，含水率$w_{opt} \sim w_{opt}+7\%$。随着湿度增大，路基强度和回弹模量将减小；与此同时，路基在干湿循环、冻融循环的过程中，也会对路基土结构产生损伤，使得路基土强度和回弹模量产生衰减。根据研究成果，得到了施工时路基土湿度、强度、回弹模量与平衡状态下路基土湿度、强度与回弹模量的变化规律。

根据研究成果，本次规范修订，以最佳含水率和最大干密度时的路基湿度作为标准状态，此时路基回弹模量作为设计值，并充分考虑湿度变化、干湿循环或冻融循环对路基回弹模量的影响，使平衡湿度状态下路床顶面回弹模量不低于路面设计规范的规定要求。即，新建公路均质土路基回弹模量设计值 E_0 按式（3.2.5-1）确定，并满足式（3.2.5-2）的要求。

干湿循环或冻融循环条件下路基回弹模量折减系数取值范围为 0.7~0.95。干湿循环条件是指非冰冻地区，折减系数与路基湿度状态、土质类型和可能的失水率等密切相关，潮湿、中湿状态的细粒土，可能的失水率较大时，折减系数取小值；干燥状态的细粒土，可能的失水率较小时，折减系数取较大值；粗粒土（如砂砾）折减系数取大值。冻融循环条件是指季节性冻土区，其折减系数与冻结温度、路基湿度状态、土质类型等密切相关，轻冻区干燥状态细粒土路基，折减系数取较大值；重冻区潮湿、中湿状态细粒土路基，折减系数取小值；粗粒土（如砂砾）折减系数取大值。

对于多层不同类型土质路基，采用多层弹性层状地基理论，按照弯沉等效的原则，将多层结构转化成当量单层结构后，再计算路床顶面当量回弹模量值。

3.2.6 新建公路在标准状态下路基土的回弹模量值，需通过重复加载三轴压缩试验确定。考虑到不少设计单位尚未装备土动三轴仪，本次规范修订作为过渡，在前期大量试验基础上，也给出了附录 B 路基土动态回弹模量参考值，以及 *CBR* 与回弹模量之间关系式，设计时可采用查表法或 *CBR* 换算法来确定路基土回弹模量值。

前期试验研究，分析应力状况、物理状况及性质和组成等相关因素对回弹模量值的影响，建立可反映土和粒料非线性性状的回弹模量本构模型。因此，在测试路基土的含水率 w、干密度 ρ_d、塑性指数 I_P、细粒含量 $P_{0.075}$ 等物理性质指标的基础上，利用三参数本构模型式（3-1），可确定路基土回弹模量值。

$$M_R = k_1 p_a \left(\frac{\theta}{p_a}\right)^{k_2} \left(\frac{\tau_{oct}}{p_a} + 1\right)^{k_3} \tag{3-1}$$

式中：M_R——路基回弹模量值（MPa）；

p_a——大气压强绝对值，通常取为 100kPa；

θ——体应力（第一应力不变量），为三个主应力之和，即 $\theta = \sigma_1 + \sigma_2 + \sigma_3$，$\sigma_2$ 为中间主应力（kPa）；

τ_{oct}——八面体剪应力（kPa）；

$$\tau_{oct} = \sqrt{(\sigma_1 - \sigma_2)^2 + (\sigma_2 - \sigma_3)^2 + (\sigma_3 - \sigma_1)^2}/3$$

k_1、k_2、k_3——模型参数；对于细粒土路基，可由路基土的含水率 w（%）、干密度 ρ_d（g/cm³）、塑性指数 I_P（%）、细粒含量 $P_{0.075}$（%）等物性指标，按式（3-2）经验预估三参数。

$$\begin{aligned} k_1 &= -0.0960w + 0.3929\rho_d + 0.0142I_P + 0.0109P_{0.075} + 1.0100 \\ k_2 &= -0.0005w - 0.0069I_P - 0.0026P_{0.075} + 0.6984 \\ k_3 &= -0.2180w - 3.0253\rho_d - 0.0323I_P + 7.1474 \end{aligned} \tag{3-2}$$

根据研究成果，不同交通荷载等级的路基内当量应力水平变化幅度较小。确定路基当量回弹模量时，当量应力水平可按体应力 θ 为 70kPa 和八面体剪应力 τ_{oct} 为 13kPa 取用。

3.2.7 现行规范将路基按其干湿状态分为四种类型：过湿、潮湿、中湿和干燥状态，并以路床顶面以下80cm深度的平均稠度作为路基湿度的指标。四类路基干湿状态按路基临界高度划分，划分的标准沿用20世纪50年代末到60年代初期的全国调查结果。

路基湿度状况受大气降水和蒸发、地下水、温度和路面结构及其透水程度等多种因素的影响。许多观测资料表明，在路面完工后的2~3年内，路基的湿度变化逐渐趋近于某种平衡湿度状态。

本次规范修订，依据路基的湿度来源，可将路基的平衡湿度状况分为三类：

（1）地下水控制类的路基——地下水位高，路基工作区处于地下水毛细润湿区影响范围内，路基平衡湿度由地下水位升降所控制。此种路基湿度状态定义为潮湿状态。

（2）气候因素控制类的路基——地下水位很低，路基工作区处于地下水毛细润湿区之上，路基平衡湿度由气候因素变化所控制。此种路基湿度状态定义为干燥状态。

（3）兼受地下水和气候因素影响的路基——地下水位较高，路基工作区下部处于地下水毛细润湿区影响范围内，而其上部则受气候因素影响，路基平衡湿度兼受地下水和气候两方面的影响。此种路基湿度状态定义为中湿状态。

现行规范采用稠度表征路基的湿度，一方面无法反映非黏性土的湿度状态，另一方面单以含水率表征湿度，也难以准确反映它对回弹模量的影响。本次修订采用饱和度来表征路基土的湿度状态。土的饱和度既反映了含水率，也包含了密实度的影响。

饱和度按下式确定：

$$S_r = \frac{w_v}{1 - \frac{\gamma_s}{G_s \gamma_w}} \text{ 或 } S_r = \frac{w}{\frac{\gamma_w}{\gamma_s} - \frac{1}{G_s}} \tag{3-3}$$

$$w_v = w \frac{\gamma_s}{\gamma_w} \tag{3-4}$$

式中：S_r——饱和度（%）；

w_v——体积含水率（%）；

w——质量含水率（%）；

γ_s、γ_w——土的干密度和水的密度（kg/m³）；

G_s——土的相对密度。

路基平衡湿度的预估主要基于非饱和土力学的土—水特征曲线（饱和度或含水率—基质吸力关系曲线）。受地下水控制的，采用地下水位模型预估路基基质吸力；受气候因素控制的，采用 TMI 模型预估路基基质吸力，TMI 值按式（3-5）计算，不同自然区划的 TMI 值是由全国400多个气象观测站的气象资料计算、统计和归并后得到的。考虑到理论计算相对复杂，给出了附录C的查表法。

$$TMI_y = \frac{100R_y - 60DF_y}{PE_y} \tag{3-5}$$

式中：R_y——y年的水径流量（cm）；

DF_y——y 年的缺水量（cm）；
PE_y——y 年的潜在蒸发量（cm）。

3.3 填方路基

3.3.1、3.3.2 现行规范中确定路基最小填土高度时，主要考虑路基设计洪水位和路床处于中湿状态的临界高度等因素，尚未充分考虑地下水对路基工作区性能的影响，以及季冻区路基冻深和冻结水上升对路基的影响。对地下水位较高地段的低路堤，地下水将对路床（路基工作区）性能产生显著影响，使得路基土强度产生过大的衰减，造成路基工作区的承载能力不足，在汽车荷载作用下，路基将产生较大的塑性变形，引起路面变形破坏。

本次规范修订，在总结工程经验和科研成果的基础上，提出了确定路堤高度时要综合考虑设计洪水位、中湿状态路基临界高度、路基工作区深度、路基冻结深度等因素，以及确定路堤高度的计算方法见式（3.3.2）。

3.3.4 特殊干旱地区是指年降水量很小，一般不超过 200~250mm，蒸发强烈的地区，如沙漠、戈壁等；特殊潮湿地区是指年降雨量大，一般超过 1 000mm，雨季长达数月，且土质处于过湿状态的黏质土地区。在特殊干旱、特殊潮湿地区，路基压实是相当困难的，本规范规定"在保证路基强度和回弹模量要求的前提下，通过试验论证，压实度标准可降低 1~2 个百分点。"

3.3.5 根据已有工程经验和研究成果，给出了基于路堤稳定性要求的良好地基下典型土质路堤的最陡边坡坡率。在设计时，要根据地形地质条件、路堤高度、填料性质、防护形式和土地类型，灵活设计路堤边坡坡率，有条件时，除农田区之外，对戈壁、沙漠、宜林地等，因地制宜放缓路堤边坡坡率，使路基与周围环境相融合，并尽量为失控车辆提供适当的救险机会。

3.3.7 填方路基与桥梁、涵洞、通道相邻处，常有跳车现象，其主要原因是路堤压实度不够。为消除这种跳车现象，在路堤与桥台、横向构造物（涵洞、通道）等连接处设置过渡段是有效的工程措施。对于过渡段长度，原规范（JTG D30—2004）是采用 (2~3) H。本次修订根据实际工程情况，为便于施工碾压机械作业，增加了过渡段长度。

3.3.9~3.3.11 护肩路基、砌石路基、护脚路基具有经济适用等特点，使用效果较好，在山区公路中应用较广。设计时，要充分考虑砌体基础地基条件及所用石料的类型，要求斜坡地基稳定且有良好的承载能力，砌体石料要选用硬质岩石，不能使用软质岩石。砌石路基仅适用于三、四级公路。

3.4 挖方路基

3.4.1 表3.4.1路堑边坡坡率系按土质较均匀、无不良地质现象和无地下水的条件下，满足路堑边坡稳定性要求的土质挖方边坡最陡坡率。设计时，应根据气候、地质及其他自然因素等现场调查分析的结果，结合地形地质条件、路堑边坡高度和防护形式，灵活设计土质挖方边坡坡率，有条件时可以适当放缓边坡坡率。

3.4.2 岩石路堑边坡的稳定性分析和设计比较复杂，除受其岩性、边坡高度及施工方法等因素影响外，还在很大程度上取决于岩体结构、结构面产状及风化程度。如何正确地判断和权衡诸因素对边坡稳定性的影响程度，进行较为准确可靠的定量分析和边坡稳定性评价，目前尚没有统一、完善的方法。

岩石路堑边坡的稳定性主要由岩体结构控制，参照《建筑边坡工程技术规范》(GB 50330—2002)表12.2.2，结合公路边坡特点和经验，根据不同岩体类型的边坡稳定状况，表3.4.2给出了边坡高度不大于30m且无外倾软弱结构面的岩质边坡坡率，边坡岩体分类按附录E确定。由于我国幅员辽阔，地形地质、气候变化较大，各地需注意研究和积累各种边坡岩体类型在不同边坡高度时的稳定坡率，以供下次规范修订参考。

岩石路堑边坡的稳定受施工工艺、施工方法的影响较大。对硬质岩石路堑边坡，常规的爆破开挖法因冲击和震动作用，使岩体破碎、松动，运营期间易产生掉块、落石或滑坡坍塌等病害。因此，设计时不能简单地利用自然岩体特性，需考虑爆破松动后的岩体特性。

工程实践证明：采用光面爆破、预裂爆破等毫秒微差爆破技术能提高路堑边坡工程质量，最大限度地减少开挖时对边坡的破坏，施工后形成的路堑边坡岩体稳定、平整美观，值得大力推广应用。

3.4.4、3.4.5 水是影响路堑边坡稳定性的重要因素之一，降雨入渗和地下水渗透将使岩体结构面处于饱水状态，降低岩土抗剪强度，将造成边坡稳定性不足而引发变形破坏。因此，边坡防排水设计是十分重要的，设计时要根据地表水、地下水分布情况，因地制宜设置必要的排水设施。

3.5 路基填挖交界处理

3.5.1、3.5.2 半填半挖路基在山区公路中分布广，填挖结合部路基常产生差异沉降变形破坏等路基病害。其主要原因是填挖结合部的材料性质和密实状态的差异及地下水引起的。

要减少路基差异沉降，首先要从填方区材料设计入手，填方区所选填料需尽量与挖方区岩土性质相匹配，有条件时，优先采用渗水性好的粗粒土填筑，既可减少差异沉降，又为挖方区地下水提供了排泄路径，避免因填料渗透性差而封堵挖方区地下水，造成路基病害。

根据高速公路建设经验，路基填筑在达到规定的压实要求后，采取冲击碾压或强夯等增强补压措施，可以有效地减少填挖结合部差异沉降变形。但冲碾后易使表层土松散，冲击式压路机或强夯适用于路床底面以下的路堤增强补压。

3.5.3、3.5.4 陡坡上半填半挖路基的稳定性较差，有的设计采用在陡坡上横向加铺多层土工格栅，以提高半填半挖路基稳定性。从工程实践效果看，其作用效果不显著，故条文规定当填挖之间路基稳定性不够时，需根据地形地质条件，采取改善基底地基条件，设置浆砌片石护脚、挡土墙等支挡工程。

3.5.5 半填半挖路基路面产生变形破坏，多数情况是由于地下水所引起的。当路基地下排水系统不完善或排泄能力不足时，填挖结合部路基产生积水，软化路基，引起路基路面的变形破坏。从调研情况看，凡是设置了完善的地下排水系统，都没有发现路基病害，因此，半填半挖路基设置完善的地下排水系统是十分重要的。

3.5.6 路基纵向填挖交界结合部，尤其是岩质挖方段与填土路堤之间，因挖方段与填方段材料性质差异大，加之地下水渗透，常产生差异沉降变形破坏等路基病害。在路基纵向填挖交界结合部设置过渡段，并采用渗水性较好的砂砾、碎石土填筑，能较好地防治路基病害。

3.6 高路堤与陡坡路堤

3.6.1、3.6.2 原规范（JTG D30—2004）规定边坡高度超过20m的路堤为高边坡路堤，地面横坡坡度超过1:2.5的路堤为陡坡路堤。在本次规范修订中将其称为高路堤和陡坡路堤。从调查的情况看，出现稳定性问题较多、值得关注的仍然是这类路基，因此，规范强调对其进行个别地质勘察设计、综合设计和动态设计。

不良地质是指滑坡、崩塌、泥石流等，特殊岩土是指软土、红黏土、高液限土、膨胀土、黄土（湿陷性黄土）等。不良地质、特殊岩土路段的路堤需按照第7章的有关规定进行工点设计。

3.6.5 采用缓坡率有利于边坡稳定，但增加了占地，因此，条文提出应根据地形与工程地质条件、路基边坡高度、稳定性等，结合经济与环保因素综合确定。

3.6.6 高填方路基边坡坡面往往比较宽阔，受雨水等不利因素影响大。招商局重庆交通科研设计院有限公司对雨水在高路堤边坡上的渗流形态进行了研究，得到：雨水沿边坡渗流，并在坡脚积聚，使路基坡脚强度降低，严重影响高填方路基稳定性。坡面不及时进行防护，易造成冲蚀等病害，进而影响到路基整体稳定性。为此，提出了条文的要求。

3.6.7 原规范（JTG D30—2004）对高填方路基稳定性分析，没有明确指明分析工况，只是通过规定路基填土强度参数试验采用饱水试样，将获取的参数用于边坡的浅层稳定分析，来考虑降雨对路基稳定性的影响。本次规范修订根据现行《公路工程抗震规范》（JTG B02），增加了地震工况，给出了条文所列的三种工况。

对路基稳定性有影响的降雨主要是暴雨或连续降雨。对运营期的路基，降雨影响深度通常有限。招商局重庆交通科研设计院有限公司通过在重庆和甘肃等地不同降雨强度的现场试验得出：在没有任何路基边坡防护措施的情况下，甘肃黄土填筑的路基，降雨入渗深度为1m左右，重庆页岩土石混填路基，降雨入渗深度为2~3m。当路面铺筑完成，且路基排水设施完备、路基边坡进行植被等防护后，降雨对路基的影响还会减弱。同时，通过计算分析得到：随着降雨入渗深度的增加，路基稳定性持续降低。当入渗深度小于3.5m时，路基稳定系数降低的幅度比较小；当入渗深度达到5m时，降低36%左右；路基全饱和时，稳定系数可降低一半以上。如以路基全部受到降雨的影响来考虑降雨工况，既不符合实际，又会导致降雨工况控制路基设计的状况，因此，应当以降雨影响处于有限深度范围来考虑降雨工况。

3.6.8 路堤稳定性分析涉及地基土、路基填土、控制性层面等强度参数。路基在长期的运营过程中，土体含水率会发生变化，逐步趋于与其所处环境相适应的平衡湿度状态，按理应采用此种湿度条件下的强度参数，但实际情况十分复杂。原规范（JTG D30—2004）分析了路基填土的力学行为，并结合有关试验成果，对正常工况推荐按击实试验曲线上要求密度对应的较高含水率制备试样，试验确定填土的强度参数。通常情况下，此含水率比最佳含水率高1~2个百分点。本次规范修订时，沿用了这一要求，并为与各工况相衔接，提出了条文表3.6.8所列试样制备要求。

斜坡地基上路基的稳定性主要受控制性层面土层强度参数的影响。控制性层面土层往往比较复杂，可能是路堤底部填土、地基覆盖土层或者是潜在的软弱层，也可能是路堤与地基的接触面或是地基覆盖土层与岩层的接触面。

3.6.9、3.6.10 影响高填路基稳定性的因素很多，也很复杂，无法在稳定性计算中完全考虑到。在计算分析的基础上，结合场地条件和工程地质类比法，进行综合判断，分析评价高填路基的稳定性。

在防排水设施发挥正常功能的情况下，降雨对路基的影响主要在边坡部分，但对陡斜坡路基，或存在软弱层的路基，斜坡与软弱层是影响路基稳定的关键因素。

原规范（JTG D30—2004）考虑到不同的地基情况，采用了考虑地基平均固结度和不同地基强度参数表达的简化Bishop法。本次规范修订时，为避免理解上的困难和混乱，采用了通常的简化Bishop法，并要求对软弱地基按第7.7节的有关规定办理。

条文计算公式[式（3.6.10-1）、式（3.6.10-2）]是不平衡推力法的隐式解，安全系数采用传统的抗剪强度指标折减的定义，将安全系数隐于抗剪强度指标和传递系数中，通过迭代求解。由于其条块间推力平行于上一滑动条块底面的假定，使得计算的安全系数受滑动面倾角的影响较大。有的研究认为：对于光滑连续的滑面，隐式解法可以无条件使用；对于由折线形组成的滑面，隐式解的使用应有限制，滑面中所有转折点处的倾角变化值需小于10°。

对非正常工况Ⅰ，严格意义上的稳定性分析应当考虑降雨引起的渗流力和填土含水率增加引起的强度降低影响，但降雨引起的渗流一般为不稳定渗流，难以建立起实用的分析方法，目前通常采用饱和状态下的填土强度参数考虑降雨对路基稳定性的影响，不计地震力的作用。

3.6.11 安全系数取值是结构安全与经济权衡的结果。在确定路基稳定安全系数取值时，应当考虑其重要性、破坏后修复的难易程度，以及作用荷载的特点，在保障其发挥正常功能的情况下相对经济。对路线等级高，以及高度较高的路基，取用较大的安全系数。强降雨或地震等偶然荷载作用频率较低，与正常工况安全系数相比应有所降低，否则，将造成偶然荷载作用工况控制设计，导致极不经济。岩土工程本身比较复杂，具有很强的经验性，采用不同的分析方法可以得到不同的稳定系数，如采用简化Bishop法分析路基稳定性，得到的稳定性通常就较采用瑞典条分法高10%左右，因此，路基稳定安全系数取值还应当考虑到与采用的分析方法相匹配。

本次路基规范修订对路基稳定安全系数取值，遵循了以下原则，以达到安全与经济的协调：

（1）与结构重要性及破坏后修复的难易程度相适应，主要考虑与公路等级相联系。
（2）与采用的稳定性分析方法相匹配。
（3）以正常工况控制设计，以非正常工况进行校核设计，使其在正常工况下处于稳定状态，在非正常工况条件下，处于基本稳定状态。

遵循上述原则，对原规范（JTG D30—2004）的稳定安全系数进行了相应的调整，调整主要体现在考虑了公路等级和路基工况。对正常工况下的稳定安全系数，二级以上公路基本沿用了原规范的数值；对三、四级公路，考虑到等级低，且填土压实度标准要求相对低一些，故相对于二级以上公路稳定安全系数降低了约5%。

对降雨工况，招商局重庆交通科研设计院有限公司进行了相关的算例分析，得到：降雨对路基稳定系数的影响与路基边坡高度、地基情况等有关，引起稳定系数降低的幅度在5%~36%之间。如按1.35的稳定安全系数设计路基，那么依据算例稳定系数降低的百分比，可以得到：路基处于非正常工况Ⅰ时，稳定系数为1.28（影响小，降低4.79%）和0.864（影响显著，降低36.0%）。这一结果除稳定系数为0.864偏小外，基本符合前述以正常工况控制设计，以非正常工况进行校核设计，使路基在正常工况下处于稳定状态，在强降雨或地震等偶然作用条件下，处于基本稳定状态的原则。

综合算例分析结果及有关规范的规定，推荐了条文表3.6.11所列的稳定安全系数要求值。

3.6.12 有关研究与四川汶川5.12地震后路基震害调查表明，采用土工合成材料加筋的路基具有较好的抗震性能，因此，对需要抗震设防的路基，可考虑加筋方案。

3.6.13 尽管高填方路基按规定的填料和压实度填筑，但由于路基高度大，加之填料的不均匀性，仍存在一定的工后压缩变形和不均匀变形，造成路面开裂、不平整等病害。在一些工程中，采用冲击碾压或强夯增强补压、铺设土工合成材料等措施，消减路基不协调变形及其引起的病害，取得了良好效果。为此，条文推荐在必要时可采取这些措施。

高填方路基经过一个雨季后，一些病害得以暴露，便于进行相关的处治，利于沉降稳定，因此，高填方路基宜通过合理的施工安排，预留一个雨季的沉降期。

山区路基所处的地形、地基、填料情况十分复杂，国内虽然对高填方路基工后沉降控制进行过相关研究，但获得的成果有一定的局限性，本规范还难以给出工后沉降控制标准。招商局重庆交通科研设计院有限公司对四川成雅高速公路全线高填方路基，以及广西南宁—桂林高速公路部分高填方路基不均匀沉降实测结果进行分析，得出：为控制路基不均匀变形，山区高填方路基工后沉降控制标准取 40mm 较为合适。

3.6.14 由于地质勘探存在一定的局限性，同时设计中也无法完全模拟施工状态，通过动态监控，既能根据施工中反馈信息，验证和完善设计，有效地控制施工速率，保证路基稳定，又能根据监测资料，分析评价路堤的工后沉降，合理确定路面的铺筑时间，保证路面质量和服务水平。因此，高路堤与陡坡路堤施工监测与动态设计是非常重要的。

3.7 深路堑

3.7.2 边坡工程地质勘察需在地质调查并充分了解坡体地质结构后进行针对性的勘探。勘察中用单一的钻探往往难以达到预期效果，采用多种手段（斜孔、井槽、探槽、物探）的综合勘察，对于查明岩体结构构造是非常有效的。边坡勘察线一般是沿垂直边坡的方向布置，重点是查明路基边坡横向地质分布情况，勘察范围要包括可能影响边坡稳定的区域。

3.7.3 边坡岩体力学参数不易获得，由于岩体（特别是结构面）的现场剪切试验比较困难、试验时间较长、费用较高等原因，通过测试确定岩体性质指标（包括结构面的抗剪强度指标），当前并非所有工程都能做到。本规范参照《工程岩体分级标准》（GB 50218—94）表 C.0.2 并结合国内一些测试数据、研究成果及工程经验提出表 3.7.3-1 和表 3.7.3-2 供工程勘察设计人员使用。对破坏后果严重的岩石边坡的力学参数应通过现场测试获取。

岩石标准值是对测试值进行误差修正后得到反映岩石特点的值。由于岩体中或多或少都有结构面存在，其强度要低于岩石的强度。当前不少勘察单位采用水利水电系统的经验，将岩石的黏聚力 c 乘以 0.2、内摩擦角 φ 乘以 0.8 作为岩体的 c、φ 值。参照《建筑边坡工程技术规范》（GB 50330—2002）表 4.5.4 并结合国内公路部门的经验后，认

为岩体的 c 值可采用水利水电系统的经验，岩体的 φ 值采用表 3.7.3-3 中的值。

土体力学参数试验获取较容易，结果可用性较好。推荐采用原位剪切试验获取边坡土体力学参数。水对边坡稳定性的影响主要有两方面：降低边坡土体强度参数、产生不利边坡稳定的水压力。基于这两种影响，在土坡稳定性分析中对水的处理有不同的考虑方法：水土合算、水土分算。本节对不同的考虑方法的力学强度指标取值进行了规定。

3.7.4 挖方边坡稳定性评价内容包括边坡稳定状态的定性判断、稳定性计算、稳定性综合评价，以及边坡稳定性发展趋势分析。

边坡稳定状态的定性判断是边坡设计的前提和关键，它应在基于对边坡环境工程地质条件充分认识和分析的基础上开展，在此过程中涉及边坡岩体分级和边坡分类。近年来，我国各行业、特别是交通行业的西部交通科技项目，对边坡岩体分级和边坡分类开展了大量研究，获得了很多成果，比如 SMR 法、RMR 法等，不过这些成果尚待经受更大范围的工程实践检验。基于此，本次修订未将其纳入。

边坡稳定性评价要遵循以定性分析为基础、以定量计算为重要辅助手段来进行综合评价的原则。根据工程地质条件、可能的破坏模式以及已经出现的变形破坏迹象对边坡的稳定状态做出判断和计算是边坡稳定性评价的重要内容。

3.7.5 边坡稳定性定量计算方法很多，边坡破坏形态是选取计算方法首先考虑的一个重要因素。同一形式的边坡破坏形态，可供选择的计算方法也很多，本规范给出了选定计算方法的原则。

对圆弧滑动面边坡稳定性计算，目前我国公路部门多采用瑞典条分法，而这种方法计算精度不高。简化 Bishop 法被公认为是一种具有足够精度可以满足工程需要的方法，是目前我国水利部门、建筑部门大力推荐的方法，因此本规范也推荐该方法。

对折线滑动面边坡稳定性计算，目前国内外公认的精度较高的是 Sarma 法和 Spencer 法，不过这两种计算方法较复杂，设计人员使用起来较困难。我国公路部门、铁路部门、建筑部门目前广泛使用的是不平衡推力法。鉴于此，本规范推荐不平衡推力法。

数值分析法是一种较好的边坡稳定性分析方法，可解决极限平衡法难以解决的复杂的边坡稳定性分析问题，不过至目前为止，该法尚难以给出一般工程技术人员易于接受和掌握的边坡稳定性计算结果及判据。对于复杂的边坡稳定性数值分析，需专题研究。由于数值分析方法要求的计算参数较难准确获取，其计算结果大多用作定性分析评价。

3.7.6 边坡稳定性定量计算结果与计算中考虑的因素、附加荷载、特殊荷载等密切相关，也就是说与相应的计算工况密切相关。本规范结合目前我国公路边坡实际情况，给出了路堑高边坡的稳定性计算工况划分的规定。

按正常工况计算时，边坡岩土体计算参数需采用天然状态下的参数；按非正常工况Ⅰ计算时，边坡岩土体计算参数需采用饱水状态下的参数；按非正常工况Ⅱ计算时，边坡岩土体计算参数需采用饱水状态下的参数，同时要考虑地震等特殊荷载。

季冻区冻融对边坡的影响，主要表现在对边坡浅层稳定性形成影响、冻结滞水效应导致坡体大范围稳定性降低，坡体产生热融性滑坡。目前研究成果尚不成熟，本次修订未将其纳入条文中。因此，边坡浅层稳定性分析时，主要考虑冻融循环对冻深范围岩土体物理力学性质的影响，即采用冻融循环后饱水状态下的强度参数，并计入浅层冻结冰层融化时产生的动静水压。

3.7.7 原规范（JTG D30—2004）分析总结高速公路挖方高边坡稳定控制的科研成果和工程经验，借鉴了我国相关行业有关边坡安全系数的规定，提出了路堑边坡安全系数控制标准，经十年来山区高速公路工程实践验证是合适的。本次规范修订仍维持原标准，未作修订。

季节性冰冻地区，边坡冻融情况下的安全系数取值尚无成熟研究成果，结合地区经验参照降雨工况选取。

边坡稳定系数因所采用的计算方法不同，计算结果存在一定差别。大量算例试算结果表明，一般情况下，简化 Bishop 法计算结果比不平衡推力法计算结果大 5%～10%；数值分析法计算结果与简化 Bishop 法计算结果较接近，相互间的差值通常在 5% 以内；平面滑动面解析法计算结果比不平衡推力法计算结果大 8%～16%。本规范规定依据计算边坡稳定安全系数评价边坡稳定性状态时，应与计算方法相对应。

3.7.8 挖方高边坡坡形与坡率要根据边坡稳定性评价结果确定。边坡采用台阶式有利于边坡稳定性，具体应用时要结合地形地质条件，因地制宜。坚硬岩石边坡上修筑台阶比较困难，雨水丰富地区的顺层岩石边坡的台阶有时对边坡稳定不利，此时，采用不设台阶的折线式岩石边坡是合适的。

3.7.10 水是影响挖方高边坡稳定性的重要因素之一。设计时要重视地下排水设计，加强地表和地下综合排水系统的设计，尤其是要根据地下水赋存形式、排泄方式及边坡开挖后地下水状态的变化规律，因地制宜，选择适宜的排水方案。

3.7.11 动态设计是挖方高边坡设计内容之一。设计者要及时跟踪并掌握施工开挖中反映的真实地质特征、边坡变形量、应力测定值等信息资料，对原设计作校核和补充、完善设计，保证工程安全和设计的合理性。

地质资料是设计的基础，但山区地质情况复杂多变，受多种因素制约，地质勘察资料准确性的保证率较低，勘察主要结论失误造成边坡工程失败的现象不乏其例。因此规定必要时对地质情况复杂的高边坡进行补充勘察，收集地质资料，查对核实地质勘察结论，避免因勘察结论失误而造成工程事故。

现场监测是一项技术含量高的工作，它对工程设计的正确实施有着重要作用，也是保证施工安全或排危应急抢险的重要依据。因此，在设计文件中需对整个监测系统、程序、内容、技术要求等作明确规定。

3.8 填石路堤

3.8.1 填石料具有压实性能好、透水性强、填筑密度大、抗剪强度高、沉降变形小、承载力高的优良工程特性，在公路工程建设中得到广泛应用。但石料的岩性对填石路堤结构性能影响较大，膨胀性岩石、易溶性岩石和盐化岩石等，在水气环境影响下和随使用年限增长，其工程性质将发生劣化，路基稳定性差，易产生路基病害，故不用于路堤填筑。

填石路堤的质量与施工机具的性能密切相关，压实机具功率较小时，填石料无法进行进一步破碎，压实效果不好。推土机功率较小时，很难使大粒径填石料移位和摊铺表面进一步破碎和压实。试验表明，静重12t以下的振动压路机，在碾压中硬强度以上石料时，较难使表面平整，对压实效果影响很大。因此，本规范规定填石路堤推荐采用大功率推土机与重型压实机具相匹配的施工方法。

冲击式碾压、强夯施工填石路堤，能保证其施工质量，也有成熟的工程经验。有条件时，设计可采用该施工方案。

3.8.2 原规范（JTG D30—2004）总结公路填石路堤修筑经验和相关科研成果，借鉴《水利水电工程地质勘察规范》（GB 50287）按岩石单轴饱和抗压强度的分类标准，从填石料的工程性质和施工工艺要求的角度出发，给出了公路填石路堤的岩石分类（表3.8.2）：硬质岩石（≥60MPa）、中硬岩石（30～60MPa）、软质岩石（5～30MPa）。对强度小于5MPa的极软岩石，施工和压实特性完全可以按土质填料考虑。实践表明，上述分类是合适的。本次规范修订维持该分类标准。

3.8.3 原规范（JTG D30—2004）总结福建福泉高速公路、广东京珠高速公路、广西柳桂高速公路的花岗岩、石灰岩、红砂岩等填石路堤试验路的工程经验及相关科研成果，提出了不同岩石类型的摊铺层厚、最大粒径和孔隙率的压实质量标准。

孔隙率作为压实质量检测指标具唯一性，但需进行大坑（最大粒径的1.5～2倍）水袋法试验，测试难度较大。近年来，对压实沉降差作为检测指标进行了试验研究与工程实践。压实沉降差所反映的填石料实际密实状态与压路机的功率密切相关，功率较小的压路机碾压硬质岩石时，其沉降差并不能代表填石料实际密实状态能否满足工程要求。质量控制的关键是压路机的功率要与填石料的强度相匹配，即只有采用重型振动压路机才能保证工程质量。

本次规范修订，为保证填石路堤压实质量，又便于检测施工压实质量，规定填石路堤压实质量标准采用孔隙率作为控制指标，施工压实质量采用孔隙率与压实沉降差或施工参数联合控制。实际工程施工时，试验路确定压实沉降差控制标准，并同时检测孔隙率指标对其进行验证。

压实沉降差为采用重型振动压路机（建议14t以上）按规定碾压参数（强振，4km/h以下速度）碾压后各测点的高程差。建议压实沉降差检测采用如下标准：压实沉降差平均值应不大于 5mm，标准差不大于 3mm。

3.8.5 填石路堤的边坡部位常常是摊铺、压实的薄弱环节，且用常规方法很难使边坡密实和平整，因此，对硬质岩石路堤需进行边坡码砌。

3.8.6 风化岩石和软质岩石路堤在公路运营期间，在气候环境（降雨、蒸发、干湿循环）、地表水、地下水影响下，其物理力学性质产生衰减，尤其浸水后，软质岩石会软化，使其抗剪强度和承载能力不足，引起软质岩石路堤产生不均匀沉降变形、开裂，甚至失稳。防治软质岩石路基病害，关键是要控制软质岩石路基湿度稳定，避免在气候环境和水影响下软岩性质产生劣化。根据科研成果和相关工程经验，本规范提出了采取路基边部包边封闭或加筋、底部设置排水垫层等措施。

3.9 轻质材料路堤

3.9.1 轻质路堤是指采用重度小于细粒土的材料填筑的路堤。轻质材料用作公路路基填料的类型较多，从目前技术成熟程度来看，主要为土工泡沫塑料、泡沫轻质土、粉煤灰等，其使用目的与作用基本相同。本次规范修订时，将其合并为"轻质材料路堤"。

土工泡沫塑料在成型过程中颗粒膨胀形成了许多均匀的封闭空腔，这种结构决定了其具有轻质、耐压、耐水等诸多优良工程特性，对于消除在软弱地基上修筑一般路堤和桥头路堤时产生的路基沉降或差异沉降等有显著效果。同时土工泡沫塑料块体具有自立性，侧向变形很小，可以大大减轻或消除对桥台或挡土墙结构的侧向压力。此外，土工泡沫塑料导热系数较低，具有显著的隔热性能，可用于降低路基的冻结深度和减缓多年冻土地基的融化。

泡沫轻质土，亦称气泡混合轻质土，是公路建设领域的一种新型轻质填筑材料，具有轻质性、重度和强度可调节性、自流性、直立性、易开挖及施工便捷性等特性。其填筑工程以降低荷重或土压力为目的，已经大量用于软基路堤、软基桥台台背、道路加宽路堤、陡峭路堤、地下结构顶减荷回填、软土地基与基础处理、塌方快速抢险修复、寒区路堤填筑工程。泡沫轻质土最早由日本道路公团于 1986 年应用于道路工程，广东省于 2001 年从日本引进，并在国内公路建设中得到了较广泛的推广应用，已成为一种成熟的路堤修筑材料。泡沫轻质土是一种在水泥基浆料中加入泡沫后凝固而成的轻质类混凝土，在实际工程中，除有特殊性能要求外，其原材料主要由水泥、水和泡沫组成。掺料可根据性能要求和经济性进行选用。例如，在粉煤灰丰富且价格便宜地区，可掺入粉煤灰；在需要强度较高时，可掺入细砂和其他掺和料等；在风积砂丰富地区，可掺入风积砂；在地下水位以下填筑有防水要求时，可掺入防水剂等材料。

目前，公路粉煤灰路堤所用的粉煤灰主要是湿排灰（池灰），调湿灰次之，均属硅铝型的低钙粉煤灰，干灰、炉底灰渣和硫钙型的高钙粉煤灰均缺乏工程实际经验和应用实例，因此，本规范只针对硅铝型的低钙粉煤灰。

3.9.3　2　泡沫轻质土路堤最关键的指标为施工湿重度和抗压强度。日本道路公团《FCB工法设计施工指针》对泡沫轻质土性能指标的规定见表3-2，住房和城乡建设部行业标准《气泡混合轻质土填筑工程技术规程》（CJJ/T 177—2012）对泡沫轻质土性能指标的规定见表3-3、表3-4。近年来，泡沫轻质土在高速公路工程中得到了推广应用。泡沫轻质土主要由水泥、水和泡沫组成，填筑部位的施工湿重度和抗压强度借鉴了住建部的标准，路堤整体强度与稳定性较好但收缩裂缝较多。广东省在京珠高速公路太和互通广州北二环路基拓宽工程中，对泡沫轻质土掺砂配合比及工程性能、施工工艺等进行了试验研究，采用水泥:河砂=1:2配合比，湿重度10.8kN/m³，流值180mm，抗压强度达到了2.85MPa，取得了良好的效果。根据工程经验和科研成果，本规范提出了表3.9.3用于路基的泡沫轻质土性能指标要求；为了提高高速公路泡沫轻质土路堤耐久性，减少收缩裂缝，提高了特重、极重交通高速公路的泡沫轻质土性能指标，并要求采用掺砂配合比。

表3-2　日本道路公团泡沫轻质土性能指标

填筑部位	CBR（%）	单轴抗压强度 q_{uk}（kPa）
上部路床	10	1 000
下部路床	5	500
路体部	2.5	300

表3-3　用于路基填筑的性能指标

路面底面以下深度（m）	最小强度等级		最小重度等级
	城市快速路、高速公路、一级公路、主干路	其他等级公路	
0~0.8	CF0.8	CF0.6	W5
0.8~1.5	CF0.5	CF0.4	W3
>1.5	CF0.4		

表3-4　用于计算水位以下部位填筑的性能指标

计算水位以下（m）	最小重度等级	最小强度等级
≤3	W6	CF0.8
>3	W8	CF1.0

工程要求需明确泡沫轻质土抗冻性指标时，通过试验确定其重度和强度变化情况，再进行相关指标设计。如无试验资料时，按重度损失率不大于5%、抗压强度损失率不大于10%的要求进行设计。

3　本规范所述的粉煤灰属硅铝型低钙粉煤灰，相当于美国标准（ASTM C618—87）中的F级粉煤灰。该标准是针对用作普通水泥混凝土添加料的粉煤灰技术要求而制定的。规定最大烧失量为6%，若有试验资料作依据，可允许使用最大烧失量12%的F级粉煤灰，但对路堤填料未作明确规定。现行《公路路面基层施工技术规范》（JTJ 034—2000）规定粉煤灰烧失量不应超过20%，作为路堤填料，采用与基层材料相同的规定是可行的。

3.9.4 土工泡沫塑料、泡沫轻质土等轻质材料直接裸露时，在环境因素的作用下轻质材料易产生老化和其他损害。土工泡沫塑料在日光紫外线直接照射下易产生老化，啮齿动物、有害物质、明火等也会对土工泡沫塑料块体产生损害；裸露的泡沫轻质土易发生碳化变质，并导致强度大幅度降低和风化剥落；粉煤灰裸露时，在蒸发作用下，失水干燥的粉煤灰无黏聚力，其边坡自稳性差，降雨又将使粉煤灰边坡产生较为严重的冲刷。因此，本规范规定轻质材料路堤设计应采取有效的防护措施，轻质材料不得直接裸露。

轻质材料路堤设计时，为防止轻质材料直接裸露，通常采用斜坡式路堤和直立式路堤。斜坡式路堤采用土质包边护坡，直立式路堤则是设置混凝土面板或挡土墙。泡沫轻质土路堤多采用直立式，设置混凝土护壁保护层，填筑高度小于3m时多采用预制混凝土面板护壁；高度大于3m时，通常采用现浇钢筋混凝土挡土墙。

轻质材料路堤主要是以减轻路堤自重、减小地基应力及沉降为主要目的，其填筑厚度根据工后沉降计算确定，计算时需遵循"地基应力等效"原则或"路堤沉降控制"原则。

3.9.5 土工泡沫塑料路堤中设置钢筋混凝土板保护层的目的在于，增加土工泡沫塑料块体整体性，更好地分散车辆荷载和上覆荷载，避免施工荷载对土工泡沫塑料块体的损伤，并防止有害物质浸入土工泡沫塑料块体。钢筋混凝土板保护层内一般采用直径$\phi 6mm$、$15cm \times 15cm$的钢筋网。

3.9.6 泡沫轻质土在环境影响下，其内部因湿度和温度变化将产生收缩裂缝。为防止路面渗水进入泡沫轻质土内部、减少收缩裂缝，并防止裂缝反射到路面上，在其顶部设置金属网、聚乙烯土工膜是必要的。

3.9.7 粉煤灰的饱水强度很低，当地表积水和地下水渗透到粉煤灰路堤内部时，将造成粉煤灰路堤的强度和稳定性不足。因此，粉煤灰路堤设计时要考虑隔断毛细水的作用影响，在路堤底部设置排水垫层、隔离层等，防止长期积水浸泡路堤基底。粉煤灰路堤两侧包边护坡中需设置排水渗沟，并用无纺土工织物作反滤层，以防止排水渗沟的淤塞。

3.10 工业废渣路堤

3.10.1 利用工业废渣填筑路堤，对节约土地、保护环境具有重要意义。但是，有些弃渣由于在形成过程中富集某些微量元素，具有一定的毒性、腐蚀性或放射性，对环境和人身健康具有潜在不利影响，设计时要充分重视这些元素的含量，特别是工业废渣浸出液内微量元素的含量。国家环境保护总局2004年发布的《危险废物安全填埋处置工程建设技术要求》中直接入场（非预处理）填埋的废物控制限制值见表3-5。当工业废渣内含有有害物质时，不能用作路堤填料。

表3-5　用于填埋废物的有害物质控制限值

项　　目	控制限值（mg/L）	项　　目	控制限值（mg/L）
有机汞	0.001	锌及其化合物（以总锌计）	75
汞及其化合物（以总汞计）	0.25	铍及其化合物（以总铍计）	0.20
铅（以总铅计）	5	钡及其化合物（以总钡计）	150
镉（以总镉计）	0.50	镍及其化合物（以总镍计）	15
总铬	12	砷及其化合物（以总砷计）	2.5
六价铬	2.50	无机氟化物（不包括氟化钙）	100
铜及其化合物（以总铜计）	75	氰化物（以CN计）	5

一些工业废渣（煤矸石和煤渣等）中含有一定数量的硫酸离子或浸出液呈酸性，对构筑物具有一定的侵蚀性，所以，对于距离混凝土构筑物和金属构件组装的永久性结构以及路面结构层0.5m范围内路堤填料中的易溶盐含量和酸碱度指标，要满足混凝土结构、金属构件以及路面结构层耐久性设计要求。例如，英国高速公路标准规定，在混凝土、水泥胶结材料和稳定土材料500mm范围之内，路基填料中水溶性硫酸盐含量不能超过1 500mg/L；在金属构件组装的永久性结构500mm范围之内，路基填料中水溶性硫酸盐含量不能超过300mg/L。

3.10.2 高炉矿渣、钢渣具有承载能力高、坚固性好、强度高等优点，但也有粉化、膨胀等特性。影响高炉矿渣、钢渣的稳定性及安定性的主要因素是游离氧化钙（f-CaO）和MgO的含量，以及粒径和存放期等。采用室外存放一定时间使其膨胀破碎的自然老化消解法是解决其安定性的有效措施。试验表明，存放期小于一年的新渣，膨胀率较大；存放期超过一年的存渣，膨胀率较小。根据科研成果和工程经验，本规范规定采用堆存一年以上的陈渣，并提出了浸水膨胀率、压蒸粉化率、游离氧化钙含量等控制标准。

煤矸石的吸水、崩解、膨胀、自燃等性质对路基稳定性影响很大。煤矸石可根据塑性指数和CBR值进行分级。研究结果表明，塑性指数大于10的煤矸石通常含有较多的蒙脱石、伊利石等水不稳定成分，而且膨胀率都比较大，不能直接用作路堤填料。已燃煤矸石与未燃煤矸石相比，往往具有较好的稳定性（如膨胀率小）；而未充分氧化的煤矸石中的煤和空气发生化学反应，生成大量气体并放出热量，导致体积膨胀，引起路基变形和路面开裂等病害。因此，本规范规定未经充分氧化与陈化的煤矸石、塑性指数大于10的煤矸石不宜直接用于填筑高速公路和一级公路路堤。

性质较差的煤矸石是指碳质含量高、烧失量大于20%、塑性指数大于10、自由膨胀率大于40%，以及CBR强度不满足本规范要求的煤矸石。

3.10.4 鉴于工业固体废物浸出物质可能对环境造成不利影响，而粗粒弃渣的崩解性、细粒弃渣颗粒迁移和管涌问题均会对路基稳定性和长期性能造成不利影响，本规范规定工业固体废物路堤不应用于浸水地段以及洪水浸淹部位。

3.10.5 为防止工业废渣对环境产生不利影响，通常采用封闭式路堤结构。工业废渣路堤由路堤主体部分（工业废渣）、护坡和封顶层（黏性土或其他材料）以及隔离层、排水系统等部分组成。

4 路基排水

4.1 一般规定

4.1.1 水是诱发路基病害的主要因素。防排水系统设置不完善、不合理，排水设施过水断面不足，以及地下排水设施因选型不当而过早失效等，都会引发严重的路基病害。设计人员要重视路基排水设计。

公路路基排水设计包括地表排水和地下排水两大部分。地表排水主要是排出路基范围内的地表径流、地表积水、边坡雨水及公路邻近地带影响路基稳定的地表水，地下排水主要是排出流向路基的地下水或降低地下水位。

排水系统设计中，排水设施的合理布置及其过水断面的设计是非常重要的两个环节。设计时要遵循防、排、疏结合的原则，根据公路等级、沿线地形、地质、水文、气象等条件以及桥涵设置情况等，综合布设路基排水设施，各类排水设施要相互衔接配合，使水迅速排出路基范围，保证路床处于干燥、中湿状态。

我国幅员辽阔，各地均有特殊的气候、地质条件，路基排水设施通常与路面排水、路基防护、地基处理工程是不可分开的，地表排水与地下排水也是密不可分的，需系统设计、综合考虑。

4.1.2 一般情况下，路界地表水不能流入桥面、隧道及其排水系统，以免将泥沙和杂物带入隧道内或桥面上，堵塞隧道洞内或桥面排水系统，冲刷桥台及其锥坡，影响隧道或桥梁安全运营。

当隧道出口方向的挖方路基为上坡时，一般可沿路线方向设置反坡排水。当洞口路堑长、纵坡大时，受地形条件限制，反坡排水不仅工程量大，而且出水口位置及高程难以选定，若硬性设计为反坡排水，显然欠合理。因此，当排水困难且隧道长度小于300m，洞外地表水量较小、含泥量少时，经论证比较后，路堑边沟水可经隧道排出。必须经过隧道排水时，要保证有足够的过水断面，并在隧道洞口处设置必要的沉砂池和格栅，避免将洞外泥沙和杂物带入隧道排水沟内。

为防止路表水冲刷桥梁台背路基及其锥坡，在桥梁台背路基两侧，需结合坡面防护措施，设置必要的截水沟或急流槽、消力池等地表排水设施。

4.1.3 低填、浅挖路基以及排水困难地段，路面及路基工作区距地下水位或地表常水位较近，在汽车荷载与水的耦合作用下，路基长期性能将发生衰变，路基路面易产生变形破坏。因此，解决水的问题是低填、浅挖路基以及排水困难地段路基防排水设计的关键。

4.1.6、4.1.7 公路施工必然会对沿线原有排灌体系有所影响，加之极端暴雨情况时有发生，小流域暴雨具有突发性强、暴雨强度大、破坏性大的特点，公路排水设计、施工时要对此予以重视。施工阶段的临时排水设施是保证路基、路面、桥涵施工质量，保护沿线自然环境所必需的设施，为节约投资，方便施工，路基排水设计时，要考虑施工场地的临时性排水设施与永久性设施相结合。

4.2 地表排水

4.2.1 路基排水水文计算，可以依照现行《公路排水设计规范》（JTG/T D33）中的计算方法，或参考《公路设计手册 路基》中的计算方法。综合国内外的资料，本规范规定路基排水设计的降雨重现期对高速公路、一级公路为15年，其他等级公路为10年。对路基排水结构物作水文计算时，需根据排水结构物所在位置、作用、汇水范围等因素，选用水文计算公式。

边沟、截水沟、排水沟、跌水和急流槽的断面尺寸，要保证宜泄全部设计流量而不致溢出沟外；同时，沟管内水流的最大和最小流速须控制在允许流速范围内。

4.2.4、4.2.6 根据现行《公路工程名词术语》（JTJ 002）、《公路排水设计规范》（JTG/T D33）中对边沟、排水沟的解释，本次规范修订将两者的定义及适用条件进一步明确。

边沟分为路堑边沟和路堤边沟，位于土路肩或护坡道外侧，用于汇集和排除路面、路肩及边坡的水。常用的边沟断面形式有三角形、浅碟形、U形、梯形、矩形、带盖板矩形、暗埋式边沟等。选择时既要考虑地形地质条件、边坡高度、汇水面积及排水功能，也要注意边沟形式对路侧安全和环境景观的影响，因地制宜，合理选用。当路基边坡高度不大、汇水面积较小时，优先采用三角形、浅碟形边沟。边沟断面尺寸需根据地形、地貌、汇水面积、暴雨强度、路基填挖情况等，经过水文、水力计算，并结合当地的经验确定。

边沟的冲刷防护设计，需根据不同的情况选用不同的防护加固措施。本次规范修订，明确了不同类型明沟的最大允许流速，为边沟防冲刷加固设计提供了依据。在选用边沟防冲刷加固措施时，既要考虑加固措施的耐久性，也要考虑与环境协调性。在边沟水流最大允许流速范围，通常优先选用植物防护；当超过最大允许流速、可能产生冲刷时，可根据流速大小，因地制宜，选用换填砂砾、卵石、片碎石等间接加固方式，或干砌片石、浆砌片石（混凝土块）、现浇混凝土等直接加固方式。

4.2.5 截水沟的作用是拦截路堑顶以上的山坡地表水流，防止其流向路堑冲刷路堑边坡，同时还考虑防止汇集于截水沟内的水流渗漏而影响边坡稳定。因此，截水沟距堑顶的距离要从这两方面慎重考虑，距离过大，未拦截的地表水较多，可能会冲刷边坡；距离过小，渗入坡体的水将影响边坡稳定。设计时，要考虑路堑边坡的土质情况及边坡坍塌后对公路运营的危害程度，一般情况下截水沟距堑顶的距离不宜小于5m。

截水沟根据路基填挖情况和所处位置可以分为路堤截水沟、堑顶截水沟和平台截水沟。截水沟设置的位置和道数是十分重要的，应经过详细水文、地质、地形等调查后，经流量计算确定截水沟的位置、横断面尺寸和道数。为防止边坡的破坏，截水沟应采取有效的防渗措施，出水口应引伸到路基范围以外，出口处设置消能设施，确保边坡和路基的稳定性。

截水沟设计时，也要考虑其断面形式对周围环境的影响。当堑顶上方汇水面积小时，通常不设截水沟。

4.2.7 跌水和急流槽主要用于陡坡地段的排水，达到水流的消能和减缓流速，是山区公路普遍采用的排水结构物。跌水和急流槽的断面形式通常采用矩形或梯形，进、出水口是易发生水流冲刷破坏的关键点，需做好防护与加固。

4.2.8 蒸发池仅适用于我国北方气候干旱、蒸发量大且排水困难的地段。每个蒸发池的容水量应根据蒸发池的纵向间距经水力、水文以及蒸发量计算后确定。蒸发池四周要采取必要的安全防护措施，防止行人出现意外事故。

4.2.9 《公路排水设计规范》（JTG/T D33—2012）定义了"水环境敏感路段"，并规定了水环境敏感路段路基排水设计要求。

公路路面排出的污水一般以悬浮物和石油类为主，与其他行业相比，公路污水中含油污量一般较低，故推荐以简易的沉淀法处理措施为主。目前国内已建公路油水分离池应用较少，具体设计时，可参考现行《室外排水设计规范》（GB 50014）和《污水综合排放标准》（GB 8978）。

4.2.10 解决下挖式通道的排水问题是保证下穿公路使用功能与安全运营的关键措施之一。下挖式通道排水设计的主要技术问题是地面径流量计算的控制标准、排水系统与排水方式的选择，现行规范尚无相关的技术规定。《室外排水设计规范》（GB 50014—2006）规定立体交叉道路排水设计重现期不小于3年。本次修订结合公路特点，考虑目前气候环境变化，尤其是发生暴雨的频率和强度情况，为提高下挖式通道的雨天通行能力，规定下挖式通道排水设计的重现期不宜小于5年。

根据工程经验和科研成果，规范给出了下挖式通道的主要排水方式（自流排水、泵站排水、渗井排水、蒸发池排水）的适用条件与范围，设计时需因地制宜，根据具体情况合理选用。考虑泵站排水、渗井排水、蒸发池排水等排泄能力及公路运营期的养护管理，下挖式通道设计时，要优先采用自流的排泄方式。

4.3 地下排水

4.3.1 水文地质参数是地下排水设计的重要基础资料，设计前在收集既有的工程地质和水文地质等有关资料的基础上，通过调查、勘探和测试，查明水文地质条件，获取地下水水位、流向、流量及渗透系数等水文地质参数，为地下排水设计提供可靠的依据。

4.3.2 路基地下排水设施的类型较多，其适用条件与范围、排泄能力及长期的效能也各不相同。根据地下水的赋存条件，规范给出了相应的地下排水设施的选用原则，设计时需因地制宜，灵活选用。

4.3.5 渗沟根据材料和结构形式，可分为填石渗沟、无砂混凝土渗沟、管式渗沟、洞式渗沟、边坡渗沟、支撑渗沟等。

填石渗沟，也称为盲沟，一般适用于地下水流量不大、渗沟不长的地段。填石渗沟较易淤塞。洞式及管式渗沟一般适用于地下水流量较大、引水较长的地段。条件允许时，应优先采用管式渗沟。洞式渗沟施工麻烦，质量不易保证。目前多采用管式渗沟代替填石渗沟和洞式渗沟。

边坡渗沟、支撑渗沟则主要用于疏干潮湿的土质路堑边坡坡体和引排边坡上局部出露的上层滞水或泉水，坡面采用干砌片石覆盖，以确保边坡干燥、稳定。

用于渗沟的反滤土工布及防渗土工布，设计时通常根据水文地质条件、使用部位等按现行《土工合成材料》（GB/T 17638～17642）选用。

无砂混凝土既可作为反滤层，也可作为渗沟，是近几年在公路地下排水设施中应用的新型排水设施。用无砂混凝土作为透水的井壁和沟壁以替代施工较复杂的反滤层和渗水孔设备，并可承受适当的荷载，具有透水性和过滤性好、施工简便、省料等优点。预制无砂混凝土板块作为反滤层，用在卵砾石、粗中砂含水层中效果良好；如用于细颗粒土地层，通常在无砂混凝土板块外侧铺设土工织物作反滤层，用以防止细颗粒土堵塞无砂混凝土块的孔隙。

4.3.6 仰斜式排水孔是采用小直径的排水管在边坡体内排除深层地下水的一种有效方法，一般用于排泄坡体内有固定的含水层、坡面上有集中地下水出露的地下水，通常成群布置，疏干坡体内地下水的效果较好，在我国山区公路中得到了广泛的应用，最长排水孔已达50m。

仰斜式排水孔的直径一般为75～150mm，仰角不小于6°，长度应伸至地下水富集或潜在滑动面。孔内透水管直径一般为50～100mm。透水管应外包1～2层渗水土工布，防止泥土将渗水孔堵塞。

4.3.8 排水隧洞适用于截断和引排深层地下水，与渗井或渗管群联合使用，以排除具有多层含水层的复杂地层中的地下水。排水隧洞要埋入欲截引的主要含水层附近的稳定地层中。滑坡区的隧洞，其顶部需设置在滑动面或带以下稳定地层中不小于0.5m。

排水隧洞的纵坡要根据地下水埋藏深度及水力坡度、地层情况、出水口位置的高程等综合考虑决定。排水隧洞的横断面宽度，往往不取决于排水流量的要求，而是受施工需要的控制。人工施工时，考虑在沟壁支撑加固后尚能保留一人在底部转身工作的最小宽度；对于较长的排水隧洞，尚要考虑施工通风的问题，需酌情加宽。

5 路基防护与支挡

5.1 一般规定

5.1.1 路基长期受自然因素的作用影响，岩土在不利水文条件作用下，物理力学性质发生衰变，导致路基产生病害。为保证路基具有足够的强度和稳定性，路基防护、支挡、加固是不可缺少的工程措施。

5.1.2 坡面防护的作用是保护路基边坡坡面免受雨水冲刷、风化剥落，减缓温差及湿度变化的影响，防止和延缓岩土表面的风化、破碎、剥蚀演变过程，保证路基边坡稳定，并改善路域环境。设计时，一般不考虑承受斜坡地层的侧压力，要求边坡具有足够的稳定性。

植物防护能起到保护和改善环境的作用，对于适宜植物生长且坡率不陡于1:1的土质边坡，要优先采用植物防护。植物防护时，其早期植物生长缓慢，防冲刷能力较弱，对于高度较大、坡较长的土质边坡，需增设浆砌片石或混凝土骨架。对于完整性较好的弱、微、未风化硬质岩石边坡，边坡稳定，一般不需要作防护。

5.1.4 本条是根据十多年来我国山区公路建设中经验、教训以及国内外资料，对支挡工程设计提出的基本要求。

（1）支挡结构在各种荷载组合作用下，要具有足够的强度和稳定性，满足耐久的要求。

（2）支挡类型除了选择重力式挡土墙外，尚可根据现场的地形、地质、水文等具体情况，结合工程技术条件，从技术可靠、经济合理、环境和谐的原则出发，选择最合适的支挡结构形式。不论选择哪种结构类型，都要符合安全可靠、经济合理、便于施工养护的要求。

（3）支挡结构材料的选用可视结构类型而定，重力式挡土墙一般考虑就地取材，采用浆砌片石或片石混凝土，其他支挡结构除了采用钢筋混凝土外，由于结构类型不同需用其他材料，如加筋土挡土墙的拉筋采用土工合成材料或金属拉带，锚杆挡土墙、锚定板挡土墙的拉筋采用钢材。这些材料埋在填料中，受水和其他化学成分的作用影响，易产生腐蚀问题。因此，本条强调结构材料要符合耐久、耐腐蚀的要求。

5.2 坡面防护

5.2.1 坡面防护是保证边坡稳定、改善路域环境、保护环境和防止水土流失的一种工程措施。表5.2.1给出了目前公路工程中常用且效果较好的坡面防护类型及适用条件，选用时要考虑其适用条件，以及对周围环境景观的影响。在气候和土质条件适宜时，优先采用植物防护。

圬工防护（喷护、挂网喷护、浆砌片石护坡和护面墙等）存在的主要问题是与周围环境不协调，道路景观差，要尽量少用，尤其是高速公路、一级公路和旅游公路尽量不用喷护和挂网喷护。需采用圬工防护时，要加强其细部处理设计，注意与周围自然环境和当地人文环境的融合，以减少对周围环境的影响。

原规范（JTG D30—2004）中封面、捶面防护类型，在公路部门已很少采用，故本次规范修订时删除了封面、捶面防护的技术要求。

5.2.2 植物防护的类型很多，设计时，要视当地土壤、边坡高度及气候条件等选择合适的植物防护形式。草种要选择当地多年生乡土植物，并采用草灌结合，以提高植物防护坡面的抗冲刷能力和植物耐久性。

喷混植生常用于坡面不适宜植物生长的边坡防护，是在坡面上铺设或置换一定厚度可适宜植物生长的土壤或混合料（包括土壤、有机质、肥料、保水材料、黏合剂、杀虫剂、植物种子等），达到绿化的目的。基材喷播厚度与边坡坡度、降雨量、岩体结构、岩性以及植物种类等诸多因素相关，喷播厚度过薄将影响植物生长，酷暑季节时，植物易枯死。根据公路喷混植生技术的应用情况，条文规定喷混植生的厚度不小于0.10m。

5.2.3 浆砌片石（混凝土块）骨架植物防护既能截断坡面水流或减缓水流速度，防止坡面产生冲刷，又能改善环境景观，是公路边坡防护的主要形式之一。

南方多雨地区坡率1:0.5~1:0.75的坡面常用浆砌片石（混凝土块）骨架植草防护。在植物生长初期，降雨使得骨架内回填土产生溜坍、骨架脱空，导致边坡破坏。因此，设计时要注意骨架植草防护的早期冲刷问题；必要时，骨架内要有适当的固土措施，或者是采用移栽灌木。

5.2.6 护面墙常用于路堑边坡防护，要注意与边坡渗沟或仰斜排水孔等配合使用，防止边坡的变形破坏。护面墙除墙身自重外，不承受其他荷载，亦不考虑承受墙背土压力。对于高速公路、一级公路，从路域环境景观考虑，护面墙单级护坡高度不宜过大。

5.3 沿河路基防护

5.3.1 沿河路基常受洪水冲刷而发生坍塌或遭水毁，路基冲刷防护是防治山区公路水毁病害的重要措施。

冲刷防护一般分为直接和间接两种。直接防护是为了防止水流直接危害路基和河岸，防护的重点是边坡和坡脚，是对河岸或路基予以直接防护加固，以抵抗水流的冲刷和淘蚀。间接防护则是通过导流等措施，改变水流方向，消除和减缓水流对路基或河岸直接破坏，同时促使河岸附近水流减速和泥沙淤积起安全保护作用。

导流是借助沿河布置丁坝来迫使水流流向偏离线路，减轻路基部分的冲刷，一般用于河床较宽，冲刷和淤积大致平衡，水流性质易改变的河床。

当路基侵占河床较多或水流直冲威胁路基安全，地形地质条件有可能时，方可采用局部改移河道的措施。峡谷、泥石流、非稳定性的河段，不轻易改移河道。

表5.3.1给出了目前公路工程中常用的沿河路基冲刷防护类型及适用条件，设计时要根据河段特性，因地制宜，慎重地选择适宜的坡面防护、导流、改河等防冲刷措施。各类防护可单独使用，也可组合使用。

5.3.2 冲刷防护工程的基础处理得当与否，是关系到该工程成败的关键。历年来实践经验证明，冲刷防护工程失败大多是由于地基被淘空而引起的。故基础需埋置在冲刷深度线以下不小于1m或嵌入基岩内。

防止地基淘蚀的措施，按其性质分为立面防淘和平面防淘。立面防淘是将建筑物基础设置在冲刷深度以下，使基底不受冲刷，但在冲刷深度较大时，明挖基础施工难度大，可考虑桩基、沉井。平面防淘措施是用柔性建筑物平铺在河床或用散体材料堆放在主体工程的前面，当河床受到冲刷后，这种建筑物随之下沉起保护基底作用，如抛石、石笼、潜坝、混凝土板等。平面防淘措施只适用于二级及二级以下公路或作为立面防淘的辅助措施。

5.3.3 山区公路沿河路基产生水毁病害的原因，除了基础地基被水流冲蚀之外，另一原因是：防护支挡工程的轴线平面形状与所防护的一段河岸外形不相称，防护支挡工程两端（起点和终点）与上下游河岸岸坡衔接不平顺，端部未嵌入稳定的岸坡或嵌入深度不够，使该区段水流流态发生变化，恶化了其水文条件，造成了沿河路基水毁的发生。基于此，本条提出了防护支挡工程的平面布置及与河岸岸坡衔接设计的基本要求。

5.3.4 导流构造物发挥作用的关键在于合理设计导治线。导治线是借助导流构造物将主流挑离路基一侧，规划形成一条新的河岸线，它是布置调节构造物的主要依据。导治线的设计要符合预定的河轴线和河岸线的要求，亦取决于导治水位不致出现不利的冲刷情况。

在设计导治线时，对水流和河岸、河床的地形地质情况以及水流对上下游对岸的影响等因素，综合分析，慎重考虑。导治线的平面形状要与所防护的河岸外形相称，经导治的河床宽度、深度及流速等需与稳定河道的发展规律相符，并使水流在导治的地段可以平顺地流过而不致对农田、村庄和上下游线路起破坏作用。导治线的起点需根据河道的地质和水文条件加以选择，尽可能把起点设在地质条件良好，能保证水流由此转向，按导治方向流动的河段。导治线的终点要与下游天然河床的河床线平顺衔接，尽量不扰乱下游的水流性质。

在狭窄的河谷地段，因河床狭窄、水流湍急，若用导流建筑物改变河流水性，往往失败多、收效少，故不宜使用。

5.3.7 丁坝是一种较为剧烈地改变水流状态的河道整治构造物，多用于防护宽浅变迁、游荡等不稳定的河段。丁坝的设计长度要根据导治线来考虑，以防护为主时，宜采用较短的丁坝，只扰乱其附近的局部水流，不致引起对岸水流的显著变化；以挑流为主、用以改变主流方向、使其远离被防护的河岸或路段时，多采用较长的丁坝。

丁坝多用于防护挡土墙和护坡的浅基础冲刷，一般情况下，常用漫水坝或潜坝。丁坝轴线与水流方向间的交角大小不同，对水流结构的影响和形成坝后回流区大小以及坝后淤积情况均不一样。对漫水坝和上挑式坝，水流漫过坝后与坝轴线垂直方向流向河心，沿坝身形成的平轴环流，流向指向河岸，在近岸处产生淤积，且上挑坝和正挑坝的回流区长度较下挑坝长。故条文规定丁坝与水流方向的交角以小于或等于90°为宜。

坝根是与河岸坡或边滩相连接的地方，主要受漩流作用，易被水流冲开，使丁坝失去作用。所以坝根与岸坡的衔接需牢固地埋入老河岸之内。

5.3.8 顺坝亦称导流坝，起导流作用，基本上不改变原有水流结构，一般用于河床断面窄小，不允许过多侵占，或修建丁坝后河岸或边坡的防护工程大，以及地质条件不宜于修建丁坝等情况下的导流防护。

格坝在平面上呈网格状，设置于顺坝与河岸之间，与顺坝配合使用，可以促进泥沙淤积，防止边坡或河岸受冲刷。格坝间距以使两格坝间流速减小为原则确定。

5.3.9 改移河道的目的如下：将直接冲刷路基的水流引向他处；路基占用河床后，需要拓宽河道；挖滩改河，以保护路基；裁弯取直，有利于布置路线或桥涵。改河方案需慎重对待，经过技术经济论证比较，确有必要且效果较好时，才能采用改河方案。

改移的新河道位置邻近路基，如果不按规定的洪水频率设计过水断面及防护高度，洪水时可能会冲毁河床断面，漫过拦河坝，危害路基安全，达不到改河的目的。故规定新河道的设计流量需按路基设计洪水频率进行设计。

5.4 挡土墙

5.4.1 挡土墙是支承路基填土或山坡土体、防止填土或土体变形失稳的墙式构造物。挡土墙类型很多，划分方法也较多。表5.4.1按照结构形式进行分类，并给出了各类挡土墙的适用条件与范围。

挡土墙类型的选择，需根据墙址所处的地形地质条件、地基承载能力、挡土墙高度、基础埋置深度、环境景观的要求、施工的难易程度、工程造价和节约用地等，经技术经济比较后确定。方案比较包括两个层次，一是挡土墙和其他支挡结构（如抗滑桩等）的比较，二是挡土墙结构类型的比较。

5.4.2 挡土墙结构超过某一特定状态，致使挡土墙不能正常使用或不能在正常维护下正常使用，该特定状态称为功能的极限状态。

极限状态分下列两类：

（1）承载能力极限状态。

（2）正常使用极限状态。

其承载能力极限状态可理解为与安全性有关的最大承载状态，挡土墙组成构件若发生塑性变形而使其几何形状发生显著改变时，虽未达到完全破坏，但已严重影响安全，也应属于达到了承载能力极限状态。挡土墙的正常使用极限状态是与适用性和耐久性有关的极限状态，可理解为挡土墙及其组成构件在使用功能上允许达到某个限值的极限状态，仅涉及挡土墙的工作条件和性能，往往需要采用一定的约束条件，例如混凝土构件的裂缝宽度、墙面的挠度等。

本规范采用以极限状态设计的分项系数法为主的设计法。附录 H 式（H.0.1-1）、式（H.0.1-2）中的设计基本变量通过概率分析取其代表值，以分项系数来反映它们的变异性。由于现行公路工程设计规范中，涉及岩土工程设计部分仍然采用容许应力法，岩土工程设计的安全系数和分项系数目前尚无统一的规范值，所以本规范仍保留了部分实质上为容许应力法的设计内容。

根据挡土墙结构的荷载效应组合特点，参考国内外相关规范的规定，列出按承载能力极限状态设计时的设计表达式。规范中未列入结构正常使用极限状态的设计表达式，因该项计算主要适用于钢筋混凝土挡土墙构件设计，其计算可按现行《公路钢筋混凝土及预应力混凝土桥涵设计规范》（JTG D62）的规定执行，本规范不另作详细规定。

关于结构的重要性系数，按现行《公路工程结构可靠度设计统一标准》（GB/T 50283）的规定，公路工程结构设计应根据结构破坏可能产生后果的严重程度或结构的技术要求等，把结构安全等级分为一级、二级、三级。其结构重要性系数分别为 1.1、1.0、0.9（大致相当于各级的可靠度指标值相差 0.5），当需要时也可作部分调整，但调整后的级差不能超过一级。并考虑到高挡土墙破坏可能产生的后果严重程度应有别于一般高度的挡土墙，故附录表 H.0.1-1 将公路等级与墙高作为确定重要性系数的参数，按调整后的级差不超过一级的原则，取半级级差作为调节值。

附录表 H.0.1-2 荷载分类表系根据《公路工程结构可靠度设计统一标准》（GB/T 50283）关于"结构上的作用"的规定编制。按挡土墙上荷载作用的时间变化，分为永久荷载、可变荷载和偶然荷载三类。

本规范按作用于挡土墙上作用（或荷载）的特点，将作用（或荷载）效应组合规定为Ⅰ、Ⅱ、Ⅲ类。这三类组合均属于基本组合的范畴，即采用几种永久作用（或荷载）相组合或永久作用（或荷载）与可变作用（或荷载）相组合。

《公路工程结构可靠度设计统一标准》（GB/T 50283）有关作用的分类中，对施工荷载未作明确规定；《公路桥涵设计通用规范》（JTG D60）将结构上的施工人员和施工机具设备均作为临时荷载，但未将施工荷载列入荷载分类表；《铁路工程结构可靠度设计统一标准》（GB 50216）规定：某些施工阶段结构的某些部分的自重、安装荷载均属于可变荷载。本规范采用了后者的规定，将施工荷载列入荷载分类表的可变荷载中。

依照我国的传统经验，作用于挡土墙墙背上的土压力一般都考虑为主动土压力状态，并按库仑理论进行计算，但加筋土挡土墙的土压力计算，则以墙高为条件来划分采用静止土压力或采用主动土压力的计算区段。

规范中对车辆荷载引起的附加侧压力，采用规定附加荷载强度加以换算为土层厚度的方法，附加荷载强度仅以墙高作为取值参数，故在基本可变荷载中不分列计算荷载、验算荷载，也不划分车辆荷载等级。

部分国外设计规范对土压力计算中荷载系数的取值规定与本规范的规定对照见表5-1。

表5-1 各规范中土压力荷载系数取值表

规范或标准名称	荷载系数		
	活载或换算附加土体荷载	填土的主动土压力	
		垂直力	水平力
《美国公路桥梁设计规范》	0.75~1.5	1.0~1.35	0.9~1.5
BS 5400 英国标准协会《钢桥、混凝土桥及结合桥 第二章 荷载规范》	1.5	(1.0) 1.5	(1.0) 1.5
原苏联《公路、铁路、城市道路桥涵设计规范》	1.2	(0.7) 1.4	(0.7) 1.4
日本《极限状态法混凝土结构新规范算例》	1.2	1.2	1.2
本规范	0.95~1.4	0.95~1.4	0.95~1.4

注：土压力增大对挡土墙结构起有利作用时，表中系数取小值；增大起不利作用时，取大值。

为简化计算，作用于墙顶上的车辆荷载、人群荷载作垂直力计算时，近似作为垂直恒载处理，故规定可采用垂直恒载的分项系数 γ_G。

本规范规定的地基计算设计方法，仍以容许承载力法为基础，仅采用极限状态设计表达式的形式与术语，以墙身结构计算相协调。

本规范在挡土墙稳定计算中，保留了《公路路基设计规范》（JTJ 031—86）第三章"挡土墙稳定验算"所采用的总安全系数法，又增列了承载能力极限状态验算稳定方程的条文规定，因此可按照总安全系数法的工程经验来校准稳定验算极限状态设计表达式的计算结果，为今后采用概率极限状态设计方法编写规范积累资料。

5.4.3 表5.4.3斜坡地面基础埋置条件，是总结铁路、公路挡土墙工程多年应用经验而编制的。表中"距地表水平距离"项，按地基土的种类，分别列出上、下限值，使用时可根据地基土的地质情况、斜度、陡度等因素综合确定。

关于路堑挡土墙的基础埋置深度，当路堑边沟较深时，边沟砌体底面有可能低于挡土墙基底，如边沟渗水，将影响到挡土墙的地基，故条文规定挡土墙基底应低于边沟砌体底面不小于0.2m。

5.4.4 挡土墙墙身设置排水孔、墙背设置反滤层，对保证挡土墙长期使用性能稳定是十分重要的。工程实践中，常对挡土墙排水孔和反滤层的作用重视不够，有的排水孔设置位置不当、有的未设反滤层或反滤层材料不符合要求，挡土墙使用两三年后排水孔就产生了淤堵，挡土墙墙背汇集的地下水不能及时排除，使得墙背填料的强度产生衰减，造成挡土墙路基产生不均匀变形，甚至挡土墙结构失效。因此，要十分重视挡土墙排水孔和反滤层设计。

5.4.5 高挡土墙设计时要高度重视其强度安全。高挡土墙需要大量的片石，其块体质量、砂浆质量及墙的整体砌筑质量不易保证。为了保证高挡土墙的设计强度，规范推荐采用片石混凝土。

5.4.6 石笼式挡土墙，又称格宾（gabion）挡墙，是近年来发展起来的新型挡土墙结构，属于重力式块石结构。该挡土墙是将抗腐耐磨的低碳镀锌丝或镀锌铝合金丝编织成双绞六边形网孔的网片，根据工程设计要求组装成蜂巢网箱，装入片块石等填充材料，并采用同质的镀锌丝或镀锌铝合金丝以一定的方式绑扎连接，形成挡土结构。石笼式挡土墙具有整体性好、柔韧性好、透水性好、适应变形能力强、抗冲刷能力强、绿化、景观效果好等特点，克服了传统的重力式挡土墙在地基、地下水、与环境协调等方面存在的弊端，适用于边坡防护、护岸等工程。

石笼式挡土墙的基本稳定原理同圬工重力式挡土墙相同，均是通过墙体自身重量来维持挡土墙在土压力下的稳定，其计算采用本规范有关重力式挡土墙的设计计算方法。

5.4.7 扶壁式挡土墙一般构造的规定系综合我国《铁路路基支挡结构设计规范》（TB 10025）《铁路工程设计手册（路基）》《支挡结构设计手册》及日本《高等级公路设计规范》等的相关规定编写。这些规定均建议采用整体浇筑的结构形式。扶壁式挡土墙也有采用拼装式的，但其应用的限制较多，如地质不良地段、8度以上烈度的地震区不宜采用，需配置吊装设备及预制场地等，计算方法也与整体式浇筑墙不同，国内较少采用，故未列入规范中。

5.4.8 锚杆挡土墙主要有两种类型：肋柱式和板壁式。肋柱式锚杆挡土墙与板壁式锚杆挡土墙既有相似的支挡原理，又各具特点，简列如下，以便根据工程实况合理采用。

肋柱式锚杆挡土墙：由肋柱和挡土板组成。锚杆间距一般比板壁式锚杆挡土墙大，锚孔直径100~150mm，灌注砂浆后，杆体和锚孔孔壁黏结为一体，属于以黏结力为主要锚固作用的锚杆类型。

板壁式锚杆挡土墙：由现场浇筑的整体式墙面板或装配式墙面板与多排小锚杆组成。锚孔直径35～50mm，锚孔深度4～5m，常用楔缝式锚杆，杆端直接与锚孔接触，增大了锚杆与锚孔间摩阻力，兼具黏结型与机械型锚杆的特点。

5.4.9 锚定板挡土墙主要有两种类型：肋柱式和板壁式。肋柱式锚定板挡土墙的墙面系由肋柱和挡土板组成，一般为双层拉杆，锚定板面积较大，拉杆较长，挡土墙的变形量较小，可用作路肩式或路堤式挡土墙；板壁式锚定板挡土墙的墙面系为钢筋混凝土墙面板，通过墙面板几何形状及板厚的搭配，获得可观赏性外观，多用于有景观要求的支挡工程。

虽然锚定板挡土墙的挡土板或墙面板所承受的土压力也系由填料及车辆附加荷载所引起，但锚定板挡土墙为组合结构，由于拉杆、锚定板及填土的相互作用，土压力的作用机制较为复杂，与填料性质、压实度、拉杆埋深及拉杆长度、锚定板的面积等多种因素有关。铁路部门结合工程项目，进行了大量现场实测与模型试验，得出以下结论：

（1）实测的主动土压力大于按库仑理论所计算的主动土压力，其比值约为1.21～1.55。一般介于计算的主动土压力与静止土压力之间。

（2）实测土压力沿墙背不是按三角形分布，而呈单峰形或锯齿形分布。

由于锚定板挡土墙中，钢筋混凝土构件为主要组成部分，需较为精确地计算构件所承受的作用（或荷载），特别是要防止多层拉杆的肋柱因作用（或荷载）采用值不当而影响到内力负荷的改变，所以设计土压力不能简化为三角形分布，而按实际分布图形进行简化。

5.4.10、5.4.11 加筋土挡土墙分为有面板加筋土挡土墙和无面板加筋土挡土墙。无面板加筋土挡土墙是近年来发展起来的的新型加筋支护结构，属于柔性结构，能很好地适应地基变形，通过反包式土工格栅的加筋锚固作用，约束土体的侧向变形，保证路基的稳定。无面板加筋土挡土墙应用于公路工程的运营使用年限尚不长，其耐久性尚需进一步工程验证。

无面板加筋土挡土墙与加筋路堤的区分在于：土工格栅加筋坡面与水平面夹角大于或等于70°时，属于无面板加筋土挡土墙，按本规范的规定进行设计计算；当加筋坡面与水平面夹角小于70°时，属于加筋路堤的范畴，按照现行《公路土工合成材料应用技术规范》（JTG/T D32）的有关规定进行设计计算。

拉筋的材料性能在加筋土挡土墙中具有重要的作用，拉筋的长期强度和变形性能关系到挡土墙的稳定，耐久性关系到挡土墙的使用年限，因此选材是拉筋设计的主要环节。为使拉筋在承受填土和压实施工中避免产生脆性断裂，拉筋要具有一定的韧性和柔性，同时拉筋也不能有过大的蠕变，蠕变易使拉筋产生应力松弛，导致加筋土挡土墙变形甚至破坏。因此，土工格栅作为筋材时，需具有抗拉强度高、延伸率小、蠕变变形小、筋土界面之间有足够的摩擦力、耐腐蚀性和抗老化性能。根据工程实践情况，条文推荐无面板加筋土挡土墙拉筋采用高密度聚乙烯（HDPE）土工格栅、聚酯（PET）焊接土工格栅。

5.4.12 工程实践表明，桩板式挡土墙是一种较好的支挡结构形式。工程实践中，曾修建了较高的桩板式挡土墙，桩的自由悬臂长度达到或超过15m，在施工过程中发生桩的位移过大或桩折断事故，其原因与桩悬臂太长、岩体压力增长过大有很大关系。从安全的角度出发，适当控制悬臂长度是很有必要的。

锚固桩的刚度与锚杆刚度相差很大，在锚杆桩的设计中，锚杆的变形量对桩的内力影响很显著，所以要控制锚杆伸缩量，使之与桩的变形协调。

5.5 边坡锚固

5.5.1 边坡锚固技术是一种发展中的加固措施，工序比较复杂，种类繁多，制约因素多，属于隐蔽工程。设计时，需要针对边坡地形地质条件，进行方案可行性论证，合理选择边坡锚固形式，以保证锚固工程的安全可靠。

5.5.2 预应力锚杆广泛应用于岩锚和土锚，土锚地层主要为砂土层。为保证边坡锚固工程安全可靠，条文限制了预应力锚杆的使用范围，即锚杆锚固段置于稳定的岩层中。

预应力锚杆的主要类型包括拉力型、压力型、拉力分散型与压力分散型锚杆等。

拉力型锚杆的主要特点是锚杆受力时锚固段浆体受拉并通过浆体将拉力传递给周围地层。这种锚杆结构简单，施工方便，是目前使用最广的锚杆类型，特别在土层、坚硬或中硬岩体中使用，效果良好。

压力型锚杆的主要特点是利用承载体使锚杆受力时锚固段浆体受压，并通过浆体将拉力传递给周围地层。这类锚杆的防腐性能较好，但由于灌浆体承压面积受到钻孔直径的限制，因而不可能得到高承载力的锚杆。

拉力分散型与压力分散型锚杆工作时能充分利用地层固有强度，其承载力随锚固段长度增加成比例提高，特别是压力分散型锚杆，锚杆全长采用无黏结钢绞线，锚杆工作时灌浆体处于受压状态，因而具有良好的防腐性能，是目前在软弱破碎岩体和土体锚固工程中大力推广使用的锚杆。

5.5.3 在边坡锚固设计中，考虑到各种复杂因素的影响，对锚结构本身的设计给与了安全储备，故锚固边坡的安全系数要求同未加锚的边坡安全系数要求。

5.5.4 计算边坡不稳定力（下滑力）E 时，考虑了各种外加荷载及相关因素，并按本规范第3.7.7条考虑1.05~1.30的安全系数，故计算锚固力时不再考虑边坡的安全系数。

在边坡预应力锚固设计中，锚的布置方向是一个至关重要的问题。最有效的布置方向为逆滑动方向布置。但由于受施工条件、滑体边界条件限制，只能以一定的方向布置，设计时需要经过综合比较，选择最佳的锚固方向，以达到最有效的加固效果。当锚与滑动面夹角 α 等于滑动面内摩擦角 φ 时，锚提供的抗滑力最大，但此时锚最长，不经济。最佳锚固角已有一些经验公式，但工程中的适用性有待验证，本规范暂不将这些经验公式纳入。

5.5.5 预应力锚杆是一种后张拉预应力构件。预应力筋特别是钢绞线的张拉控制应力 σ_{con} 的限制比地上预应力钢筋混凝土结构有明显的降低。原因是预应力锚杆埋设在岩土层中，工作条件十分恶劣，应力腐蚀风险加大，国外曾报道不少由于预应力筋控制应力大于 $0.6F_{ptk}$ 而出现锚杆破坏的实例。此外，预应力筋采用较小的控制应力 σ_{con}，对降低锚杆的预应力损失，也是有利的。

5.5.6 本次规范修订，结合公路等级及锚杆服务年限，将预应力锚杆设计安全系数拆分为截面设计安全系数和抗拔安全系数。在锚杆截面设计安全系数取值上，《锚杆喷射混凝土支护技术规范》（GB 50086—2001）中为临时锚杆取 1.6，永久锚杆取 1.8；《建筑边坡工程技术规范》（GB 50330—2002）为 1.6~2.3，铁路规范取值为 1.7~2.2，水电规范取值为 1.8~2.1，与本规范取值接近。

5.5.7 预应力混凝土用螺纹钢筋在我国的公路工程建设中已大量应用，国内过去习惯上将这种钢筋称为"高强精轧螺纹钢筋"。2006 年，《预应力混凝土用螺纹钢筋》（GB/T 20065—2006）正式颁布施行，故本次规范修订时将"高强精轧螺纹钢筋"改为"预应力用螺纹钢筋"。

5.5.8 按锚杆的服务年限及所处环境有无腐蚀性来确定锚杆不同的防护等级与标准，能满足锚杆使用期间的化学稳定性，也是国外相关标准对锚杆防腐保护的基本要求。

3 国际预应力混凝土协会对锚杆腐蚀破坏事故的调查统计表明，锚头及其附近的腐蚀破坏占有较大的比重。如以香港某锚杆背拉挡土墙工程为例，该锚杆的锚头腐蚀是因为从张拉到锚头封裹耽搁了很长时间。曾对 45 根锚杆的钢绞线进行了金相检验。其中耽搁 1~8 个月的钢绞线直径损失达 2.7%，而耽搁 16~36 个月的钢绞线直径损失高达 12%。因此，本条规定锚杆张拉作业完成后，应及时对外露的筋体、锚具和承压板进行防腐保护。锚杆外露的筋体、锚具与承压板用混凝土封闭时，若混凝土厚度小于 50mm，易出现收缩龟裂、大气水的渗入，常导致锚头腐蚀。我国西南地区某边坡锚固工程调查曾发现，一些锚杆锚头被包裹的砂浆仅 20~30mm，剥开保护层后，发现钢绞线、锚具及承压板均有较严重的锈斑。因此，本次修订明确规定封闭保护锚头的混凝土保护层厚度不应小于 50mm。

5.5.10 本规范的坡面结构指作为锚固边坡的承压结构，不包括起支挡作用的坡面结构（如桩、墙）。

表 5.5.10 是在综合考虑施工难易程度、支护整体效果、环境景观等因素后确定的。设计中，应根据其工点的地质条件和各种结构的适用条件，合理选择锚固边坡的结构形式，以减少锚固边坡的预应力损失。

5.5.12 预应力锚杆试验分为基本试验和验收试验。基本试验在锚杆施工前做，为非工作锚杆，且为破坏性试验，目的是确定锚杆可承受的最大张拉力和锚固工程的安全度，检验锚杆设计能否满足工程要求。验收试验在锚杆施工后做，选择有代表性的工作锚杆进行非破坏性试验，目的是检查施工质量（主要指锚杆长度、浆体与孔壁岩土体黏结强度、预应力等）是否满足设计要求。现行《锚杆喷射混凝土支护技术规范》（GB 50086）对这两类试验有详细规定，本规范对具体试验要求就不赘述。

边坡锚固工程的监测工作十分重要。监测工作分为施工期监测和运营期监测。边坡锚固是边坡工程的一部分，因此，要将锚杆监测与边坡监测工作紧密结合，形成完整的边坡监测系统。近年来，锚杆无损检测技术得到了发展，并已在工程中获得成功应用，我国相关行业还出台了规范，本次修订吸纳了这些成果。

5.6 土钉支护

5.6.1 土钉是从隧道新奥法发展起来的边坡支护新技术，主要用于临时支护，近年来随技术发展也用于边坡永久支护。土钉支护是由面板、土钉和岩土体相互作用，依靠土钉与土体的界面黏结力或摩擦力，在土体发生变形的条件下被动受力，并主要承受拉力。公路边坡系永久性工程，土钉支护边坡中常见的事故有：土质较差地段的土钉变形过大，坡体开裂破坏；松软土质、地下水较发育地段，边坡底部土体软化、承载力不足，面板下沉和土钉受剪破坏；土钉长度不够或锚固段锚固力不足，产生滑动；存在顺层结构面的边坡，沿顺倾岩面滑动等。为保证路基安全稳定，本次修订进一步限制了土钉支护的应用范围，明确规定腐蚀性地层、膨胀土地段、软黏土、土质松散、地下水较发育及存在不利结构面边坡等不宜采用土钉支护。

土钉支护对水的作用特别敏感。土的含水率增加不但增大土的自重，更主要的是会降低土的抗剪强度和土钉与土体之间的界面黏结强度，土钉支护工程发生事故多与水的作用有关。因此，要加强土钉支护边坡的排水设计。

5.6.2 土钉支护的结构类型包括：
（1）由土钉与含钢筋网或土工格栅网的喷射混凝土面层构成的支护结构；
（2）由土钉与将各个钉头栓系在一起的钢筋混凝土网格梁及边梁或地梁组成的支护结构，其中又包括网格梁下有喷射混凝土层和无喷射混凝土层两种；
（3）由各独立的土钉及钉头混凝土保护块构成的支护结构；
（4）由土钉与立柱及挡土板构成的支护结构；
（5）由现浇或预制的钢筋混凝土面板拼装成连续面层并与土钉结合构成的支护结构。
土钉挡土结构内的土钉长度一般为墙高度的 0.5～1.2 倍，初步设计时可根据土钉挡土结构的类型和边坡岩土类型参考表5-2取值。

表5-2 土钉挡土结构内的土钉长度与墙高度的比值

边坡岩土类型	永久土钉支护	临时土钉支护
塑性黏土	1.2	0.7
一般砂、黏土	0.8~1.2	0.5~0.7
密实砂土和坚硬黏土	0.8	0.5
岩质边坡	0.6~0.8	—

土钉间距宜为0.75~3m。采用钻孔注浆钉的永久土钉支护，土钉间距可取10~20倍钻孔直径，支护面层上的土钉密度一般为每6m²一根。初步设计时，土钉间距可根据土钉挡土结构的类型和边坡岩土类型参考表5-3取值。

表5-3 土钉挡土结构内的土钉间距（m）

边坡岩土类型	永久土钉支护	临时土钉支护	
	钻孔注浆钉	钻孔注浆钉	击 入 钉
砂性土	1.5	≤1.0	≤3.0
干硬性黏土	2.0		
岩体	≤3.0		

土钉与水平面夹角宜在5°~25°范围内。较小的倾角有利于减小直立挡土结构的变形，所以当采用压力注浆且有可靠的排气措施时，倾角可接近水平；而采用重力注浆的土钉与水平面夹角不宜小于15°。如果地表浅层土体软弱，顶层土钉可适当加大倾角，使土钉的尾部能够插入强度较高的下层岩土中。

5.6.3 土钉支护的结构计算包括支护的内部整体稳定性验算、外部整体稳定性验算和坡面构件以及坡面构件与土钉的连接计算。

以概率理论为基础的极限状态设计方法用于土工结构尚有一些有待解决的问题，所以目前我国在土坡稳定以及锚杆支护中仍然多采用总安全系数设计方法。《公路土钉支护技术指南》（交公便字〔2006〕02号），对于土钉支护的整体稳定性计算仍采用总安全系数设计方法，但其中对土体力学性能参数的设计值，则取特征值，而不是平均值（即将土体极限强度的特征值定为土体强度设计值）。用于支护整体水平滑动和整体倾覆稳定性分析的土压力的设计值，以及为确定土钉设计内力而给出的侧向土压力设计值也均为特征值。对于面层和连接等混凝土构件的设计〔按《混凝土结构设计规范》（GB 50010）设计喷射混凝土面层〕，需将作用于面层上的土压力荷载乘以荷载分项系数。

土钉支护的内部整体稳定性验算、外部整体稳定性验算、坡面构件以及坡面构件与土钉的连接计算等，按照《公路土钉支护技术指南》（交公便字〔2006〕02号）的有关规定进行设计计算。

5.6.4 土钉现场试验是土钉支护工程中一项十分重要的工作内容。一些土钉支护工程事先不进行土钉的适用性试验，以致出现设计失误，工程质量得不到保证，最后导致支护工程失败。土钉现场试验需由业主委托具有资质的检测单位进行。

一般情况下，不采用非破坏检验的方法在工作钉上进行抗拔测试，这是由于在钉头施加拉力的条件下，抗拔的黏结长度过长，与土钉实际工作情况不符，且易引起土钉钢筋受拉屈服。此外，不能以测试时的钉头最大拉力与工作土钉的设计内力进行直接比较来判断抗拔能力是否合乎要求，因为两者的黏结长度并不一样。

土钉徐变试验的土质条件，国内有的规范规定为$I_P \geq 17$，法国规定$I_P \geq 20$。《公路土钉支护技术指南》（交公便字〔2006〕02号）采用$I_P \geq 20$，同时规定$w_L > 50\%$。按照土的塑性图分类，A线的方程$I_P = 0.73(w_L - 20)$，当$w_L = 50\%$时，$I_P = 22$。因此，$I_P = 20$，$w_L = 50\%$的土恰好位于A线以上，B线以右，即为高液限、高塑性指数的黏土，需要进行徐变试验。

5.7 抗滑桩

5.7.1 工程实践表明，抗滑桩失效的主要原因是未查清地质条件、地质参数不准确，如滑坡的周界不清；滑动面位置判定不准确；多期活动的滑坡，未查清每次活动的滑动面；滑动面岩土强度参数测试结果与实际不符；设计对桩顶上方坡体稳定性考虑不足，坡体从桩顶剪出等等。因此，滑坡的工程地质勘察与抗滑桩的设计，是一个系统工程，详细准确的地质资料是设计成败的关键。为避免因地质资料不准确而造成抗滑桩失效，条文规定根据桩基开挖过程中揭示的地质情况和边坡变形监测信息，及时核实地质勘察结论，校核和完善抗滑桩设计。

5.7.3 抗滑桩与预应力锚索联合组成抗滑支挡结构（锚拉桩），一般适用于岩质滑床。锚索的锚固段应置于稳定岩层内。

锚固桩的刚度与锚索刚度相差很大，在锚索抗滑桩的设计中，锚索的变形量对于桩的内力影响显著。所以，一定要控制锚索的伸缩量，使之与桩的变形协调；否则，会使桩实际承受的内力与设计值相差过大，而且有可能出现相反的值，即计算为负弯矩的部位出现正弯矩，或者计算为正弯矩的部位出现负弯矩。

5.7.4 根据耐久性设计要求，本次修订提高了混凝土强度等级，由C20提高到C30，见附录表G-2。

为防止钢筋骨架在成形和吊装过程中产生太大的变形，《公路桥涵地基与基础设计规范》（JTG D63—2007）和《铁路桥涵地基与基础设计规范》（TB 10002.5—2005）规定，主筋的最小直径不应小于16mm，且每桩主筋数量不应少于8根。实际上抗滑桩主要承受水平荷载作用，主筋数量一般不会少于8根。

钻（挖）孔桩灌注混凝土时，由于捣固困难，通常依靠桩身混凝土自重压密。为使灌注的混凝土能顺利地从钢筋笼骨架内溢出，避免主筋布置太密，影响桩身保护层的灌注，条文规定主筋的净距不宜小于120mm，困难情况下净距不应小于80mm。

根据《混凝土结构耐久性设计规范》（GB/T 50476—2008）和《公路工程混凝土结构防腐蚀技术规范》（JTG/T B07-01—2006）耐久性设计要求，并考虑到抗滑桩承受水平弯矩较大，可能形成较大的裂缝，确定抗滑桩的钢筋（包括主筋、箍筋和分布钢筋）保护层厚度不小于70mm。

5.7.5 滑动面以下的桩身变位和内力，按弹性地基梁进行计算，并根据地基系数的分布情况选用相应的计算方法。当地基系数为三角形分布时，采用"m"法；当地基系数为常数时，采用"K"法。滑动面以下地基系数根据地层性质确定。根据《铁路路基支挡结构设计规范》（TB 10025—2006）第10.2.8条，较为完整岩层和硬黏土的地基系数为常数K；硬塑~半干硬砂黏土及碎石类土、风化破碎的岩块，当桩前滑动面以上无滑坡体和超载时，地基系数为三角形分布；当桩前滑动面以上有滑坡体和超载时，地基系数为梯形分布。

地基系数及其相应的物理力学指标的选取对桩内力的计算至关重要，但其试验测试较为困难，参照《铁路路基支挡结构设计规范》（TB 10025—2006）给出抗滑桩地基系数及地层物理力学指标，见表5-4、表5-5以供参考。

表5-4 抗滑桩地基系数（随深度增加的比例系数）

序号	土 的 名 称	竖直方向 m_0 (kPa/m²)	水平方向 m (kPa/m²)
1	$0.75 < I_L < 1.0$的软塑黏土及粉质黏土；淤泥	1 000 ~ 2 000	500 ~ 1 400
2	$0.5 < I_L < 0.75$的软塑粉质黏土及黏土	2 000 ~ 4 000	1 000 ~ 2 800
3	硬塑粉质黏土及黏土；细砂和中砂	4 000 ~ 6 000	2 000 ~ 4 200
4	坚硬的粉质黏土及黏土；粗砂	6 000 ~ 10 000	3 000 ~ 7 000
5	砾砂；碎石土、卵石土	10 000 ~ 20 000	5 000 ~ 14 000
6	密实的大漂石	80 000 ~ 120 000	40 000 ~ 84 000

注：1. I_L为土的液性指数，其土质地基系数m_0和m值，相应于桩顶位移6~10mm。
2. 有可靠资料和经验时，可不受本表限制。

表5-5 抗滑桩地基系数及地层物理力学指标

地层类别	内摩擦角 (°)	弹性模量 E_0 (kPa)	泊松比 μ	地基系数 K (kPa/m)	剪切应力 (kPa)
细粒花岗岩、正长岩	>80	5 430 ~ 6 900	0.25 ~ 0.30	$2.0 \times 10^6 ~ 2.5 \times 10^6$	>1 500
辉绿岩、玢岩		6 700 ~ 7 870	0.28	2.5×10^6	
中粒花岗岩	>80	5 430 ~ 6 500	0.25	$1.8 \times 10^6 ~ 2.0 \times 10^6$	>1 500
粗粒正长岩、坚硬白云岩		6 560 ~ 7 000	0.25		
坚硬石灰岩	80	4 400 ~ 10 000	0.25 ~ 0.30	$1.2 \times 10^6 ~ 2.0 \times 10^6$	1 500
坚硬砂岩、大理岩		4 660 ~ 5 430			
粗粒花岗岩、花岗片麻岩		5 430 ~ 6 000			
较坚硬石灰岩	75 ~ 80	4 400 ~ 9 000	0.25 ~ 0.30	$0.8 \times 10^6 ~ 1.2 \times 10^6$	1 200 ~ 1 400
较坚硬砂岩		4 460 ~ 5 000			
不坚硬花岗岩		5 430 ~ 6 000			
坚硬页岩	70 ~ 75	2 000 ~ 5 500	0.15 ~ 0.30	$0.4 \times 10^6 ~ 0.8 \times 10^6$	700 ~ 1 200
普通石灰岩		4 400 ~ 8 000	0.25 ~ 0.30		
普通砂岩		4 600 ~ 5 000	0.25 ~ 0.30		

续表 5-5

地层类别	内摩擦角 (°)	弹性模量 E_0 (kPa)	泊松比 μ	地基系数 K (kPa/m)	剪切应力 (kPa)
坚硬泥灰岩	70	800～1 200	0.29～0.38	$0.3 \times 10^6 \sim 0.4 \times 10^6$	500～700
较坚硬页岩		1 980～3 600	0.25～0.30		
不坚硬石灰岩		4 400～6 000	0.25～0.30		
不坚硬砂岩		1 000～2 780	0.25～0.30		
较坚硬泥灰岩	65	700～900	0.29～0.38	$0.2 \times 10^6 \sim 0.3 \times 10^6$	300～500
普通页岩		1 900～3 000	0.15～0.20		
软石灰岩		4 400～5 000	0.25		
不坚硬泥灰岩	45	30～500	0.29～0.38	$0.06 \times 10^6 \sim 0.12 \times 10^6$	150～300
硬化黏土		10～300	0.30～0.37		
软片岩		500～700	0.15～0.18		
硬煤		50～300	0.30～0.40		
密实黏土	30～45	10～300	0.30～0.37	$0.03 \times 10^6 \sim 0.06 \times 10^6$	100～150
普通煤		50～300	0.30～0.40		
胶结卵石		50～100	—		
掺石土		50～100	—		

5 桩侧地基的横向容许承载力 [σ_H] 可根据不同的地质和地形条件按以下方法计算：

（1）地层为岩层，可按式（5-1）计算：

$$[\sigma_H] = K_H \eta R_c \tag{5-1}$$

式中：[σ_H]——地基的横向容许承载力（kPa）；

　　　K_H——在水平方向的换算系数，根据岩石的完整程度、层理或片理产状、层间胶结物与胶结程度、节理裂隙的密度和充填物，可采用 0.5～1.0；

　　　η——折减系数，根据岩层的裂隙、风化及软化程度，可采用 0.3～0.45；

　　　R_c——岩石单轴抗压极限强度（kPa）。

（2）地层为土层或风化成土、砂砾状岩层，当地面无横坡或横坡较小时，按式（5-2）计算；当地面横坡 i 较大且 $i \leq \varphi_0$ 时，地基 y 点的横向容许承载力可按式（5-3）确定：

$$[\sigma_H] = \frac{4}{\cos\varphi}[(\gamma_1 h_1 + \gamma_2 y)\tan\varphi + c] \tag{5-2}$$

$$[\sigma_H] = 4(\gamma_1 h_1 + \gamma_2 y) \frac{\cos^2 i \sqrt{\cos^2 i - \cos^2 \varphi_0}}{\cos^2 \varphi_0} \tag{5-3}$$

式中：γ_1——滑动面以上土体的重度（kN/m^3）；
γ_2——滑动面以下土体的重度（kN/m^3）；
φ——滑坡面下土体的内摩擦角（°）；
c——滑动面以下土体的黏聚力（kPa）；
h_1——设桩处滑动面至地面的距离（m）；
y——滑动面至计算点的距离（m）；
φ_0——滑动面以下土体的综合内摩擦角（°）。

6 路基拓宽改建

6.1 一般规定

6.1.1 公路路基拓宽改建设计时,对既有路基进行调查和检测评价,了解和掌握既有路基填料性质、湿度状态、密度状况、力学性质指标,以及路基路面病害类型、分布情况及产生的原因,是拓宽改建设计的基础性工作,是确定既有路基的利用方案和拓宽改建方案的地质依据。因此,条文规定了既有路基调查和检测评价需查明的内容。

6.1.2、6.1.3 确定既有路基的利用和拓宽改建方案是路基拓宽改建设计的重要内容。既有路基的利用包含三种方案:(1)直接利用既有路基,适用于既有路基强度满足改建的需要且无病害的路段;(2)既有路基经处理后利用,适用于路基强度不足、无病害或病害轻微,经处治后路基能满足改建需要的路段;(3)对既有路基挖除重建,适用于病害严重、补强处理方案不可行的路段。设计时,需根据既有路基性状和改建设计的目标,通过技术经济综合比较后确定。

根据拓宽路基与既有路基的空间相对位置不同,拓宽拼接方案可区分为三大类:拼接式、分离式和混合式,并可细分为六小类。各种拓宽方式各有优缺点,有不同的适用条件,如表6-1和图6-1所示。目前国内高速公路拓宽的形式以双侧拼宽为主,少数路段(主要是大跨径桥梁结构部分)采用双侧分离式拓宽。如果既有高速公路中央分隔带有预留拓宽车道,则可采用中央分隔带拓宽方式。如果既有高速公路沿线较长路段(一般大于5km)没有立交,并且因受用地、工期以及交通组织等条件限制,则可采用分离式拓宽形式。

表6-1 拓宽形式分类表

拓宽形式			优 点	缺 点
拼接拓宽	单侧拓宽	图6-1a)	只需小幅调整平纵,拓宽侧容易实施	既有公路双向横坡需要调整为单向横坡,构造物处难以处理;互通立交、服务设施改建难度大;新旧路基、构造物间存在不均匀沉降,拼接比较困难;横向下穿道路或通航河流可能存在通行(通航)净空不满足的情况
	双侧拓宽	图6-1b)	只需小幅调平纵,交通组织无须改变	新旧路基、构造物间存在不均匀沉降,拼接比较困难;横向下穿道路或通航河流可能存在通行(通航)净空不满足的情况
	中央拓宽	图6-1c)	平纵几乎不用调整,最易实施,交通组织无须改变	中央分隔带必须事先预留足够的宽度,否则无法实施

续表6-1

拓宽形式			优点	缺点
分离拓宽	单侧拓宽	图6-1d)	只需小幅调整平纵,拓宽侧容易实施	既有公路双向横坡需要调整为单向横坡,构造物处难以处理;分离拓宽侧的立交进出的交通组织很难处理;占地大
	双侧拓宽	图6-1e)	既有公路平纵几乎不需调整,比较容易实施	单向形成两条路,交通组织需要改变;立交进出的交通组织很难处理;占地大
混合拓宽	双侧拼接或分离	图6-1b)+e)	兼顾b)和e)的优点	路线形成分合流段落,交通组织复杂,安全性降低;拼接部分路基、构造物拼接比较困难;分离部分单向形成两条路,交通功能不好

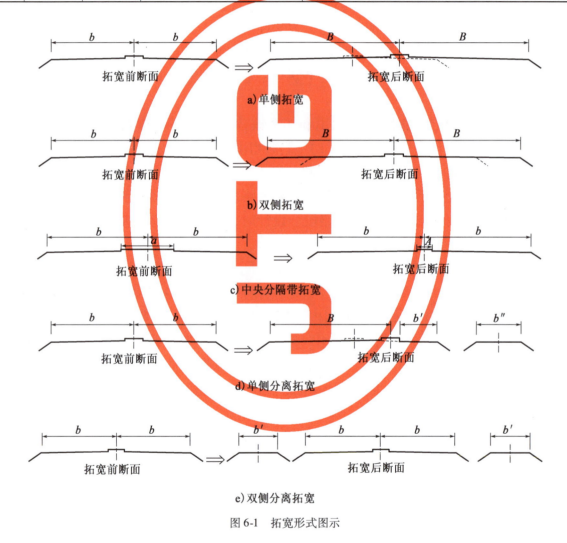

图6-1 拓宽形式图示

6.1.4 路基拓宽工程面临的最为突出的技术难题是新老路基的差异变形,主要包括拓宽荷载产生的地基二次沉降、拓宽路基的压密变形,以及新老路基结合不良导致的蠕滑或滑移。路堤拓宽后,新老路基之间将形成沉降差。为避免差异沉降引起路基纵向裂缝,需保证拓宽路基与既有公路路基之间的良好衔接,并对新拼宽道路的地基进行处治,减小地基沉降,同时要注意路堤本身的压实,以减小路堤自身压缩沉降。

6.2 既有路基状况调查评价

6.2.1~6.2.4 既有公路路基拓宽改建设计前，关键是对既有路基及地基进行勘察试验与分析评价工作。

既有路基调查需采取资料收集、现场调查和勘探试验相结合的方法，按照三过程、循序渐进的开展工作。第一，收集既有路基路面勘察设计、施工资料（勘察设计文件、试验报告、竣工设计图等），以及运营期间养护资料、检测监测资料；第二，对既有路基进行现场调查，并与原有相关资料进行对照，了解既有路基状况，划分路段；第三，根据不同路段情况，制订相应的勘察试验、检测工作方案，查明既有路基路面性状、病害情况。

勘察工作包括三部分工作：既有路基路表状况调查、路表强度测试和路基土勘探试验，既有路基下地基勘探试验，路基拓宽区地基勘探试验。既有路基调查勘察的主要目的在于确定路基平衡湿度和回弹模量，判断路基性能能否充分利用，是否存在异常。

一般情况下，需在同一横断面上布置勘探孔，通过对比勘察试验，分析确定既有路基压实度、强度与水文状态、地基的固结度、边坡稳定状况等，确定既有路基的利用程度与拓宽改建方案，为路基拓宽设计提供可靠依据。特殊路基的拓宽工程，尚需对可能影响拓宽路基整体稳定和变形的项目进行勘察。

路基动态回弹模量具有显著的应力依赖性，采用FWD进行动态弯沉测试并反算得到的路基模量，与路基设计中采用的动态回弹模量在应力水平上存在着差异，需要进行修正。根据国内外研究成果，采用FWD动态弯沉测试时，由弯沉盆反算得到的回弹模量需乘以1/4（水泥混凝土路面）~1/3（沥青混凝土路面）的修正系数，作为既有路基的动态回弹模量。

6.3 二级及二级以下公路路基拓宽改建

6.3.2 拓宽路基和改线新建路基的设计标准按改建后相应的公路技术标准执行。当路基填筑高度受设计洪水位控制时，需调整路基高程以满足本规范第3.3.2条的要求；当路基填筑高度受路基湿度或冻深控制时，则可采用改善路基湿度的技术措施，避免为调整高程而进行改建。

6.3.4 路基拓宽改建过程中，新老路基结合部常产生差异沉降变形破坏等路基病害。其主要原因是新老路基填料性质和密实状态的差异、下渗水及新老路基衔接处理不当等。

要减少拓宽改建路基差异沉降、防治路基病害，需加强拓宽路基填料、新老路基结合部衔接处理、防排水等设计。拓宽路基填料需尽量与既有路基填料性质相匹配，有条件时，优先采用渗水性好的粗粒土填筑；若采用细粒土作为填料时，需满足路基土强度、回弹模量的要求，并加强路基内部（特别是新老路基结合部）排水设计，设置必要的纵、横向水渗沟，排除路基内部积水。

为保证新老路基拼接的整体性，其结合部通常采用台阶式衔接方式，即清除坡面松土，沿老路坡面开挖台阶，自下而上逐层填筑路基。当路堤较高时，在路堤底部、中部、路床加铺土工格栅等，可以提高新老路基的整体性，减少其差异沉降变形。

工程经验表明，当拓宽的路基宽度小于0.75m时，不能直接进行"贴坡"式的加宽，通常采用超宽填筑或翻挖既有路基等措施，以保证拓宽路基的压实度。

6.4 高速公路、一级公路路基拓宽改建

6.4.3 软土地段高速公路经多年通车运营，既有地基已基本固结，处于沉降稳定状态，而拓宽路基两侧地基基本为原状地基，在新的路基荷载作用下，地基将产生新的附加沉降，并对既有路基路面产生一定影响。因此，软土地基地段路基拓宽改建设计的关键是新老路基差异沉降的协调控制。原规范（JTG D30—2004）根据江苏、浙江、广东等省软土地基地段高速公路拓宽路基工程实践经验和相关科研成果，规定既有路基与拓宽路基的路拱横坡度的工后增大值不应大于0.5%。

新建路基软土地基处理设计是采用工后沉降量作为沉降控制指标；拓宽路基的软土地基处理设计则不同，不能以单一的工后沉降量作为设计控制指标，需从新老路基差异沉降控制入手，要充分考虑既有路基固结沉降状况及其发展规律。采用"路拱横坡度的工后增大值"作为拓宽路基软土地基处理设计的沉降控制指标，充分体现了新老路基差异沉降控制的协调设计思想。有的工程设计时，采用工后沉降量不超过100mm作为拓宽路基设计的控制标准，对软土地基采用CFG桩、刚性桩等处理，未重视既有路基的沉降变化，造成既有路基沉降、拓宽路基不沉降，使得路表呈反坡或凹形状，路面变形，路表排水不畅，对行车安全产生影响。经十年来拓宽改建工程实践检验，原规范（JTG D30—2004）的控制标准是合理的，本次修订仍维持原标准。

4 由于拓宽路基填筑过程中发生的施工沉降将直接影响既有路基的沉降变形，因此旨在加快固结速率减小工后沉降，但未减小总沉降的排水固结法不再适用。强夯法由于在施工过程中将对既有路基的沉降和稳定造成影响，故条文中也不予推荐。另外，当拓宽路基位于鱼（水）塘、河流、水库等路段，需要排水清淤时，需采取防渗和隔水措施后方可降水，以免对既有地基产生附加沉降从而引发路面开裂，实际工程中也已有降水导致既有路基过量变形甚至坍塌的工程案例。

6.4.7 从已建公路路基土的含水率调查来看，经过干湿循环、冻融循环后，路基土的含水率比竣工时含水率普遍偏高，回弹模量和压实度显著降低，若沿用新建路基的回弹模量标准，需要进行大规模翻挖和处治。因此，遵循资源节约、充分利用既有结构的原则，可根据工程实际特点，与路面利用和加铺设计相结合，并根据路基病害的产生原因和对拓宽结构的影响程度，采取针对性的处治措施。

7 特殊路基

7.1 一般规定

7.1.1 特殊路基包括特殊岩土路基、不良地质地段路基，以及受水、气候等自然因素影响强烈、需要作特殊设计的路基。特殊岩土包括软土、红黏土、高液限土、膨胀土、黄土、盐渍土、多年冻土、沙漠等，不良地质包括滑坡、崩塌、岩堆、泥石流、岩溶、采空区等，特殊条件下路基是指受水或气候等自然因素影响剧烈的路基，包括雪害、涎流冰、滨海、水库地段路基和季节冻土地区路基。

不同的特殊岩土、不良地质及特殊气候条件，岩土的工程性质差异很大，影响路基长期性能的主要因素、路基病害类型及对公路危害程度也不相同。同时，由于特殊岩土受环境影响很大，尤其对水环境影响敏感，室内试验很难反映其实际工程性质，进行特殊岩土力学性质的原位测试工作尤为重要。因此，在路基设计时，需要针对这些地质体的特殊性开展综合地质勘察工作，查明特殊地质体的性质、成因类型、规模、稳定状况、发展趋势及对公路危害程度，为路基设计提供可靠的地质依据。

7.1.2 规模大、性质复杂的特殊地质体地段，易诱发地质灾害，直接危害公路安全，整治工程大，造价高，病害根治困难，给公路运营带来安全隐患。因此，对于特殊岩土、不良地质、受水或气候等自然因素影响剧烈的地段，地质选线工作十分重要，设计时需绕避规模大、性质复杂、处理困难的不良地质和特殊土（岩）地段。

7.1.3 气候环境、水和地质等因素对特殊路基长期性能的影响大，如果采取的工程措施不当，易产生较为严重的路基病害。因此，特殊路基设计要与路基病害防治相结合，遵循预防为主、防治结合的原则，做好路基结构、填料选择、地基处理、防排水及防护等综合设计，控制环境（如水、温度、湿度等）变化对路基的影响，防治路基病害。对于已有病害处理，要进行多方案技术经济比较，因地制宜，采取有效的工程处理措施，力求根治，不留隐患。

7.2 滑坡地段路基

7.2.1 滑坡是指在一定地形地质条件下，因各种自然或人为因素的影响，斜坡上不稳定的岩土体在重力作用下，沿着一定的软弱面或带滑动的地质现象，是山区公路的主要病害之一，对山区公路危害较大。因此，要高度重视滑坡的调查工作，通过综合勘察，查明滑坡分布范围、形成原因及其性质，判断滑坡的稳定程度及对公路的危害性，为滑坡防治提供可靠的地质参数。

规模较大、性质复杂的滑坡，由于整治工程规模大，且因性质不明，工程可靠度低，需以绕避为主。对变形缓慢以及短期内难以查明其性质的滑坡，在保证路线安全的前提下，采取全面规划、分期整治的原则，先修建有利于稳定滑坡的应急工程，建立必要的观测系统，以观测其效果，掌握滑坡的变化规律资料，逐步根治。

滑坡的形成与发展是多种因素的结果，治理时要分清主次、综合整治。水是诱发滑坡的首要因素，防止水进入滑动带和排除滑坡体的水，显得非常重要。减载，对减缓滑坡的变形，保证施工期间安全，减少支挡工程十分有效。滑坡类型较多，同一类型的滑坡也有不同的情况，因此，需要根据滑坡具体情况作具体分析，灵活应用各种防治技术，综合治理。

工程经验表明，在断裂破碎带、特殊岩土及松散土质深路堑、破碎软质岩高边坡、具有不利软弱层面的路堑高边坡、斜坡软弱地基上填筑路段，以及地表水汇集或地下水发育等易产生滑坡的工程路段，需采取预防措施，设置必要的预加固工程，避免产生滑坡。

7.2.2 正确评价滑坡稳定性、分析滑坡对公路的危害程度，是滑坡防治设计的关键。

滑坡稳定安全系数 F_s 的选用，要根据滑坡规模大小、变形速率及危害程度，结合滑坡的发展阶段、公路等级及其重要性，以及对滑坡的性质、滑动因素、滑体和滑带岩土强度指标调查了解的可靠程度等进行综合考虑。特殊情况经必要的论证后可酌情增减。

滑坡计算考虑的荷载包括滑体重力、滑坡体上建筑物等产生的附加荷载、动荷载（如汽车荷载）等永久荷载，以及地震力、作用在滑体上的施工临时荷载。作用于滑坡体上的临时荷载，虽然作用时间短，但一些临时荷载对滑坡稳定极为不利，因此对临时荷载应作分析检算。考虑地震对古滑坡的影响时，要调查分析滑坡产生的条件，是否经历了与设计相当的地震作用的影响，反算滑动面 c、φ 值时要考虑历史上地震作用的影响。

滑坡稳定性分析采用的力学检算方法很多，规范条文列出传递系数法，是不平衡推力法的显式解计算公式，将隐于抗剪强度指标和传递系数中的安全系数取消，只将下滑力乘以一个安全系数，采用的是超载系数的概念。传递系数法是假设分条间推力 T_i 的作用方向取为上侧条块滑动的方向，引入条间竖向安全剪力，因此，传递系数法所得的安全系数是偏安全的。当稳定系数给定后，则传递系数法计算的下滑力 T_i，便可作为支挡结构所承受的推力。

关于滑面岩土的抗剪强度指标，试验时尽量选用岩体直剪试验方法。当滑坡为首次滑动时，采用峰值强度；当为经常滑动或滑动位移量很大时，作多次剪切或环剪，采用残余强度；当滑带滞水时，作饱和快剪或控制含水率下的快剪；当滑带的灵敏度

条 文 说 明

高时，需在原位进行试验；当滑带物质中粗颗粒的含量超过30%时，需做大面积剪切试验。

采用反算法求c、φ值，需注意反算方法与地质条件适应性，特别是反算时滑坡地质条件与以后可能出现最不利条件情况的区别，分析所求c、φ值的合理性。经验数据有其特殊及局限性，需注意使用条件。

7.2.4 滑坡地表排水工程对其稳定作用大，地表排水布设时要避免地表水流入滑体，并迅速排除滑体范围地表水。地下排水分浅层和深层。对浅层地下水，常用各种形式的渗沟；对深层地下水，常用仰斜排水孔、排水隧洞。埋深较大的截水渗沟、排水隧洞一般施工较困难，造价比较高。

7.2.5 减载对减缓滑坡变形有明显作用。对中小型滑坡，减载可作为滑坡整治的主要手段之一，对大型滑坡，要与其他工程配合。减载增加了新的暴露面，设计要充分论证是否会引起次生滑坡或使原滑坡的条件恶化，需慎重选择。对于反压处理措施，要注意其稳定性，防止产生新的滑坡。

7.2.6 抗滑挡土墙是整治滑坡的有效措施之一，常作为排水、减载等综合措施的一部分，与支撑渗沟联合使用。抗滑挡土墙基坑开挖深度较大时，对滑坡稳定不利，施工中要采取不破坏滑坡稳定性的措施，如短跳槽开挖、及时砌筑等。

7.2.7 抗滑桩是广泛采用的稳定滑坡的有效抗滑措施，具有布置灵活、施工简便、施工对滑坡稳定影响小等优点。预应力锚索与抗滑桩组成锚索抗滑桩，改善桩的受力，减少桩截面和锚固段长度，效果较好。抗滑桩施工时，要注意开挖桩基时对滑坡稳定性的影响，一般采用跳桩、分批开挖。

7.2.8 预应力锚杆技术已广泛应用于滑坡整治工程，但锚固段一般都置于稳定岩层中，锚固段为土层的实例较少。设计时要采取措施，防止锚索预应力松弛，框架、地梁、锚墩处的土层压密沉降、局部溜坍，常造成锚索预应力松弛，从而引起锚索失效，因此对土层坡面要采取防冲刷的措施。

7.2.10 滑坡防治监测包括施工安全监测、防治效果监测和动态长期监测，以施工安全监测和防治效果监测为主。施工安全监测结果是判断滑坡稳定状态、指导施工、检验防治效果的重要依据。施工安全监测内容包括地面变形监测、地表裂缝监测、滑体深部位移监测、地下水位监测、孔隙水压力监测、地应力监测等。防治效果监测要结合施工安全和长期监测进行，以了解工程实施后滑坡体的变化特征，为工程的竣工验收提供科学依据。一般情况下，防治效果监测时间为通车后不少于一个水文年。

7.3 崩塌地段路基

7.3.1 崩塌一般是岩崩与坍塌的统称，山坡上经常发生的小块岩石的坠落称为碎落，本节所指的崩塌则为包含错落、坍塌、落石、危岩的总称。山区公路斜坡上常遇到程度不同的崩坍现象，崩坍对公路运营安全的危害是不容忽视的。因此，要通过综合勘察手段，查清崩塌危岩体分布范围、稳定状况及其危害范围，合理布设路线线位，尽量避开可能发生崩塌的地段。当不能绕避时，在稳定性评价与预测分析的基础上，采取有效的防治措施，保证公路运营安全。

7.3.3、7.3.4 近年来，对于岩石破碎较严重、易崩塌的边坡防护，边坡锚固、柔性防护技术得到了推广应用，取得了较好的效果。柔性防护系统包括主动式和被动式。主动式防护系统由系统锚杆和防护网组成，被动式防护系统由拦截网构成。一般情况下，优先采用主动式防护系统。

7.4 岩堆地段路基

7.4.1 岩堆是陡峻山坡上岩体崩塌物质经重力搬运在山坡坡脚或平缓山坡上堆积的松散堆积体。确定岩堆堆积形态和堆积厚度存在一些困难。由于岩堆都比较松散，钻探成孔困难，物探信号传递也比较弱，因此，岩堆勘察要加强现场调绘工作。

7.4.2 当岩堆下伏岩土层界面斜坡较大或存在软弱结构面时，再加上路基荷载或开挖某一部分后，可能诱发岩堆下伏岩土界面或软弱结构面发生滑动，这种事例相当多见。设计时应根据试验资料分析，考虑地表水和地下水的作用，采用最不利的物理力学指标，进行稳定性计算分析。

7.4.4 岩堆地段修筑路基，因孔隙大、结构松散，在行车荷载或地震荷载作用下易发生较大沉降，引起路面结构破坏。因此，要加强路基面以下岩堆的处理，除满足稳定性要求外，还需满足沉降变形的要求。

交通部西部交通科技项目"震后绵茂公路建设的关键技术研究"项目对岩堆路段路基稳定性和沉降控制进行了专题研究，采用换填、强夯和灌浆三种处治方法，粒径相对较小的岩堆，破碎相对较大的岩块后，采用强夯处理，效果较好；比较稳定的岩堆，采用换填加铺土工布的措施可以满足工程要求；粒径较大的岩堆，采用灌浆充填，可以起到控制稳定和沉降的双重效果。

7.5 泥石流地段路基

7.5.1 泥石流是挟带大量泥沙、石块的间歇性洪流，主要受降雨、冰雪融化而诱发，具多发性。路线通过泥石流沟时，要加强沿沟的实地调查和居民访问工作，查明泥石流沟的沿线地貌特征，泥石流的规模、物质组成、发展趋势及危害程度等。

对于活动频繁的泥石流，需采取治土、治水和排导等多种措施相结合的综合治理，才能有效地控制泥石流和消除泥石流的危害。但对泥石流的综合治理，非公路一个部门就能承担，需要与当地其他部门的防治规划相协调，全面规划、共同治理。

7.5.2 桥涵跨越泥石流沟的原则是：宁设桥勿设涵，宁用大跨度桥勿用小跨度桥或多孔涵，黏性泥石流及山区泥石流尤应如此。确定桥梁孔径时，不能单凭流量计算确定，需结合地形条件、沟槽宽度、泥石流性质与趋势及其发展变化规律等因素综合考虑。

涵洞与桥梁相比，有许多不利条件，主要是跨度小、净空低、泄流纵坡较缓、流程较长、周边阻力较大、宜泄泥石流能力较差、易堵淤、难抢险；工程实践表明，涵洞的泥石流病害率远高于小桥，跨越泥石流的涵洞淤埋严重。因此，泥石流地区要慎用涵洞。

泥石流沟雨季水量较大或有长流水时，后期养护工作量大，保通困难，不宜采用过水路面。

7.5.3 排导措施包括排导沟、急流槽、渡槽、导流堤。

排导沟是由人工开挖或填筑过流断面，或利用自然沟道，多修建在泥石流的堆积扇或堆积阶地上，使泥石流循一定路线排泄。排导沟可单独使用或与拦蓄工程结合使用。排导沟设计要求是在多年使用中，不出现危害建筑物安全的累计性淤积和冲刷破坏。

渡槽可用于排泄流量小于 $30 m^3/s$ 的泥石流，一般在特定的地形条件下采用，纵坡以 8%～15% 为宜。对于沟道迁徙无常，冲淤变化急剧，流量、重度和含固体物质粒径变化很大的高黏性泥石流和含巨大漂砾的水石流，则不宜采用或慎用。

急流槽用以防止桥涵的淤塞和堵塞。导流堤用以改变泥石流的流向和流速，使泥石流能顺利排走，确保路基的安全。

7.5.4 拦挡坝是建在泥石流形成区或形成—流通区的一种横断沟床的人工建筑物，旨在控制泥石流发育，减小泥石流规模和发生频率。其主要功能是：（1）拦沙节流，减小泥石流流速、重度与规模；（2）抬高局部沟段的侵蚀基准，护床固坡；（3）减缓回淤段沟床纵坡，使泥石流冲刷和冲击力减小，减轻沟床侵蚀，抑制泥石流发育；（4）坝下游冲刷力增大而有利于输沙，对泥沙淤积和沟道演变起调节作用。

拦挡坝可设多道以形成梯级拦挡坝，也称谷坊坝群。拦挡坝宜与其他措施组合使用。拦挡坝属于半永久性工程，一旦固体物质堆满溢出坝顶时，尚有其他整治工程发挥作用。

格栅坝是指具有横向或纵向格栅、平面或立体网格和整体格架结构等拦挡坝的总称，主要适用于防治稀性泥石流，不适用于防治黏性泥石流。格栅坝可用钢轨、钢筋、

7.6 岩溶地区路基

7.6.1 石灰岩等可溶性岩层，在流水的长期溶解和剥蚀作用下，产生特殊的地貌形态和水文地质现象，统称为岩溶。岩溶对路基的危害是：溶洞顶板坍塌引起的路基下沉和破坏；岩溶地面坍塌对路基稳定性的破坏；反复泉与间歇泉浸泡路基，引起路基沉陷、坍塌或冒浆；突然性的地下涌水冲毁路基等。首先要从地质条件上弄清岩溶的发展规律和分布规律，慎重确定路线的布局和位置。一般情况下，要尽量设法绕避危害严重的、大型的、不易查清的岩溶地段；对危害较轻的中、小型岩溶地段，路基宜布设在岩溶范围较窄、易于处理的地段。

岩溶地区路基设计，主要是对影响路基稳定的岩溶和岩溶水进行预防和处理。实践证明，如果不加处理或处理不当，不仅会产生各种路基病害，影响行车安全；而且将导致水资源的利用受限，影响当地生产、生活正常秩序。

7.6.2 评价溶洞的洞顶稳定性需分析两方面因素：一是内在因素，包括顶板的厚度、跨度及形态、岩石性质、岩层产状、节理裂隙状况及岩石物理力学指标等；二是外在因素，包括受载状况及洞内水流搬运的机械破坏作用等。顶板安全厚度的评价方法很多，原规范（JTG D30—2004）根据铁路科研成果和京珠高速公路粤境北段的实践经验，采用了厚跨比法。工程实践表明，其评价方法与控制标准是合理的，本次未作修订。

7.6.3 路线附近的溶洞，距离路基坡脚需有一定的距离，在洞穴坍塌呈漏斗形时，不致危及路基，该距离称为溶洞距路基的安全距离。条文中所列的计算公式，是按坍塌时的扩散角进行估算的，由于影响因素较多，在实践中还可调查参考既有工程的实例。

7.6.4 岩溶水是危及路基安全的主要因素之一，要以疏导为主。对岩溶上升泉，不宜堵塞。工程实践表明，堵塞上升泉，易造成路基翻浆冒泥、边坡坍塌等病害。

在岩溶地段，地表水和地下水具有较强烈的侵蚀性，是岩层溶解与破坏的主要因素。因此，路基设计时要注意调整地表水流，疏导洼地积水及地下水。一般采用排水沟、渗水暗沟、涵洞、泄水隧洞等进行疏导，以防止地表水和地下水对路基造成危害。

7.6.5 路基位于封闭的岩溶洼地时，往往隔断原有地表水系，有的路堤是直接掩盖了落水洞，易造成路基病害。因此，排泄封闭的溶蚀洼地的地表水是很重要的，需在查清水情的基础上，做好疏导工程设计，保证地表水畅通。对不可避免受雨季积水浸泡的路堤，其浸水部分优先用水稳定性较高的砂砾、硬质岩片碎石等作为填料。

7.6.6 溶洞、溶蚀裂隙发育带及覆盖层土洞，危及路基安全稳定时，需视具体情况，因地制宜采取回填、跨越、加固等处理措施。

回填处理适用于埋藏较浅，且没有排泄要求的干溶洞，通常采用片石、碎石等填料。因溶洞充填物通常松散、软弱，溶洞表层溶蚀部分也较松散破碎，作为路基基底，其承载能力往往不能满足设计要求，需予以清除，并换填强度高、水稳定性好的填料。当路基以下溶洞顶板很薄时，一般是炸开溶洞顶板，清除洞内填充物及松散物，再回填片石、碎石等。

对狭小且深的溶洞，可根据其宽度的大小采用钢筋混凝土盖板跨越；对于跨度较大的溶洞，或需要保持排水者，一般采用桥梁或涵洞通过。桥梁适用于跨越流量较大的暗河、冒水洞或消水洞等。涵洞适用于跨越一般的岩溶泉。

当溶洞洞径大、顶板完整、洞内施工条件较好时，通常采用浆砌片石或片石混凝土支顶墙或支撑柱加固；洞内施工条件不好时，采用钻孔灌注桩支撑。对溶蚀裂隙发育带及埋藏较深的溶洞、土洞，一般采用注浆加固。

7.7 软土地区路基

7.7.1 工后沉降是指路面设计使用年限（沥青路面为 15 年、水泥混凝土路面为 30 年）内的残余沉降。

7.7.2 从沉降计算的角度考虑行车荷载的影响，需考虑它作用的连续性，因为沉降的发生不是在某一荷载瞬间作用下完成的。行驶中的车辆对道路产生的作用是间断不连续的冲击荷载，在作用时间和作用深度上都同静荷载有一定的出入。实测资料表明，动荷载在路基中产生的附加动应力随深度的增加而减小，当一深度处附加动应力为自重应力的 1/10 时，可以认为是交通荷载的有效影响深度，该深度以下土层的沉降计算可以不考虑荷载动应力。江苏省交通科学研究院股份有限公司和河海大学在连盐高速公路进行的现场试验表明，小车（2t）有效影响深度约为 1m，大车（20t）有效影响深度约为 2.5m；车速影响并不大。日本道路协会编（蔡恩捷译）《软土地基处理技术指南》，认为路面下高度为 2.0~2.5m 以下的低路堤经常受到交通荷载引起的不均匀沉降的危害。因此可以将 2.5m 作为高路堤与低路堤的分界来考虑行车动荷载对沉降的影响：即路堤高度大于 2.5m 时不考虑行车动荷载对沉降的影响，路堤高度小于或等于 2.5m 时考虑行车动荷载对沉降的影响。

低路堤在国内高速公路上用得并不多，平原微丘区的路基平均填土高度基本都在 3.0~3.8 之间。自 2004 年 4 月交通部下发《关于在公路建设中实行最严格的耕地保护制度的若干意见》（交公路发〔2004〕164 号）之后，低路堤的设计理念受到重视。低路堤上行车动荷载作用下软土地基沉降的计算目前没有成熟的方法，实际工程中主要是采取一些措施来加以控制。例如，用石灰或水泥对表层软土固化，形成人工硬壳层，它不但自身抗变形能力强，提高了低路堤的刚度，而且还增加了应力扩散途径，使得传递到以下软土层上的竖向应力大大减小；还可在路堤中设置土工合成加筋材料提高路堤的刚度和整体性，减少交通荷载对地基的作用力。此外，复合地基、换填也是控制动荷载作用的有效方法。

采用分层总和法，利用压缩试验的 e-p 曲线、压缩模量 E_s 或 e-$\lg p$ 曲线计算软土地基的固结沉降是目前工程中最常用的方法，特别是采用 e-p 曲线和压缩模量 E_s 进行计算积累的经验比较多，相应的沉降系数 m_s 的取值也有一定的经验。本规范结合京津塘高速公路软基试验工程研究成果，给出了计算沉降系数 m_s 的经验公式。

7.7.3 有效固结应力法考虑了软基路堤施工的实际情况，即路堤并非瞬间填到设计高度，而是按照一定的施工速率逐渐填筑。当在强度很差的地基上需要修筑高路堤时，可以按照这一计算模式对采取分期加载的方法逐渐使地基固结强度提高后的安全系数进行验算，以保证路堤填筑过程中的稳定满足要求。

改进总强度法是以 $\varphi=0°$ 法为基础发展而来的，它是基于 $\varphi=0°$ 法利用原位测试资料[采用静力触探试验的贯入阻力（单桥探头）或锥尖阻力（双桥探头）换算的十字板抗剪强度或直接由十字板试验得到的抗剪强度]，借用有效固结应力法计算地基强度随固结增加的思想，采用强度增长系数计算固结过程中强度的增量。采用该方法与静力触探试验相结合，为软基路堤稳定验算提供了一种高效可靠的途径。

简化 Bishop 法和 Janbu 法都是较精确的计算方法，Janbu 法还常用于非圆弧滑动面的稳定验算。由于两种计算方法采用有效抗剪强度指标，取样试验的工作量比较大，设计中全部采用这种方法计算有一定困难，可以在试验工程中或路堤的重点部位有选择性地应用。

以上四种方法的计算公式如下：

（1）采用有效固结应力法验算时，稳定安全系数计算式为：

$$F = \frac{\sum_{A}^{B}(c_{qi}L_i + W_{\text{I}i}\cos\alpha_i\tan\varphi_{qi} + W_{\text{II}i}\cos\alpha_i U_i\tan\varphi_{cqi}) + \sum_{B}^{C}(c_{qi}L_i + W_{\text{II}i}\cos\alpha_i\tan\varphi_{qi})}{\sum_{A}^{B}(W_{\text{I}} + W_{\text{II}})_i\sin\alpha_i + \sum_{B}^{C}W_{\text{II}i}\sin\alpha_i} \tag{7-1}$$

式中：c_{qi}、φ_{qi}——地基土或路堤填料快剪试验测得的黏聚力和内摩擦角；

φ_{cqi}——地基土固结快剪试验测得的内摩擦角；

U_i——地基平均固结度。

其余符号见图 7-1。

（2）采用改进总强度法验算时，稳定安全系数计算式为：

$$F = \frac{\sum_{A}^{B}(S_{ui} + W_{\text{II}i}\cos\alpha_i U_i m_i)L_i + \sum_{B}^{C}(c_{qi}L_i + W_{\text{II}i}\cos\alpha_i\tan\varphi_{qi})}{\sum_{A}^{B}(W_{\text{I}} + W_{\text{II}})_i\sin\alpha_i + \sum_{B}^{C}W_{\text{II}i}\sin\alpha_i} \tag{7-2}$$

式中：S_{ui}——由静力触探试验的贯入阻力（单桥探头）或锥尖阻力（双桥探头）换算的十字板抗剪强度或直接由十字板试验得到的抗剪强度；

m_i——地基土层强度增长系数，按表 7-1 取值；

其余符号意义同前。

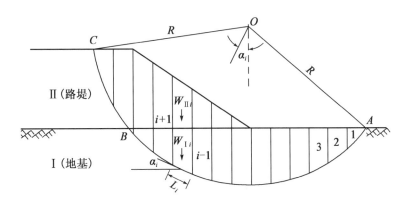

图 7-1 安全系数计算图式

表 7-1 地基土层强度增长系数

土 名	描 述	m_i
泥炭	在潮湿和缺氧条件下，由未充分分解的喜水植物遗体堆积而形成的泥沼覆盖层。呈纤维状，深褐色至黑色。有机质含量大于60%，含水率大于300%，孔隙比大于10	0.35
泥炭质土	喜水植物遗体大部分完全分解后形成的有臭味、呈黑泥状的细粒土。有机质含量在10%~60%之间（尚可细分为弱泥炭质土、中泥炭质土、强泥炭质土），含水率不超过300%，孔隙比大于3	0.20
有机质土	在多水环境下由不同分解的植被植物所组成的细粒土，其中混有矿物颗粒。有机质含量在3%~10%之间，淤泥、淤泥质土属于此类	0.25
黏质土	塑性指数（76g锥）大于17的土	0.30
粉质土	塑性指数（76g锥）大于10，但小于或等于17的土	0.25

（3）采用简化 Bishop 法验算时，稳定安全系数计算式为：

$$F = \frac{\sum_A^B \{c'_i b_i + [(W_{\mathrm{I}} + W_{\mathrm{II}})_i u_i b_i]\tan\varphi'_i\}/m_{\mathrm{I}\alpha i} + \sum_B^C (c_{qi} b_i + W_{\mathrm{II}i}\cos\alpha_i \tan\varphi_{qi})/m_{\mathrm{II}\alpha i}}{\sum_A^B (W_{\mathrm{I}} + W_{\mathrm{II}})_i \sin\alpha_i + \sum_B^C W_{\mathrm{II}i}\sin\alpha_i}$$

(7-3)

$$m_{\mathrm{I}\alpha i} = \cos\alpha_i + \tan\varphi'_i \sin\alpha_i / F \tag{7-4}$$

$$m_{\mathrm{II}\alpha i} = \cos\alpha_i + \tan\varphi_{qi} \sin\alpha_i / F \tag{7-5}$$

式中：c'_i、φ'_i——地基土三轴试验测得的有效黏聚力和有效内摩擦角；

b_i——分条的水平宽度，即 $b_i = L_i \cos\alpha_i$；

u_i——滑动面上的孔隙水压力；

其余符号意义同前。

由于稳定安全系数计算公式右端 $m_{\alpha i}$ 中含有 F，所以安全系数计算需要采用迭代法。

（4）采用 Janbu 法验算时，稳定安全系数计算式为：

$$F = \frac{\sum_{A}^{B}\{c'_i b_i + [(W_{\text{I}} + W_{\text{II}})_i u_i b_i + \Delta T_i]\tan\varphi'_i\}/m_{\text{I}\alpha i}/\cos\alpha_i + \sum_{B}^{C}(c_{qi}b_i + W_{\text{II}}\cos\alpha_i\tan\varphi_{qi} + \Delta T_i)/m_{\text{II}\alpha i}/\cos\alpha_i}{\sum_{A}^{B}(W_{\text{I}} + W_{\text{II}} + \Delta T)_i\tan\alpha_i + \sum_{B}^{C}(W_{\text{II}} + \Delta T)_i\tan\alpha_i}$$

(7-6)

式中：ΔT_i——土条两侧边界上的剪力增量，可以根据土条两侧边界上法向力作用点位置的假定计算出来；

其余符号意义同前。

因为公式右端 $m_{\alpha i}$ 中含有 F，ΔT_i 计算过程中也含有 F，所以安全系数计算需要采用迭代法。

7.7.6 排水固结法是软土地基处理中常用的措施，包括砂垫层预压、塑料排水板或袋装砂井预压、真空预压或真空联合堆载预压，常与轻质路堤、加筋路堤、反压护道等配合使用。

从京津塘高速公路软基试验工程的沉降观测成果来看，设袋装砂井或塑料排水板路段的路堤中心沉降，在 4~5 个月后恢复正常，而路肩处的沉降要在 6 个月后才恢复正常，所以限制预压期不致过短是必需的。日本《高等级公路设计规范》明确指出：预压施工时，原则上要在预压填土后放置 6 个月以上时间。从施工工期以及经济方面考虑，6 个月是较适合的时间。

为保证真空预压的效果，一般要求被加固软土层的渗透系数在 $10^{-5} \sim 10^{-6}$ cm/s；当遇到加固区透气或透水时（存在水平砂层），渗透系数满足不了要求的条件，可以采取黏土搅拌桩隔离墙将加固区封闭起来，也可增加射流泵的数量或加大功率。如 1994~1995 年汕头港深水港区集装箱堆场采用真空联合堆载预压法对 57 248 m² 软土地基进行处理，由于表层有 4~12.5 m 的细砂、中粗砂层，采用 1.2 m 的黏土密封墙封闭，试抽气两周后真空负压即达到 80 kPa 以上。该工程打设的塑料排水板最大深度达到 25 m。福宁高速公路漳湾互通立交匝道地基软土层局部有水平砂层、底板亚黏土混有卵石。经现场注水试验，卵石亚黏土的渗透系数为 2.5×10^{-4} cm/s，但通过增加射流泵的数量使真空度一直保持在 70 kPa，地基加固效果良好。虽然无论真空度大或者小对地基加固都有作用，但是真空度过低时真空预压的经济性变差，工程中一般要求密闭膜下的真空度在 70~90 kPa。

真空联合堆载预压荷载下地基的沉降计算方法与堆载预压荷载下地基的沉降计算方法相同，只是预压荷载采用真空度加路堤填土荷载代替。因为真空预压在水平方向产生了一个向着负压源的压力，使周围土体向着预压区移动，产生等向固结，不会产生剪切变形，只发生收缩变形，所以真空联合堆载预压可以抵消堆载预压产生的土体侧向挤出变形，对地基的稳定有利，一般情况下不会发生地基失稳破坏的问题。

7.7.7 用粒料桩加固软土地基有置换、排水固结和应力集中等作用。

粒料桩长度以内的地基属于复合地基，复合地基理论的最基本假定为桩与土的协调变形，设计中一般不考虑桩的负摩阻力及群桩效应问题。

粒料桩的承载能力不仅与桩身材料的性质与桩身密度有关，而且与桩周土体的侧限能力有关，当被加固的软土强度很低时，粒料桩很难成桩。对于振冲置换（Vibro-replacement）碎石桩适用条件，《建筑地基处理技术规范》（JGJ 79）规定被加固土体的不排水抗剪强度不小于20kPa。国内研究的结果证明，不排水抗剪强度略低于20kPa的地基土仍可以采用振冲置换法成桩，近年来在广东、福建地区，采用大直径粗粒径等措施，成功的工程较多。振冲置换法在不排水抗剪强度15kPa以上的地基土中使用是可行的。

沉管法施工时由于对土体扰动很大，又无法护壁，在强度低的软土地基中很难使用，根据工程经验，当十字板抗剪强度小于20kPa时不宜采用。

粒料桩施工过程会对土体产生扰动，一般认为采用振冲置换法施工时土体强度可能降低10%~40%，20~30d强度可以恢复；采用沉管法施工时淤泥质土的强度在30d以上才能恢复，在地基强度检验时要注意这种因素的影响。

关于设计参数，日本资料建议：砂桩的内摩擦角采用25°，碎石桩的内摩擦角采用35°，桩土应力比取3。国内计算碎石桩承载力的一些经验公式中，碎石桩的内摩擦角多采用35°~40°。粒料桩与桩间土的应力比n是随土质与深度的不同以及荷载的大小、作用时间而变化的，多数资料认为n值在2~5之间是比较合适的。

7.7.8 加固土桩的抗剪强度以90d龄期的强度为标准强度，符合目前高速公路路堤施工情况。桩体施工完90d，路堤可以填到3m左右，荷载并不算大，稳定计算仍是偏安全的。

选90d的强度作为标准强度给室内试验和现场检测带来困难，解决方法之一是根据短龄期（7d、28d）的试验、检测数据，按强度增长规律推测90d的强度（表7-2的经验公式可以参考）。第二种方法是采用高温快速养生，使试件在很短时间内达到标准养生90d的强度。根据中交第一公路勘察设计研究院开展的专题研究的成果，高温养生30h相当于标准养生28d的强度值，高温养生96h相当于标准养生90d的强度值。

水泥加固土桩的压缩模量测试比无侧限抗压强度测试要复杂，可以根据无侧限抗压强度按经验公式计算，但是经验公式有很大的差异，如$E_p = (100~120)q_u$（立方体试件），$E_p = (25~50)q_u$等。此外，立方体试件与圆柱体试件所测的无侧限抗压强度是不同的，后者的强度比前者小。根据中交第一公路勘察设计研究院的研究，室内水泥加固土配合比试验宜采用$\varphi \times h = 50mm \times 100mm$的圆试模，以便与现场钻孔取芯一致。圆试模条件下无侧限抗压强度与变形模量的关系为：$E_p = 83.4q_u$（对于水泥加固土，可近似取压缩模量等于变形模量）；还得到$\varphi \times h = 50mm \times 100mm$的圆试模与70.7mm×70.7mm×70.7mm的方试模所测无侧限抗压强度的关系为：圆试模的强度=0.87方试模的强度。

表 7-2 不同地区水泥搅拌土强度与龄期关系式对比表

代表地区和资料来源	关 系 式	假设28d强度为1.0MPa,按关系式计算		备 注
		7d强度(MPa)	90d强度(MPa)	
中交第一公路勘察设计研究院(试验样品取自天津、福建、连云港和南通地区)	$q_{u28}=2.37q_{u7}-0.19$ ($r=0.87$, $n=12$) $q_{u90}=1.14q_{u28}+0.85$ ($r=0.79$, $n=15$)	0.50	1.99	q_{u7}、q_{u28}、q_{u90} 分别表示7d、28d和90d无侧限抗压强度。r、S、n 分别表示相关系数、标准差和统计组数
《粉体喷搅法加固软弱土层技术规范》(TB 10113—96)	$q_{u28}=1.49q_{u7}$;$q_{u90}=1.97q_{u7}$; $q_{u90}=1.33q_{u28}$	0.67	1.33	
天津地区 天津港湾工程研究所"水泥鉴别土工程特性研究"(研究报告)	淤泥: $q_{u7}=0.364q_{u90}$ $q_{u28}=0.652q_{u90}$ 淤泥质黏土: $q_{u7}=0.262q_{u90}$ $q_{u28}=0.485q_{u90}$	0.56 0.54	1.54 2.06	
上海地区 《地基处理》(叶书麟)	$q_{u7}=0.56q_{u28}$ ($r=0.98$, $S=0.059$, $n=15$) $q_{u90}=1.63q_{u28}$ ($r=0.98$, $S=0.143$, $n=9$)	0.56	1.63	

虽然加固土桩包括了石灰作固化剂成桩,但由于采用石灰粉(浆)作固化材料的搅拌桩在高速公路软基处理中很少采用,条文中的内容不能用于石灰搅拌桩,需要时应对其进行专门试验。

7.7.9 水泥粉煤灰碎石桩(CFG桩)的配合比设计具体步骤如下:

(1) 确定用水量 W

用水量由坍落度具体值试配确定,一般从经验用水量开始;令单方用水量为 W。

(2) 确定水泥用量 C

根据采用的水泥强度等级 R_c^b,混合料28d强度 f_{cu},按下式计算水泥单方用量:

$$f_{cu} = 0.366 R_c^b \left(\frac{C}{W} - 0.071\right) \tag{7-7}$$

式中: f_{cu}——混合料28d强度(MPa),由边长150mm的立方体试块测得;

R_c^b——水泥强度等级(MPa);

C——单方水泥用量(kg);

W——单方用水量(kg)。

(3) 确定粉煤灰用量 F

单方粉煤灰用量按式(7-8)计算:

$$\frac{W}{C} = 0.187 + 0.791 \frac{F}{C} \tag{7-8}$$

(4) 石屑用量 G_1 和碎石用量 G_2

计算单方石屑用量 G_1 和单方碎石用量 G_2 需要用到石屑率 λ：

$$\lambda = \frac{G_1}{G_1 + G_2} \tag{7-9}$$

根据试验研究结果，λ 值取 0.25~0.33 为合理的石屑率。

已知混合料的密度（一般为 2.2~2.3t/m³），由已经求得的 W、C、F 可以得到 $G_1 + G_2$，再由式（7-9）分别得到 G_1 和 G_2。

按以上步骤试配，并根据坍落度调整用水量，直到满足要求。

7.7.10 强夯法处理的有效加固深度可采用 Menard 经验公式估算，但估算结果与实际情况确实存在差异。设计时需采用修正系数对其进行修正，该修正系数与土质条件、地下水位、夯击能大小、夯锤底面积等因素有关，一般为 0.34~0.80。《建筑地基处理技术规范》（JGJ 79）按地基土类和单击夯击能列出的有效加固深度也可参考，见表 7-3。

表 7-3 强夯法的有效加固深度（m）

单击夯击能（kN·m）	碎石土、砂土等粗颗粒土	粉土、黏性土、湿陷性黄土等细颗粒土
1 000	5.0~6.0	4.0~5.0
2 000	6.0~7.0	5.0~6.0
3 000	7.0~8.0	6.0~7.0
4 000	8.0~9.0	7.0~8.0
5 000	9.0~9.5	8.0~8.5
6 000	9.5~10.0	8.5~9.0

注：强夯法的有效加固深度应从最初起夯面算起。

确定最佳夯击能（夯点的夯击数）的试夯过程中，可以通过观测孔隙水压力或夯沉量来确定最佳夯击能。因观测夯沉量简便易行，故工程中多采用夯击数和夯沉量关系曲线确定最佳夯击能。

7.7.11 公路软土地基处理采用的刚性桩包括预应力混凝土薄壁管桩（PTC）、预应力高强混凝土管桩（PHC）、预制混凝土方桩、钻孔灌注桩、现浇薄壁筒桩等，目前应用最多的是预应力混凝土薄壁管桩。管桩为工厂预制桩，桩外径一般采用 300~500mm，壁厚 60~100mm，桩长标准化定制，现场施工时可以通过焊接接长。现浇薄壁筒桩是将双层套管打入软土地基，在双层套管间浇筑混凝土，形成大直径的筒状桩体。其直径一般为 0.8~1.5m，壁厚 120~200mm。

刚性桩的垫层是由土工合成材料和砂石料等以不同的铺装形式构成，主要的类型有：土工格栅（Geogrid）加筋土垫层、土工格室（Geocell）垫层、高强度经编复合土工布加筋土垫层、高强度长土工布长管袋加筋垫层等。应根据设计工程的荷载大小和要求以及具体地基土层的条件选用。

7.7.15 根据沉降观测曲线可以确定任意时刻的沉降速率和工后沉降。将沉降速率作为沉降稳定控制标准，是目前国内软土地区高速公路的普遍做法，实践证明是有效的。如京津塘高速公路在沉降速率达到8mm/月时卸去预压土，开始路面结构层施工；连徐、福宁高速公路确定的沉降速率为5mm/月；沪宁高速公路以路槽顶面作为预压计算高度，在沉降速率达到5mm/月时卸预压土做底基层和基层，在基层铺上后继续预压，待沉降速率达到3mm/月时铺面层。

超载预压作为一种加载方式，目前已得到广泛的应用。由于软土的超固结特性，超载预压地基沉降速率在卸载前后将有很大不同（一般相差3~5倍，超载比越大则相差越大），超载卸除后沉降速率会减小，故5mm/月通常是指在等载条件下的沉降速率控制标准。

7.8 红黏土与高液限土地区路基

7.8.1 红黏土是指碳酸盐岩出露的岩石，经红土化作用形成的棕红色、褐黄色等的高塑性黏土，其液限一般大于50%。经再搬运后仍保留红黏土基本特征，其液限大于45%的土称为次生红黏土。

红黏土是一种区域性的特殊性土，主要为坡积、残积类型，其物理力学性质指标见表7-4。

表7-4 红黏土物理力学性质指标

含水率（%）	孔隙比	液限（%）	塑限（%）	饱和度（%）	含水比	压缩系数（MPa^{-1}）	渗透系数（cm/s）	自由膨胀率（%）
20~75	0.7~2.1	40~110	20~60	80~100	0.5~0.75	0.1~0.4	$i \times 10^{-8}$	25~69

红黏土与高液限土具有高液限、高塑性、高含水率、高孔隙比、较高强度和较低压缩性的特点。压实困难、干缩开裂和边坡稳定性差是工程的主要问题。红黏土的膨胀势较低，无荷载膨胀率均小于20%，膨胀压力一般小于30kPa，膨胀性弱；红黏土线缩率1%~10%，体缩率5%~28%，收缩系数0.1~0.8，具有弱至中等收缩性。

液限$w_L > 50\%$的土称之为高液限土，其成因较为复杂，主要与母岩性质有关，其工程性质与红黏土有所区别，结合水含量较红黏土高，强度与密实度分离现象较红黏土明显。

7.8.2 红黏土和高液限土直接填筑路基时，在气候环境（降雨、湿度和温度等）、地表水和地下水的影响下，其强度产生衰变，造成路基变形破坏。另外，采用压缩系数大于$0.5MPa^{-1}$的红黏土填筑路基，在公路运营期路基将产生蠕变，增大路基不均匀变形。因此，规范规定红黏土和高液限土不能直接填筑路基，并限制压缩系数大于$0.5MPa^{-1}$的红黏土的使用。

7.8.3 为防治红黏土和高液限土路基病害，红黏土和高液限土用于路基填料时，需采取一定的工程措施，以保证其长期性能的稳定。常用的工程措施包括物理措施和化学处治措施。物理措施包括设置排水隔离垫层、包边封闭层，以及外掺砂砾、粉煤灰、碎石等；化学处治措施主要是外掺石灰、水泥等无机结合料进行改良处治。

对于石灰处治高液限土和红黏土，通常采用"二次掺灰处治方法"。第一次在取土场先掺入1/2~2/3设计掺灰量的石灰，掺灰后对土料进行翻拌，并在取土场中堆放1~3d，进行"焖灰"；然后，将经第一次掺石灰处治的土料运到路基作业面，再进行第二次掺石灰处治，掺灰量为余下的1/3设计剂量。

高液限土的细粒含量高，其内部胶凝物质（$Fe_2O_3 \cdot nH_2O$，$SiO_2 \cdot nH_2O$等）中包含结合水。结合水是物质颗粒的组成部分，不同于普通土的自由水，高液限土烘干后破坏了结合水与颗粒间的结合力与分子结构，失水后具有不可逆性，即失水后其胶凝作用不可恢复。因此湿法制件与干法制件得到的试验结果差距较大。同等条件下湿法所得试件强度高于干法，原状土的强度大于扰动土的强度，击实试验最大干密度湿法小于干法，最佳含水率湿法大于干法。现场高液限土填料天然含水率一般较大，须晾晒降低含水率后进行分层碾压施工，击实试验和CBR试验方法采用湿法制件，更符合实际施工过程。

7.8.5 红黏土和高液限土挖方边坡，在湿热交替的气候条件影响下，土体产生收缩开裂，故红黏土中裂隙较发育。收缩性强的红黏土，在地形突起、向阳、植被少的地段，裂隙密度大，延伸深，一般达3~4m，个别地区达十余米。裂隙使土体完整性破坏，降低了土体的强度，增大了土体的透水性，构成土体稳定的不利因素。降雨时，雨水沿裂隙入渗，形成了土体的软弱结构面，即使坡率小于1:2仍可能出现坍塌、滑动破坏，滑坡剪切出口多位于路基顶面以上。红黏土挖方边坡的破坏模式与一般土的圆弧滑动有明显的区别。

针对红黏土和高液限土挖方边坡破坏特点，规范规定挖方路边坡高度超过10m时应进行稳定性检算。边坡稳定性分析计算时，要充分考虑红黏土边坡裂隙发展及复浸水对边坡稳定性的不利影响，强度参数需采用饱水剪切试验和重复慢剪试验等强度指标，有条件时，先对土样进行干湿循环试验，然后再浸水饱和做剪切试验。

红黏土挖方边坡的失稳主要是裂隙渗水引起的。因此，设计时要加强红黏土边坡防护与排水的综合设计，拟制边坡土体湿度变化及其裂隙发生与发展。工程实践表明，边坡采用支撑渗沟和拱形护坡相结合，是保证红黏土边坡稳定的有效措施。

7.9 膨胀土地区路基

7.9.1 膨胀土（expansivesoil）是一种含亲水性矿物，并具有明显的吸水膨胀与失水收缩特性的高塑性黏土。膨胀土的胀缩特性主要受具有晶层结构的蒙脱石类黏土矿物影响。在大气影响下，湿度变化引起膨胀土产生膨胀与收缩，土体开裂，降雨入渗，强度降低，产生较大的膨胀压力，造成边坡变形破坏。膨胀土变形破坏区多发生在浅层，大气对膨胀土影响的最大作用深度称之为膨胀土活动区深度。

针对膨胀土的特点，膨胀土地区路基设计要以防水、保湿、防风化为主，采取有效措施，减少湿度的变化对膨胀土路基的影响，保证路基满足变形和强度的要求。膨胀土路基施工时，也要连续施工，并及时封闭路床和坡面。

7.9.2 关于膨胀土的判别标准，国内外尚不统一。根据多年来的工程实践经验总结和工程地质特征，自由膨胀率大于40%和液限大于40%的黏质土，可初判为膨胀土，但这并不是唯一的，最终决定的因素是胀缩总率及膨胀的循环变形特征。

《膨胀土地区建筑技术规范》（GB 50112—2013）采用自由膨胀率对膨胀土的膨胀潜势进行分类。自由膨胀率 δ_{ef} 测试，采用风干土碾细过筛，并在105～110℃下烘干至恒重，在干燥器中冷却后用标准量杯取 $10cm^3$ 土样进行自由膨胀率测试。对该指标的可靠性及能在多大程度上反映膨胀土的本质等方面，一直存在着争议。有人认为测试方法使颗粒间结合力丧失，而使膨胀得到了较充分的发挥，其结果并不能代表土体的真正膨胀潜势。

膨胀土的性质是由于膨胀土内蒙脱石及其家族的含量多少决定的。自由膨胀率判别法易产生膨胀土的误判与漏判，铁路部门采用蒙脱石含量和阳离子交换量作为鉴别指标，判别准确率高，但测试困难。

标准吸湿含水率与比表面积、阳离子交换量、蒙脱石含量之间存在线性相关的关系。标准吸湿含水率反映了膨胀土的最基本的本质属性。标准吸湿含水率试验方法已纳入《公路土工试验规程》（JTG E40—2007），该判别分类标准已在湖北、湖南、安徽、广西、云南、河南、河北等公路行业、建筑行业，以及南水北调水利工程中得到广泛推广应用，验证了该标准的准确性与可靠性。

7.9.3、7.9.4 膨胀土地基变形量计算是以膨胀土地基在没有建构造物的情况下，考虑极端的膨胀土地基地表含水率变化，以及含水率沿深度分布变化的情况下计算出来的参数，代表了膨胀土地基膨胀性强弱和对气候的响应程度。

膨胀土地基变形预测的关键是确定大气影响下膨胀土活动区深度，可通过测定各个季节地温、土层含水率随深度的变化曲线，或采用静力触探试验比贯入阻力随深度变化曲线等方法探明膨胀土活动区深度。我国部分地区膨胀土活动区深度见表7-5。

表7-5 我国一些典型膨胀土地区活动区深度

地 区	各种判定标志下的膨胀土临界活动区深度（m）				大气活动区深度（m）
	温度标志	地温标志	深度标志	地裂标志	
云南鸡街	3.0	—	—	—	3.0～4.0
云南江水池	5.0	—	—	—	3.0～5.0
四川成都	1.5	1.8	—	—	1.5
广西南宁	2.0～3.0	—	3.0	2.0～2.5	2.5～3
广西宁明	—	—	3.5	2.5～3.5	3.0
陕西安康	3.0	—	—	2.0～3.0	3.0
湖北荆门	1.5～2.0	2.0	1.5	1.2～1.5	1.5～2.0
湖北郧县	2.0	2.0		<2.0	2.0

续表 7-5

地 区	各种判定标志下的膨胀土临界活动区深度（m）				大气活动区深度（m）
	温度标志	地温标志	深度标志	地裂标志	
湖北宜昌	—	2.1	—	—	2.1
河南南阳	—	3.2	—	—	3.2
河南平顶山	2.5	2.1	3.0	—	2.5
安徽合肥	2.0	2.0	—	—	2.0
河北邯郸	2.0	—	—	—	2.0

根据上部结构类型和膨胀土地基变形量，膨胀土地基土处理可采取挖除膨胀土、换填非膨胀土或掺石灰改性处治等处理措施。最新研究表明，非膨胀土或掺石灰改性处治膨胀土地基深度不小于2.0m，下部膨胀土含水率、强度和密度变化非常小，可以忽略不计。当采用渗水性材料时，需铺设复合土工膜作为防渗层。

7.9.5、7.9.6 膨胀土作为路基填料，压实后的膨胀土与天然原状膨胀土的工程特性有很大差别，主要是压实的膨胀土较原膨胀土膨胀性要大5~8倍，有的甚至达到二三十倍之多。填土的密实度愈大，含水率愈低，则土浸水后，其膨胀量和膨胀力愈大；在相同压实含水率下，密实度愈高，其膨胀量和膨胀力愈大。

膨胀土用作路基填料，需根据其胀缩等级，采取不同的处治措施。对弱膨胀土，采取物理处理措施后可填筑路基，即选用非膨胀土或无机结合料处治膨胀土，在路堤设置垫层、两侧包边封闭、顶部封盖层等物理措施，控制气候环境和地下水对膨胀土路堤的湿度变化影响，保证路基稳定；对中膨胀土，需采用无机结合料处治后才能填筑路基；强膨胀土不能用于路基填料。本规范总结分析了膨胀土地区公路建设经验，针对膨胀土路堤特点，提出了膨胀土路堤典型结构形式、膨胀土处治措施、防排水技术要求。设计时，需根据膨胀土等级，因地制宜，选择合理的工程措施，防治膨胀土路堤病害，保证路基稳定。

掺石灰是膨胀土改性处理的最有效方法。试验研究表明，一般情况下，石灰剂量宜控制在4%~10%。掺石灰的最佳配比，以处理后胀缩率不超过0.7%为宜，控制到弱膨胀土的低限指标之下，可作为非膨胀土对待。

7.9.7 膨胀土路堑边坡设计是一个较为复杂的工程地质问题。根据目前的调查结果看，一般采用1:2~1:3的坡率，但也出现不稳定，特别是有软弱夹层时，边坡采用1:5~1:8也不一定稳定。边坡的坡率大小不是唯一因素，即用常规土力学分析方法，并不能妥善解决膨胀土路堑的边坡稳定问题。

膨胀土路堑边坡的破坏形式是多样的，但从破坏的深度上来分，可归纳为浅层破坏和深层破坏两种类型。浅层破坏是指发生在大气影响层内的变形，主要受气候变化、风化程度、裂隙发育程度等因素影响，是膨胀土路堑边坡破坏的主要形式；超过这层厚度的边坡变形即为深层破坏，主要是边坡存在不利结构面引起的。设计时，需要针对边坡具体地质条件分别对待。

长期以来，膨胀土挖方路基边坡多采用挡土墙、桩板墙等刚性防护措施，不能缓解膨胀土胀缩变形所产生的膨胀力，尤其是中强膨胀土的膨胀力大，常使这些支挡结构产生变形破坏。另外，挡土墙、桩板墙等支挡结构与周围环境不协调。

近年来，交通部西部交通建设科研项目"膨胀土地区公路成套修筑技术研究"，针对膨胀土挖方边坡破坏机理，研究提出了防治膨胀土边坡变形破坏的柔性支护、包边技术，并在广西南友高速公路、南宁至百色高速公路中得到了成功应用，既解决了膨胀土挖方边坡稳定问题，又使公路与周围环境融为一体。本规范纳入了膨胀土挖方边坡防护的非膨胀性黏土覆盖技术或柔性支护结构。设计时，根据具体情况，尤其是膨胀土层与下伏岩土层之间是否存在不利结构面，因地制宜，灵活应用。

路基防排水设施的完善程度，直接影响到膨胀土路基长期性能和稳定性，如能防水保湿，则可以消除膨胀土湿胀干缩的有害影响。设计中要针对膨胀土的工程特性，设置完善的防排水系统，防止地面水与地下水渗入路基本体或路堑边坡，保持土体天然含水率状态的相对稳定。

7.10 黄土地区路基

7.10.1 黄土是一种以粉粒为主、多孔隙、天然含水率小、呈黄红色、含钙质的黏质土。我国黄土的总面积占国土面积的6%以上，主要分布在北纬34°~41°的大陆内部干旱和半干旱地区。其中以秦岭以北、长城以南、太行山以西、日月山以东的黄河中游地区的关中、陕北、宁夏、豫西、陇东及陇中的黄土高原的黄土最为典型，具有分布连续、土层厚度大等特点，且主要为风成黄土。

黄土的湿陷性是在外荷载或自重的作用下受水浸湿后产生的湿陷变形。湿陷性随深度、含水率、干重度的增大或孔隙比的减小而减小。当深度大于10m、干重度大于$15kN/m^3$、孔隙比小于0.8时，湿陷性趋于消失。老黄土无湿陷性，而新黄土具有湿陷性或强湿陷性。一般坡积、洪积和新近堆积的黄土都具有湿陷性，且坡积、风积黄土的湿陷性大于冲积、洪积黄土的湿陷性。黄土的湿陷性通过压缩试验，可判定其为非湿陷性黄土或湿陷性黄土，以及是自重湿陷性黄土还是非自重湿陷性黄土及其湿陷性程度。

黄土地区路基的排水与防护工程的设计要以防冲刷、防渗和有利于水土保持和环境保护为目的，早接远送是措施，而处理好进出水口则是关键。否则会引起土体滑坍、坡面冲沟、地基湿陷。

在黄土地区修建公路，黄土既作为公路的地基又作为路基的填料（老黄土黏粒含量较高，透水性能差，土体遇水软化，强度迅速降低，路基易变形，路肩及边坡易产生滑塌，因而不宜作路床填料。）。由于黄土工程性质的特殊性，公路工程修建时，要加强对黄土的认识，采用有效的措施保证地基、路基和路堑边坡的稳定。

7.10.2 黄土地区高路堤虽很多，但边坡整体变形却很少发生。这说明目前高路堤所采用的断面形式及坡度是合适的，只要压实质量满足设计要求，是能保证边坡整体稳定的。

填方边坡高度大于30m时，路基有可能产生较大变形，或给施工、养护带来困难，设计时需从工程造价、施工难易、养护维修及沉降处理等方面，与桥梁方案进行综合比较选定。对确实需要采取填方路基通过的地段，在边坡稳定分析计算的基础上，结合所处的地形、地层及水文等情况论证确定边坡坡率和形状。

国内工程实例对于高填方黄土路基，为保证路基压实度及减少工后沉降，在填土高度大于10m范围内每填筑一定的高度进行一次补压，补压方式可采用冲击碾压、重夯和强夯。

7.10.3 挖方边坡形式设计，要考虑边坡的稳定性、耐久性和挖方断面的经济性，并兼顾施工和养护需要。边坡形式应根据黄土的时代成因、所处地貌单元、构造节理、边坡高度、地面水和地下水条件以及自然稳定边坡的形状等综合确定。

根据工程经验和科研成果，表7.10.3-1、表7.10.3-2给出了典型黄土路堑边坡形式与坡率，适用于均质土，无不良工程地质现象的路段，设计时需根据边坡所在位置的具体情况分析选用。对于挖深超过30m的深路堑，高速公路、一级公路以隧道穿过有时可能是经济合理的。

深路堑坡体中部设置大平台可将坡体分为两个相对独立的坡段（上、下段），上下段的应力分布特征相似。大平台减少了坡脚处剪应力集中，改变了边坡的剪应力及剪应变的分布，有利于边坡的稳定。根据对延黄公路现状的调查，对于深挖方边坡滑坡治理，采用了"宽台陡坡"的设计思想，如：在边坡中部设置宽8~12m的大平台，效果良好。

湿陷性黄土路堑边坡由于临时排水措施不到位，导致边坡滑坡、冲刷等工程事故较多，此次修订提出施工过程中临时排水的要求。

7.10.5 本次修订借鉴了现行建筑和铁路部门关于黄土湿陷性地基处理规范的思路，总结了各省（自治区、直辖市）在黄土地区修建高速公路的实践经验，结合公路工程的特点，根据构造物、路堤的重要性，结构特点和受水浸湿后的危害程度和修复的难易程度，规定了表7.10.5-1湿陷性黄土地基最小处理深度。

湿陷性黄土分布面积广，处理费用较高。本次修订，给出了湿陷性黄土地基常用的处理措施及适用范围（表7.10.5-2）。选择湿陷性黄土地基处理方案时，需根据公路等级对地基变形的要求、湿陷性黄土厚度与性质、处理措施的适用条件、施工条件及材料来源等，通过技术经济综合分析后确定处理方案。

黄土陷穴的处理方法和适用条件如下：回填夯实用于明穴；明挖回填夯实用于埋藏浅的暗穴；支撑回填夯实用于埋藏较深的暗穴；灌砂用于小而直的暗穴；灌泥浆用于大而深的暗穴。为防止产生新的黄土陷穴，对流向陷穴的地面水需采取拦截引排措施，防止雨水下渗。

7.10.6 黄土高路堤、深路堑设计与施工应同步进行、动态设计，施工方将施工过程中出现的问题及时反馈给设计方，设计方及时验算和调整，将优化方案提供给施工方；施工过程中应进行路基、路面、边坡等变形位移和稳定监测，对工程中存在的隐患，及时通报，及时调整设计和施工方案。

7.11 盐渍土地区路基

7.11.1 盐渍土地区公路在地表水、地下水、环境温度及动载变化的综合作用下，极易产生盐胀、翻胀及溶陷等病害，对公路建设、营运和养护维修带来极为不利的影响。

盐渍土路基病害的产生是盐、水、温相互作用的结果，盐分是导致盐渍土具有盐胀、溶陷等病害的根源。病害防治需从改善路基和地基中盐、水、温等条件着手，限制路基填料的含盐量，重点做好路基、地基的防盐、隔水、排水设计。

盐渍土路基病害治理是盐渍土地区公路改建工程的难点，路基改建设计的重点是：(1) 既有路基病害的产生根源；(2) 既有路基的利用方案；(3) 既有路基盐渍土病害的治理措施。设计时加强对既有路基的处理利用和重建方案的技术经济比较，合理确定路基改建方案，彻底根治老路病害。

7.11.2 盐渍土分类方法较多，按盐渍土形成过程可分为现代积盐过程盐渍土、残余盐渍土和碱化过程盐渍土；按盐渍土的盐渍化程度可分为弱、中、强、过盐渍土；按含盐性质可分为氯盐渍土、亚氯盐渍土、亚硫酸盐渍土、硫酸盐渍土、碳酸盐渍土。

盐渍土的工程分类以含盐性质，根据氯离子、硫酸根离子、碳酸根离子和碳酸氢根离子的含量比值进行划分。这种分类方法沿用时期已久，与实际有一定的符合性，但目前的分类体系仍然存在以下两个突出问题：(1) 粗颗粒盐渍土分类体系、试验制备粒径还需进一步完善；(2) 单纯考虑盐渍化程度分类方式与地基实际盐胀性对应性不强。试验研究和工程实践表明，决定盐渍土工程性质的主要因素有：盐渍土的粒度成分、含盐特征、含水率及温度状况等。目前此方面的研究还正在进行，本次分类仍沿用以往的盐渍土分类方法。

7.11.3 公路盐渍土地基评价包括盐胀性评价和溶陷性评价。

试验研究表明，盐胀率能较准确地反映公路盐胀破坏程度，盐胀率小于1%时，路面平整无裂纹，无盐胀破坏现象（非盐胀性）；盐胀率为1%~3%时，路面上可见少量的裂纹，有轻微盐胀产生（弱盐胀性）；盐胀率为3%~6%时，路面有较明显的裂纹和盐胀现象（中盐胀性）。因此，规范修订采用盐胀率作为盐胀性评价指标。

土中含有的硫酸钠是盐渍土出现盐胀的主要原因。硫酸钠随温度变化产生吸水结晶，体积膨胀，从无水硫酸钠变成含水硫酸钠 $Na_2SO_4 \cdot 10H_2O$，体积胀量增大约3.1倍。现场路基观测结果显示：土体内硫酸钠含量大于0.5%，而且土体温度下降到5℃以下即产生盐胀；路床内土体硫酸钠含量达到1.2%以上，路面就可观测到明显的盐胀量，硫酸钠含量越大胀量值也随之越大。硫酸钠含量与盐胀率的对应关系见表7-6。当不具备盐胀率试验条件时，通过测试土中硫酸钠含量来评价盐胀性。

表 7-6 盐胀率与硫酸钠含量的关系

盐胀率 η（%）	$\eta<1$	$1<\eta\leqslant3$	$3<\eta\leqslant6$	$\eta>6$
硫酸钠含量 Z（%）	$Z\leqslant0.5$	$0.5\leqslant Z\leqslant1.5$	$1.5\leqslant Z\leqslant3.5$	$Z\geqslant3.5$

盐渍土溶陷包括溶陷变形和潜蚀变形。溶陷变形是指水力梯度较小无渗流时，土中部分或全部盐溶解，导致土体结构破坏而产生沉陷；潜蚀变形是指在渗流的作用下，带走土中的盐分和部分固体颗粒，产生潜蚀，导致土体空隙增大而产生的溶陷变形。盐渍土溶陷性评价时，采用溶陷系数 δ 作为判别指标，我国《盐渍土地区建筑规范》（SY/T 0317—1997）中的标准是 $\delta<0.01$ 的盐渍土为非溶陷性盐渍土。评价盐渍土的溶陷性，首先通过溶陷系数 δ 判别是否为溶陷性土，再计算溶陷量 ΔS，并根据表 7-7 的等级进行溶陷量的分级。

表 7-7 溶陷等级划分表

溶 陷 等 级	溶陷量 ΔS（cm）	溶 陷 等 级	溶陷量 ΔS（cm）
非溶陷性	$\Delta S<7$	Ⅱ	$15<\Delta S\leqslant40$
Ⅰ	$7<\Delta S\leqslant15$	Ⅲ	$\Delta S>40$

根据公路的特点，本次规范修订提出了表 7.11.3-2，作为各等级公路地基溶陷变形量的控制标准。

7.11.4 盐渍土地基处理的主要目的是控制地基的含盐量，抑制地基的盐胀和溶陷对路基的影响。盐渍化软弱地基是指淤泥、淤泥质土或其他高压缩性土的地基表层土中易溶盐的含量接近或超过规定值，既具有软土特征，也有盐渍土特征，含盐量对软土的物理力学性质影响较大，地基处理分为表层处理、浅层处理和深层处理。设计需根据地表盐渍化程度和软弱土层的厚度，因地制宜，采用不受易溶盐影响、耐腐蚀的地基处理方案。

7.11.6 确定盐渍土地区路堤高度时，需考虑毛细水的上升高度、盐胀深度以及地下水深度或地表积水高度等方面，避免路基工作区受地下水、地表水的影响，防止产生盐分聚集而导致路基盐胀和溶陷病害。根据工程经验和科研成果，表 7.11.6 列出了不设隔断层的路堤最小高度。

7.11.7 盐渍土用作路基填料，与路基的稳定有密切的关系，以往由于施工中对填土要求不严造成路基破坏的教训很多。由于填土的不同含盐量和含盐性质对路基稳定性的影响差异很大，不同的气候区和不同的水文地质条件下，盐渍土作为路基填料的可用性也不一样；同时路堤不同层位（路床、上路堤、下路堤）的填土对路基稳定性的影响有所不同；不同等级的公路对路基的稳定性、耐久性要求也应有所区别。

因此，盐渍土用作路基填料的可用性，按氯盐及亚氯盐渍土、硫酸盐及亚硫酸盐渍土不同含盐性质以及不同公路等级、不同层位、不同土质类型分别进行控制。设计时需对以下情况的填料含盐量进行从严控制：（1）高等级公路路床范围的填土；（2）硫酸盐和亚硫酸盐渍土；（3）隔断层以上粉质土、黏质土填料；（4）受毛细水或地下水影响。

7.11.9 路基中设置隔断层，是阻断毛细水上升带来的路基盐渍化，防治盐渍土路基病害的有效措施之一。

隔断层按其材料的透水性可分为透水与不透水隔断层。透水隔断层材料为砾（碎）石、砂砾、砂，不透水隔断层材料为土工合成材料（土工膜、复合土工膜、防排水板等）、沥青砂。土工膜隔断层虽然具有较好的隔水、隔盐、施工简便的特点，但不利于路基中水汽逸散，膜下易形成水分和盐分聚积，易使膜下土层软化，造成路基新的不均匀变形。为防止膜下水分和盐分聚积，土工合成材料隔断层需选用复合土工膜（两布一膜）、复合防排水板等。

7.12 多年冻土地区路基

7.12.1 冻结状态持续二年或二年以上的土（岩）称为多年冻土。根据体积含冰量，多年冻土可分为少冰冻土、多冰冻土、富冰冻土、饱冰冻土、含土冰层，其中富冰冻土、饱冰冻土和含土冰层又统称为高含冰量冻土；根据冻土年平均地温，多年冻土可分为低温冻土（年平均地温 ≤ -1.5℃）和高温冻土（年平均地温 > -1.5℃）；根据冻土含冰量与年平均地温，可分为稳定型、基本稳定型和不稳定型冻土。多年冻土分类详见规范附录J。

4　多年冻土路基设计需根据冻土类型及年平均地温，采用保护冻土、控制融化速率和允许融化的设计原则。

保护冻土设计原则，是指采取有效工程措施保护多年冻土的生存条件，保持其原有的冻土上限与稳定状态。低温冻土地段路基设计需采用保护冻土设计原则。

控制融化速率的设计原则，是通过工程措施来控制多年冻土的融化速率，即允许其有一定程度的融化，但必须控制在可接受的范围内。对于沥青路面是指在路面设计使用年限内，路基下卧多年冻土的人为上限下降导致冻土路基产生的融沉变形应在设计容许变形范围以内。高温冻土地段路基设计可以采用控制融化速率的设计原则。

允许融化的设计原则是将多年冻土按一般路基对待，允许融化，甚至先期破坏其存在条件或加速其融化而成为一般建筑条件。少冰冻土、多冰冻土地段路基可以按允许融化原则进行设计。

5　富冰冻土、饱冰冻土和含土冰层以及各种不良地质，往往由于突然的、剧烈的、持续的、不均匀的、较大的融沉或冰害而导致路基产生严重的病害，均应根据冻土地温与冻土类型进行特殊设计。

7.12.3 高含冰量冻土地段路基需尽量采用路堤方案。当采用路堑时，需对路床范围的冻土进行换填处理，换填厚度需根据材料的热力学特性进行热工计算确定。

多年冻土区天然上限一般条件下均小于5m，多年冻土区冻结层上水较为发育，且多年冻土开挖后，在太阳辐射及大气热量作用下将融化，是公路通车后产生次生病害的主要原因。因此，为防止融冻泥流与边坡滑塌等病害的发生，还需采取一定的保温制冷工程措施，保证路堑边坡的热稳定性，并防止冻结层上水对路基的侵害。

7.12.4 低温冻土中的富冰冻土、饱冰冻土、含土冰层统称为低温高含冰量冻土。

低温高含冰量冻土地段路基设计需保证多年冻土上限不下降，既要控制路堤最小填土高度满足防止冻土融化、冻胀和翻浆的要求，也要避免因路基过高、边坡吸热面增大，导致阳面边坡下冻土上限明显下降而引起路基不均匀变形。路基最小填土高度和路基设计临界高度需按照《多年冻土地区公路设计与施工技术细则》（JTG/T D31-04—2012）的有关规定进行设计计算。当计算的最小填土高度小于1.5m时，路堤最小高度一般考虑不小于1.5m。

7.12.5 高温冻土中的富冰冻土、饱冰冻土、含土冰层统称为高温高含冰量冻土。

高温高含冰量冻土地段的路基临界高度不再是路基设计控制指标，但保持一定的路基设计高度是采取各种保护工程措施的先决条件，也是提高路基抗灾能力、保护冻土环境的先决条件。

高温高含冰量冻土地段的路基需在保证一定的路基设计高度的基础上，采用XPS板隔热层路基、片（块）石路基、热棒路基、通风管路基和热棒—XPS板隔热层复合式路基等特殊结构路基方案，保证路基稳定性。特殊结构路基需按照《多年冻土地区公路设计与施工技术细则》（JTG/T D31-04—2012）的有关规定进行设计计算。

7.12.7 多年冻土路基设计要考虑水在地基中渗流的影响。由于排水不畅，坡脚积水会引起多年冻土上限下降，进而使路堤产生沉降，因此要采取措施排除地面水，以防止在路堤坡脚附近积水和产生地基渗流。

排水沟的横断面尺寸要具有足够的过水能力，为防止淤塞和便于清理，一般底宽不宜小于0.6m，边坡不陡于1:1。必要时可选用草皮或黏性土或干砌片石（设防水土工模）进行加固。

在厚层地下冰和冻土沼泽地段，要优先采用挡水埝代替排水沟，不破坏地表植被，以利于保护多年冻土。在纵向起伏又不宜深挖排水沟的地段，可考虑排水沟和挡水埝结合使用，但排水沟的边缘至挡水埝的坡脚的距离一般不小于1m，以保证排水系统的完整与稳定。

7.13 风沙地区路基

7.13.1 风沙地区是沙漠和沙地的统称，按干燥度和热冷比将我国沙漠分为以下七个一级区，见表7-8。

表 7-8 沙漠公路一级区划

代码	沙区名称	干燥度	热冷比值（1月与7月均温）	沙漠名称
Ⅰ	半湿润严寒沙地区	1~1.2	>10	呼伦贝尔沙地、嫩江沙地
Ⅱ	半湿润温冷沙地区	1.2~2	0.7~0.8	科尔沁沙地、浑善达克沙地
Ⅲ	半干旱温热沙地区	1.5~2	0.4~0.50	毛乌素沙地、库布齐沙漠东部
Ⅳ	干旱温热沙漠区	8~16	0.4~0.50	库布齐沙漠西部、乌兰布和沙漠、腾格里沙漠、巴丹吉林沙漠
Ⅴ	极干旱寒冷沙漠区	16~32	0.8~1.0	柴达木、共和沙漠及藏北零星沙漠
Ⅵ	干旱温冷沙漠区	4~8	0.70~0.8	古尔班通古特沙漠
Ⅶ	极干旱炎热沙漠区	>32	<0.40	塔克拉玛干沙漠、库姆达格沙漠

风沙地区的主要特征为：气候干燥，降雨量小；温差大，冷热变化剧烈；风大、沙多；土中含易溶盐多；植被稀疏、低矮。

风沙地区公路路基病害主要是沙埋和风蚀。沙埋主要有两类：一是风沙流通过路基时，因风速减弱而引起沙粒堆积，掩埋路基；二是沙丘移动而掩埋路基。风蚀是风沙直接吹蚀路基坡面的沙粒或土粒，导致路基宽度和高度减小，以及坡面被掏空和坍塌等。风蚀的程度与风力、风向、路基横断面形式、填料组成及防护措施有关。

为防止路基沙害，需根据风沙地貌特点、风沙运动特征，结合地形、风向、风力、路线与风向的夹角等条件，合理确定路基的位置及其横断面形式，并对路基进行工程与植物防护。

干旱和极干旱的流动沙漠地区，因降水稀少，边沟或涵洞易被风沙掩埋。因此，一般考虑不设路基边沟和涵洞等其他排水设施。但在半湿润及半干旱的风沙地区，要根据降雨情况，设置必要的边沟及其他排水设施，断面形式通常采用宽浅流线型，以利于风沙流顺利通过，减少边沟等排水设施内积沙。

7.13.2 路堤上的风速随路堤高度的增加而增大，较高的缓边坡路堤风速较大，一般不易产生沙埋危害；但路堤过高，坡面风蚀将增大。因此，路堤要有合理的高度。中等高度的沙丘、沙垄地段，路堤以高出沙丘平均高度 0.5~1m 为宜；当路线与风向平行时，路基顶面风速较两侧沙地表面风速大，一般不会积沙；零填挖或近于零填挖的路基，不论路线与风向的关系如何，均容易积沙。高大复合型沙垄或复合型沙丘链地段，路基高度以填方略大于挖方或接近平衡为宜。

为利于风沙流顺利通过路基，减轻积沙的危害，路堤横断面通常采用流线型、缓边坡。为利于输沙，规范推荐采用分离式、缓边坡路基形式，不采用凸起的路缘石，不设护栏。表 7.13.2 给出了不同高度下的路基边坡坡率。当路线与主风向交角小时，考虑采用较陡的坡率；路侧采取防护措施时，边坡也可适当陡一些。

沙漠地区风积沙广泛分布，其粒径主要为 0.25～0.075mm，粉粘粒含量很少，塑性指数接近于零，密度为 2.65～2.7g/cm³。风积沙是良好的筑路材料，但施工困难。设计时要充分利用其作为路基材料，为提高沙基整体承载力和方便施工，一般采用铺设土工布等进行固沙，并采用振动干压实技术施工。

7.13.3 路堑比路堤更容易积沙。路堑短、浅时，沙粒在顺沟风力的作用下，易被带至堑外堆积；路堑过长时，则堑内易形成弱风区，造成积沙。路线与风向正交时，堑内容易有不同程度的积沙，路堑越深，积沙越严重。因此，设计时需尽量避免采用较长的路堑。

一般情况下，路堑边坡坡率陡于1:4时，堑内积沙严重；当边坡缓于1:4时，边坡越缓，气流会越平顺通过路堑，堑内不易积沙。表7.13.3列出了不同路堑深度下的边坡坡率，根据路线与主风向交角选用坡率，交角小时，采用较陡的坡率。

7.13.4 风沙路基需对路肩、边坡坡面以及路堑坡顶外20～30m的范围内以及积沙平台等进行防护，防护设计需遵循因地制宜、就地取材的原则，选用经济合理的防护材料。各类防护的要求见表7-9。目前已试用抗老化的聚合物土工格栅或土工格室材料代替柴草类材料对风沙地区路基进行防护，效果良好。

表7-9 路基防护类型

防护类型		材料	防护厚度（cm）		适用范围
分类	形式		路肩	边坡	
柴草类防护	层铺	麦秸稻草、芦苇、沙蒿等	5～10	5～10	二级及二级以下公路
	平铺植物束或芭块	枝条、芦苇、芨芨草等	5～10	5～10	
	平铺或叠铺草皮	草皮	平铺 10～15	平铺 10～15	
土类防护	摊铺黏土	塑性指数大于10的黏质土	10～15	5～10	
	平铺盐盖	碎石盐盖	10～15	5～10	
砾石、卵石、片石类防护	平铺砾石、卵石	砾石、卵石	10～15	5～10	高速公路和一级公路
	裁砌格状砾石、卵石、片石	砾石、卵石、片石	10～15	5～7	
水泥混凝土类防护	预制板块	预制板、块、空心花格网	5～10	10～30	
沥青类防护	平铺沥青砂	沥青砂	5	5	
	喷洒沥青乳化剂	低标号沥青乳化剂	2	2	
土工材料防护	平铺土工格栅	聚合物土工物	—	—	
	采用土工格室				
植物防护	种植	草皮	—	—	

7.13.6 路侧防沙工程分为固沙、阻沙、输沙，采用工程与植物措施相结合。为使各种防沙措施经济有效，形成完善的综合防护系统，需进行防沙工程总体布置设计，主要内容包括：总体防沙布置、路基横断面设计、路基防护与路侧防沙工程设计等。

半湿润和半干旱沙区（Ⅰ、Ⅱ、Ⅲ区），属于草原或荒漠沙地，水汽条件较好，降雨量 200~400mm，有利于植物生长，防沙工程需以植物治沙和恢复当地生态为主。同时要利用当地植物，乔、灌、草相结合形成密集型的防沙体系。

干旱沙漠区（Ⅳ、Ⅵ区），属于干旱荒漠地带，水汽条件一般，降雨量 100~250mm，植物生长较困难，一般采用工程和植物结合、先工程后植物的固沙方法，逐步过渡，最终实现植物防治。但对丘间地下水位高或有灌溉条件的地方，要优先采用植物治沙，营造防沙林带。

极干旱沙漠区（Ⅴ、Ⅶ区）风沙流危害严重的路段，水汽条件极差，降雨量不足 100mm，沙源丰富，风沙流强烈，沙丘移动快，除对路基本身进行防护外，还需在路侧建立完善的防沙防护带体系，包括平整带、固沙带、植被保护带等，只有采用阻、固、输相结合的以工程措施为主的综合防护体系，才能有效抑制沙害；对其他风沙流危害不严重的路段，只需对局部零星沙害进行治理，且以输沙措施为主。

7.13.7 1 阻沙措施的作用在于拦截风沙和限制积沙移动。阻沙沙障一般可分为墙式、堤式、栅式、带式和防风林五类，适用于沙源极为丰富的流沙地区，需布置在距路基迎风侧 80m 以外，一般设置在沙丘顶部。沙障越高、间距较大，与主导风向正交时，阻沙效果越好。立式沙障是一种有效的固沙措施，具有较好的阻沙作用，有条件时优先种植乔、灌木，形成植物沙障。

2 固沙措施的作用在于固定就地沙，提高地表粗糙度，减弱风速。固沙措施可分为工程固沙和植物固沙。工程固沙是利用各种材料形成格状或带状沙障固沙，也可平铺砾石、黏质土等其他材料固沙或采用化学合成材料固沙。植物固沙是防治沙害的根本措施，不仅可以减低风速，削弱和抑制风沙流活动，而且沙生植物能固结其周围的沙粒，有利于有机质的聚积，改变沙地性质，使沙流趋向固定，有条件时要优先采用。

固沙带宽度太宽会增加造价；过窄容易使防沙效果减弱，产生沙垄和沙丘，形成沙埋。关于固沙带宽度，规范规定：主风向迎风侧宜为 60~200m，单向风的背风侧可不设，有反向风的背风侧的设置宽度不应小于 50m。设计时，需结合当地风向和风沙危害程度及防沙经验，进行设置。

3 输沙措施的作用在于通过增强风力或改变地表性质，使过境流沙顺利通过路基而不产生堆积，主要包括流线型缓边坡、风力堤、浅槽、聚风板等。

平整带是路侧防沙体系的一个重要组成部分。尤其是在路线与主导风向交角为 45°~90°的流动和半固定沙丘地带，在路基两侧 20~30m 范围内设置平整带，有利于流沙顺利通过路基，减少或避免积沙危害。

4 防护林带要乔灌草结合，将紧密林带布置在靠近路基的两侧，在其外缘布置稀疏林带。综合防护带体系的形成，需要一定的条件，管理也比较困难，又需要较长的时间，需与当地治沙规划相结合，要依靠当地群众积极性和农林部门密切协作。

5 流动沙丘和半固定沙丘地段，为保护固沙带植物自然生长，需在固沙带之外设置植被保护带，作为禁界。典型沙丘地段，通常采用的植被保护带的宽度如下：流动沙丘地段，迎风侧400～600m，背风侧200～300m；半固定沙丘地段，迎风侧300～400m，背风侧100～200m；固定沙丘地段，直接在路基两侧设置植被保护带，迎风侧300～500m，背风侧100～200m。

7.14 雪害地段路基

7.14.1、7.14.2 公路雪害主要分为风吹雪和雪崩。风吹雪是指降雪时或降雪后，风力达到一定强度（4～5m/s）时，雪粒随风运动，形成风雪流。其危害主要有积雪阻车和风雪流遮挡视线。雪崩是指在重力影响下，山坡积雪崩塌，埋压公路，阻断通行。

风吹雪危害地段，要重点调查收集风雪流行程中的地形、地物、植被等情况，测定风雪流的移雪数量，冬季风力与风向及其频率和持续时间、降雪量、积雪深度、冬季气温及冻融时间、风吹雪的类型及其危害程度等。雪崩地段，要重点调查雪崩分布范围、裂点位置、危害范围及发生频率等。

雪害地段路基设计要遵循"防重于治"的原则，在调查收集路线走廊带的自然地理、气候、灾害、积雪、主导风向、生态条件等资料的基础上，合理选择穿越雪害地段的路线方案，绕避雪害严重地段，尽量利用开阔地、台地、山梁、陇岗等地形布设线位，并优先选择阳坡、迎风山坡等，将路基布设在积雪量最少、雪害较轻的部位。

7.14.4 风吹雪的形成及其危害与地形地物、路基断面形式有很大关系。平坦开阔地有利于气流平顺通过；路线走向与风雪流的主风向近于平行时，路面上形成畅顺的流场，可减少路上积雪；低填、路堑易产生积雪；有适当高度的路堤，可以保证风雪流顺利通过；流线型或缓边坡横断面形式最有利于防止积雪。在路基两侧20m范围内有障碍物时，易引起路面积雪。因此，设计时，需根据风雪情况及地形条件，合理选择路基横断面形式。

7.14.5 风吹雪地段填方路基设计时，合理地确定路堤高度和边坡坡率，是预防和减轻风吹雪地段路基病害的重要措施。

风吹雪地段路堤需高出当地最大积雪深度，其最小高度可根据附近地形、风力、风向及降雪量等情况确定。本次规范修订，依据风吹雪地段路基病害调查，提出了路堤最小高度为"当地50年一遇的最大降雪厚度+安全高度"，雪害较轻时，安全高度取下限值，反之则取上限值。

放缓边坡是预防风雪流危害的有效方法。草原、农牧区路堤边坡采用1:3，荒原戈壁路堤边坡采用1:4，可保证路面不沉积风吹雪，同时利于植被生长。

7.14.6 山区挖方路段，主风向与局部涡旋风的相互干扰，易在弱风区产生积雪，设计时要尽量避免深路堑。路堑通常采用有利于风雪流通过的缓坡率敞开式断面（上风一侧的路堑顶高于下风一侧的路堑顶），并设置积雪平台，以使路面无积雪或少积雪。

路线走向与主导风向平行或锐角相交时，若竖曲线变坡点在挖方路堑内，在竖曲线背风段易形成弱风区，造成路面积雪。山坡路堑，特别是路线与主风向夹角大于30°的路堑，易产生风吹雪积雪，路堑内积雪量的大小、积雪面积与路堑迎风面山坡的积雪面积成正比关系。

7.14.7 路线走向与主导风向平行或锐角相交的半填半挖路基处于顺风雪流，但挖方侧的山体会引起风雪流绕流，在挖方侧形成积雪，阻断交通，通常采取加宽挖方侧路基宽度的方式，增加的宽度不宜小于2m。

路线走向与主导风向垂直或呈45°~90°相交的半填半挖路基，如果路基填方侧受迎风吹蚀，则在挖方侧引起风雪流回旋，产生路面积雪；如果路基挖方侧受迎风吹蚀，则挖方侧边坡会产生背风堆积雪。因此，路基通常采用缓坡率的敞开式断面，以利风雪流顺畅通过，保证行车道无积雪。

7.14.8 公路风吹雪防治工程可分为工程治理和植物治理，工程治理主要采用稳、阻、导三种治理措施。

1 防雪林的防护效果与林带结构（横断面形式、高度、透风度）有密切关系，防护林需紧密种植，使风雪流不易通过，宜采用乔、灌木混合林。

2 防雪栅在国内外应用较普遍，影响其防护效果的因素主要有防雪栅的透风度、板条结构、栅高、地形等。防雪栅需设置在地形平缓路段的迎风一侧。防雪栅的栅栏空隙度计算可参考《公路设计手册 路基》。

3 密闭式和透风式下导风板都是防治风雪流的有效措施。两者相比，后者具有降低前方积雪高度和导风板面用材较少的优点。

路线与主导风向交角较大的迎风半路堑，交角30°以上的路堤、交角40°以下的背风半路堑，常用封闭式侧导风板（图7-2）；交角较大的迎风半路堑，其背风面坡陡或储雪场狭窄、难以设置其他防护措施时，通常采用开放式侧导风板（图7-3）。在转弯绕流等路段也可采用下导风板和侧导风板相结合的治理办法。

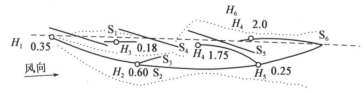

图7-2 封闭式侧导风积雪形态

S_1……S_6-雪脊线；H_1……H_6-深雪（m）；○-雪深测点位置；……-积雪轮廓线

7.14.10 公路雪崩防治工程包括水平台阶、稳雪栅栏、挡雪栅栏、防雪林、土丘及楔、导雪堤、挡雪墙、防雪走廊等，设计时，需根据雪崩地形条件、规模，结合各类防治工程的适用条件，因地制宜，合理选用。

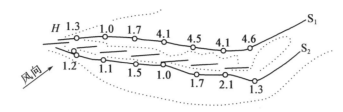

图 7-3 开放式侧导风积雪形态

S_1、S_2-雪脊线；H-深雪（m）；o-雪深测点位置；……-积雪轮廓线

1 水平台阶主要用于防治小型雪崩，通常顺雪崩路径沿山坡等高线设置，用以改变山坡微地形，稳定山坡积雪。

2 稳雪栅栏用于防治雪崩路径发生区坡度较陡、土层较薄、透水性差、不宜开挖水平台阶的山坡上雪崩，通常顺雪崩路径沿山坡等高线设置。有条件的地方，稳雪栅栏与水平台阶交替使用。条文所述的雪檐是指风吹雪在背风的分水内岭处形成很厚的悬挂雪体，当自重增加到一定程度便断裂崩落形成雪崩。条文中所述的雪崩裂点是指风吹雪集雪区范围最高点的位置。

3 挡雪栅栏一般采用木质或金属等材料，通常设置在坡度较缓的雪崩路径运动区。栅栏要有较高的强度，要埋置一定的深度，具有一定的稳定性和抵抗雪崩的冲击力。

雪崩的最大锋面高度，可按下式计算：

$$h = \frac{FH}{bL} \tag{7-10}$$

式中：h——雪崩最大锋面高度（m）；

F——集雪区面积（m^2）；

H——集雪区最大积雪深度（m）；

b——沟槽宽度（m）；

L——集雪区长度（m）。

4 防雪林，一般设置在坡度较缓的阴坡雪崩路径发生区或运动区。该区域有较厚的腐质土层，雪崩雪堆积量大，水汽条件好，利于植物生长。可沿等高线设置，以阻挡山坡上积雪的滑动。宜设置多排。

5 土丘及楔适用于防治坡度较缓、规模较大的沟槽雪崩，一般设置在雪崩运动区及堆积区的上部；若高度低于雪崩锋面高度时，阻挡效果不明显。

6 导雪堤适用于防治山坡坡度较陡的沟槽雪崩。导雪堤高度要高于雪崩锋面高度，将坡面的崩塌雪体导出路基以外。

7 挡雪墙和挡雪栅栏的功能基本相同，一般在土石材料丰富的雪崩地段可采用挡雪墙，设置在雪崩路径的运动区或堆积区，分为干砌（浆砌）片石或钢筋混凝土，墙体要有较高的强度和稳定性，可抵抗雪崩的冲击力。

8 防雪走廊、隧道等遮蔽建筑物是防治雪崩的最有效手段。由于其工程量较大，造价高，只有在高等级公路雪崩频繁且采用其他措施较困难时才采用。

7.15 涎流冰地段路基

7.15.1 涎流冰分山坡涎流冰和河谷涎流冰。山坡涎流冰由山坡或挖方边坡出露的地下水冻结形成，河谷涎流冰则由沿沟谷漫流的泉水和冰雪融水冻结形成。涎流冰要重点调查各种水源在寒冷季节形成的冰流量、流动范围、涎流冰类型，以及当地防治经验。

水是涎流冰的冰源，涎流冰地段路基防治的关键在于治水与防冰，使水流顺利通过路基或改变水流方向，保持路基不受水害，以根治或减轻涎流冰对公路的危害。防治涎流冰的综合措施包括：绕避、采取路堤方式、提高桥涵净空或加深沟槽、采取排除地下水或防冰措施等，设计时需经技术经济论证，合理确定处治涎流冰措施。由于大多涎流冰地段存在冬季淤积，春季水毁，需要及时养护，设计时要考虑防治工程的养护管理。

微丘区潜水涎流冰会形成宽而长的流冰，采用保温渗沟往往不起作用，通常采用设置截水明沟来截断潜水，将水流导入附近的桥涵或较低洼的地方。还可在截水沟下方设置挡冰坝或蓄冰池。若引入桥涵需充分考虑其孔径、净空是否满足春融季节排水及排淤冰的需要。

山岭重丘区涎流冰视土质不同治理方法也不同。如潜水是从土质较差的坡积土中渗出，同时土壤呈饱和状态，工程扰动后，往往涎流冰不是主要病害，而边坡滑坍、山体滑坡是主要病害，对此要采取排出地表和土壤中的各种水、增加边坡稳定性的措施。对于岩裂隙渗水产生的涎流冰，如果渗水量小，可加大加深边沟，如果渗水量较大，可用保温挡墙等形式处理。

对于溪（沟）水形成的涎流冰，当河槽较浅、路基较低、桥涵孔径较小、涵底坡度较缓、沟口有冲积堆时，涎流冰漫流就会上路。这种涎流冰要用挡（挡冰坝）、导（导冰坝）、蓄（蓄冰池）的方法治理。首先检查下游桥涵跨径及净空是否满足淤冰形成的高度要求，其次从沟口一定位置起修筑导冰坝。如桥涵高程受限，则可采用矮导冰坝，配合开挖河槽、蓄冰池、双涵等方法疏导涎流冰。

7.15.2 涎流冰防治需从路基着手，通过提高路基高度，结合地形条件辅以桥涵及其调治构造物，以根治或减轻涎流冰对公路的危害。

提高路基高度、路基填料选用水稳性好的碎砾石土，既能避免了涎流冰上路，又能防止冰体融化后路基软化、翻浆，是防止涎流冰危害路基的一种简便易行、经济有效的措施，适用于聚冰量不太大的涎流冰的防治。路基高度要高于涎流冰最高时的顶面高度0.5m。

尽量多填方少挖方，避免挖方边坡因施工切断地下含水层，形成涎流冰。必须挖方的地段适当加宽加深边沟是防治路堑涎流冰的有效方法。

7.15.3 为保证水流畅通和防治河谷涎流冰，桥涵设计时要考虑加深和清理河道等辅助措施。桥涵台身通常选用现浇混凝土结构，以防涎流冰水浸入构造物引发的冻胀破坏。

7.15.4 挡冰堤（墙）修筑在路基外、山坡地下水露头的下侧或沟谷桥涵的上游，以阻挡涎流冰，减少其蔓延的范围。挡冰堤适用于渗水量不大的山坡涎流冰，一般与聚冰坑槽共同配合使用。挡冰堤通常设在边沟外侧，保持边沟连续通畅，以利冰雪融水经涵洞排除。

7.15.6 渗沟、暗沟的出水口要尽量设在较陡的坡地上，高出地面不小于 0.5m。在涎流冰危害严重地段，地下排水设施的出水口需采取保温措施，或开挖纵坡大于 10% 的排水沟，以防止水流冻结。保温材料采用炉渣、泥炭、青苔等保温性能好的材料，或选用 EPS 板（聚苯乙烯泡沫板）等作为保温材料。

7.16 采空区路基

7.16.1 采空区处治属于公路下伏隐蔽工程，处治效果直接影响路基的稳定以及运营安全，因此，一定要做好公路前期勘察工作，并结合处治过程中出现的问题，及时补勘，调整工程处治方案。目前，国内采空区勘察逐渐转变为以多种物探结合为主，钻探、地表沉降观测为辅的新思路，提高了勘察准确度和设计基础资料的可靠性。

7.16.2 采空区地表稳定性评价方法主要有：开采条件判别法、地表移动变形预计法、地表变形观测法、极限平衡法和数值模拟分析方法，各种方法的适用条件见表7-10。采空区地表稳定性评价需遵循定性评价与定量计算相结合的原则，采用开采条件判别法与地表变形预计法、地表变形观测法等相结合的方法，预测地表剩余变形量，评价采空区场地稳定性，避免单一方法的评价结论的片面性。

表 7-10 采空区稳定性评价方法及适用条件

稳定性评价方法	适用条件
开采条件判别法	可用于巷柱式采空区、不规则房柱式采空区及其他难以进行地表沉陷变形估算的采空区
地表移动变形预计法	可用于长壁式开采或经过正规设计的条带或房柱式开采的采空区
地表变形监测法	可用于地表沉陷相对规律的长壁式陷落法开采或经特殊设计开采的条带或房柱式采空区。在工期允许的前提下，需至少进行半年以上的高精度变形监测
极限平衡法	可用于采空范围窄小，地表未形成移动盆地的巷柱式采空区
数值模拟分析法	可用于开采深度较深、开采范围较大、地质条件复杂的采空区

7.16.3 表 7.16.3 规定的公路采空区地表变形容许值，主要参照国内外建筑、公路和煤炭行业有关行业标准及工程实践经验，确定不同等级公路对采空区地表的允许变形值。

关于公路工程地表倾斜、地表水平移动以及地表竖曲率允许值确定问题，《岩土工程勘察规范》（GB 50021—2001）规定采空区场地建筑适宜性的标准为：地表水平移动 $\varepsilon \leq 6.0$mm/m、地表倾斜 $i \leq 10.0$mm/m、地表竖曲率 $K \leq 0.6$mm/m^2；《建筑物、水体、铁路及主要井巷煤柱留设与压煤开采规程》（国家煤炭工业局，2000年）规定建筑物轻微及极轻微损坏的地表允许变形值为：地表水平移动 $\varepsilon \leqslant 2.0$mm/m、地表倾斜 $i \leqslant$ 3.0mm/m、地表竖曲率 $K \leqslant 0.2$mm/m^2。本条在确定表7.16.3公路地表容许变形值时参照了上述规范和规程，取其小值。

我国山西、陕西、河南、河北、新疆、内蒙古、江苏、湖南等省份已建和在建采空区公路工程，均采用此标准，经过多年考验，采空区公路未发生因地表稳定控制标准选择不当而导致路基沉降变形引起的病害或安全事故。因此，该标准是合适的。

7.16.4 公路保护煤柱的留设与边界的确定是参照《建筑物、水体、铁路及主要井巷道煤柱留设与压煤开采规程》（原国家煤炭工业局，2000年）的相关规定制定的。

留设保护煤柱时，在受护范围边界以外还留设围护带，是由于采空区覆岩结构复杂，难以准确圈定出边界移动角，为了保证受护对象处于移动边界之外而采取的安全措施。围护带宽度大小涉及公路的安全程度和公路压煤量的多少，本次修订公路的煤柱围护带宽度参考《建筑物、水体、铁路及主要井巷煤柱留设与压煤开采规程》（原国家煤炭工业总局，2000）和国务院《公路安全保护条例》（2011）关于建筑控制区涉及地下采矿的相关规定要求（第十一条）综合确定。

7.16.5 采空区处治长度和宽度是依据《建筑物、水体、铁路及主要井巷煤柱留与压煤开采规程》（原国家煤炭工业局，2000年），并结合公路采空区治理的多年实践经验制定的。

7.16.6 公路采空区的处治方法主要有开挖回填法、注浆法、干砌法、浆砌法、跨越法及综合处治法等。处治方法的选择直接关系到公路工程的造价、工期和安全等问题，是处治成功与否的关键。为了做到有的放矢，在选择采空区处治方法时，需综合考虑采空区特征、场地的地质条件和施工条件以及拟建公路等级及构造物类型等因素，进行技术经济充分论证后，选择出最佳治理方案。

2 对于已经废弃但未完全塌落的巷道，采用片石、块石干砌或浆砌处治等非注浆充填方法，对上覆岩层起到支撑作用。该法适用于处理开挖后未完全塌落，空间较大且埋深小，通风条件良好，具备人工作业条件的采空区。

3 强夯处理主要是消除采空区的沉降，或消除待建公路下伏的孔洞，利用碎石土、砾石土或粒料材料对采空区进行填充、置换和加固，以提高地基承载力，减少地基不均匀沉降。对于顶板土层较厚，下伏孔洞分布较广或支洞发达，采用注浆工程量大且无法保证质量的采空区，采用强夯（或强夯置换）处理。

5 范围较小、不易处理的采空区，主要有以下几种情况：
（1）埋深大于或等于30m，坑洞复杂的小窑采空区；
（2）注浆处治难以达到预期效果的多层、充水采空区；
（3）年代久远，处治条件困难的老采空区；
（4）地形地物条件限制，不能采用路基通过的采空区；
（5）古墓穴、大型地窖、大型窑洞、地下工程等非矿产采空区；

(6) 特殊开采的采空区（如水下采空区）。

6 对于煤层开采规模较大、开采深度（埋深）小于250m的采空区，因矿层埋深较大，且矿层开采后发生了较严重的垮落、采空区充填程度较高、下部空间相对狭小的地段，难于采用开挖回填、强夯、干砌支撑和浆砌支撑等处治方法，一般采用全充填注浆方法，能使采空区场地达到稳定，满足公路采空区地表变形容许值的要求。

对于埋深大于250m采空区，根据其开采特征、水文地质、工程地质条件及其对公路工程的危害程度等因素，通过综合论证确定采空区处治方案。

7.17 滨海路基

7.17.1 滨海路基除与滨河、水库等浸水路基相似外，还有其独特之处：海水受潮汐、波浪、海流、台风、海啸等水文及气象因素影响；基底地形或倾斜或平坦，且多存在厚度不等的淤泥；而不同类型的滨海路基因所处地理环境的不同，又有各自显著特点。

（1）路基所受外力除与普通路基一样的行车荷载以外，还有海流及波浪力，其不仅强度大，而且具有动态性质；此外，在某些寒冷地区，还要受冰凌的影响。设计中都要充分考虑。

（2）因多在海滩或水上施工，经常受风、浪、海流等其他水文、气象因素的影响，设计需紧密结合施工条件及地理环境，选取合理的路基断面及防护形式。

（3）路基除长期受海水和生物的侵蚀外，还受水位变动引起的干湿变化及冻融等条件的影响，要求路基结构材料具有较强的耐久性、水稳性、耐腐蚀性等性质。

（4）由于以上种种原因，滨海路基的造价较一般路基高得多，设计中需认真进行绕避、桥梁跨越等多方案的比选。

7.17.2 设计波浪的标准包括设计波浪的重现期和设计波浪的波列累积频率。

设计波浪的重现期是指某一特定波列累积频率的波浪平均多少年出现一次，代表波浪要素的长期统计分布规律。设计波浪重现期的标准主要反映建筑物的使用年限和重要性。

波列累积频率是指波列中某个波浪要素（如波高）不小于某一数值的波浪个数占该波浪波列总个数的百分数。它代表波浪要素水文短期（以几十分钟计）统计分布规律，在该统计期内，可以认为海面处于定常状态，或者说波浪要素的平均状态不随时间变化。设计波浪的累积频率标准主要反映波浪对不同类型建筑物的不同作用性质。

各类建筑的设计波高累积频率系根据《铁路特殊路基设计规范》（TB 10035—2006）和《公路路基设计手册》（第二版，人民交通出版社）制定的。

7.17.3 滨海路基断面结构形式分为斜坡式和直墙式。斜坡式断面与一般路基断面形式一致，易于衔接，且施工方便，整体稳定性较高，是目前公路路基常用的断面形式。直墙式路堤一般采用块石或混凝土砌筑，其基底常采用抛石暗基床，或在基底外侧抛石以防冲刷，通常只有在材料缺乏等条件限制或对使用有其他要求时才采用直墙式断面。

7.17.4 滨海路基边坡坡率因波浪作用远大于沿河路基，故外海侧边坡坡率通常缓于内海侧。抛石护面的稳定性较人工护面低，故其边坡需要相应放缓。

7.17.5 滨海路基坡面防护的防护范围，其上界决定于在风、浪作用下的路堤前增水以及波浪在路堤边坡上的爬高，其下界决定于在波动底流遄作用下土壤的抗冲能力。

为减弱波浪对路堤的破坏作用，通常在堤前采取消浪促淤措施，以减少防护工程数量、提高路基边坡的稳定性；常用的消浪措施有植物消浪、顺坝及潜堤促淤消浪、浮堤消浪、气压及水力防波堤消浪等。

2 护坡垫层是护坡面层的基础，强度不够也会导致面层失稳，所以对垫层的重量和厚度都作了规定。

3 为了保证护坡基础稳定，通常需在外海侧设抛石棱体。为便于施工，抛石棱体顶面需高出施工水位。棱体顶面宽度和厚度依据《防波堤设计与施工规定》（JTS 154-1—2011）的有关规定，结合实际工程经验确定。

4 护坡工程的安全与否，除与坡面本身的结构布置直接有关外，尚与坡脚的防护或堤前的护底措施有密切的关系，妥善采取护底措施，是关系到防浪工程成败的关键性问题之一。护底的作用是防止堤前的地基土被冲刷，造成护面层和抛石棱体的下滑或局部坍塌，从而影响路堤的稳定性。条文中护底块石层的厚度和宽度，以及在护底块石层下铺设碎石层的厚度是根据工程经验和《防波堤设计与施工规定》（JTS 154-1—2011）的有关规定确定。

7.18 水库地段路基

7.18.1 水库地段路基是指沿水库边岸或跨越其支沟、支流修筑的受库水位作用影响的路基。由于水库水位升降、波浪侵袭、地下水壅升、坍岸、水流冲刷、淤积等因素对库岸和路基的破坏作用，以及库水浸泡、渗透对库岸地基和路基本体强度的影响，设计时需根据这些不利因素，分清主次，采取相应的防护加固措施。

7.18.2 路堤在渗透压力作用下，降低了路堤边坡的稳定性，同时还可能产生管涌和流土现象，不利于路堤的稳定。因此需要采用级配良好的渗水性材料作填料，并严格控制路堤填筑的压实度。

7.18.3 对于跨越支沟的路堤，支沟中水位高出水库水位较大时，路基内将产生稳定渗流，若其上下游的水位差不显著，在水库泄洪或洪水来临时，水位骤然变化将在路基内产生不稳定渗流。水库水位下降幅度和时间的变化较为复杂，一般认为当土体的渗透系数 $K > 0.001 \text{cm/s}$、水位消落速度小于 1m/d 时为缓降，而大于 3m/d 时为骤降。当水库水位骤然下降时，路堤内侧的水向库区渗流，对水库侧的边坡产生渗透压力和冲蚀作用；当水位上升时，库区的水向路堤渗流，对外侧边坡产生影响渗透压力和冲蚀作用。

路堤失稳情况大多数发生在水位骤降时，检算时一般采用假定破裂面为圆弧面的条分法，但必须计入浸水部分土体重度和强度指标的变化。在淤积快的水库区，由于蓄水初期为危险期，这时没有淤积物或淤积物很少，检算路堤稳定性时，不考虑将来淤积后增加的路堤抗滑能力。

路堤内的渗透变形主要为管涌和流土。水库路基设计需从土的不均匀系数、颗粒直径、土体的密实度和渗透系数及渗透速度、渗透压力等因素分析其渗透破坏作用。

水库蓄水后，随水位升降变化、地下水壅升、波浪的动力作用及库岸地层浸水后性质的变化，破坏了既有边坡的稳定，使库岸发生冲蚀、坍塌、滑坡等变形。设计时需根据公路所处的具体位置，对库岸作出稳定性评价。当危及公路安全时，需对库岸或路基进行防护加固。

7.18.4 库区路堤浸水部位的坡面，一般以防止波浪侵袭破坏作用为主，而水库上游地段，因库水下泄后流速增大，尚需考虑水流的冲刷作用。

在防护范围内需设置较强的防护工程，用以抵抗波浪的侵袭作用。浸水路堤采用干砌片石或各种类型的混凝土块（板）铺砌，在防护建筑物与土体之间需做好反滤层，防止土粒流失。

7.18.6 水库蓄水后，库岸地层物理力学性质的变化及波浪等对水库边岸的冲刷作用，将产生滑动、坍塌的变形现象。当公路距水库较近时，库岸变形将影响公路路基的稳定。

水库坍岸的快慢，视库岸土质及其所处在位置的不同而异。具体根据公路位置距离水库库岸的远近的不同及上述综合因素综合考虑，区别缓急，分期投资。对坍势较重、近期将威胁路基安全的地段，在新建时需做好库岸的防护工程。

7.19 季节冻土地区路基

7.19.1 季节冻土地区公路病害的主要根源之一是路基的冻胀和融沉，对冻胀影响程度较大的因素分别是：地下水、土质、温度。

据相关调查，路基的冻胀量约占公路总冻胀量的90%，因此可以以路基的冻胀量表示公路的总冻胀。我国季节冻土地区的范围很广，青藏高原、西北和东北等地的地质状况差异明显，包括了高原、荒漠、戈壁、草地沼泽、高山平原等不同的类型；在同一地区，也因路基填料、高度、地下水位、边沟设置等因素导致路基抗冻性能的差别。因此，设计人员需根据具体情况、地质条件、结合当地的工程经验进行路基的抗冻融设计。

7.19.2 《公路沥青路面设计规范》（JTG D50—2006）根据冻结指数对冰冻区划分见表7-11。综合相关标准和我国公路的实际冻融病害的严重程度，本规范所指的季节冻土地区主要为冻结指数在800以上的中、重冻区。

表7-11 冰冻区划分表

冰冻区划分	重 冻 区	中 冻 区	轻 冻 区	非冰冻区
冻结指数（℃）	≥2 000	2 000~800	800~50	≤50

土的冻胀性分类各行业与规范略有差别，表7-12是各规范的冻胀等级划分。对于土的冻胀性分类主要参照我国建筑部门规范。

表7-12 不同规范土的冻胀等级划分

冻胀类别	规范名称		
	《公路工程抗冻设计与施工技术指南》及冻土区建筑基础规范	《公路桥涵地基与基础设计规范》	前苏联交通建设部柔性路面设计规范（1985年）
不冻胀	$\eta \leqslant 1.0$	$\eta \leqslant 1.0$	$\eta \leqslant 1.0$
弱冻胀	$1 < \eta \leqslant 3.5$	$1 < \eta \leqslant 3.5$	$1 < \eta \leqslant 4.0$
冻胀	$3.5 < \eta \leqslant 6.0$	$3.5 < \eta \leqslant 6.0$	$4.0 < \eta \leqslant 7.0$
强冻胀	$6.0 < \eta \leqslant 12.0$	$6.0 < \eta \leqslant 13.0$	$7.0 < \eta \leqslant 10.0$
特强冻胀	$\eta > 12.0$	$\eta > 13.0$	$\eta > 10$

7.19.4 路基填料对减轻冻胀具有重要的作用，不同填料的冻胀系数差别较大，尤其是路基融化后的强度差别更明显，粗粒料即使产生冻胀，融化后仍能保持较高的强度，满足路面的要求。因此选用好的填料是确保路基质量的基本条件，技术可靠、效果显著。

挖方路段是一个人工低地，高处的潜水会渗入路堑，因此路堑的冻胀病害远较填方严重。对挖方路段的换填土质要求也更高，以有效控制冻胀，减少冻害。

土的冻胀水分有汽态水、地表渗水和毛细水，对于砂砾类材料的冻胀以汽态水的凝结为主，这有些类似于锅盖效应或冬天窗户玻璃的结冰。因此，采用砂砾料虽能阻断毛细水，但不能完全避免冻结，这在多条公路的调查中得到证实。北欧一些国家的路基高度与气温都较低，但他们对于路基的下处理很重视，多采用砂砾等粗粒料填筑，因此路基冻胀翻浆状况并不严重。

冻胀对道路的破坏作用主要是在春融期，春融引起路基土层的含水率增大，路基强度大幅下降，在汽车动荷载的作用下，路面出现裂缝、翻浆、沉陷、车辙、拥包等病害。因此保证春融时路基的强度是防止冻害的基础。砂砾类材料的透水性好，能够迅速排出融化水，即使在含水率较高的情况下仍能保持较高的强度。对于一些砂石料缺乏的地区，可以采用水泥、石灰、粉煤灰等固化剂稳定细粒土。据黑龙江省某试验路5年观测资料分析，基垫层材料及路基在冻融反复作用下强度衰减系数为：水泥稳定砂砾20%~25%，石灰土30%~40%，砂垫层25%~30%，路基25%~30%，稳定细粒土冻融后长期强度较差。